新心理学ライブラリ 12　梅本堯夫・大山　正監修

臨床心理学への招待

無意識の理解から心の健康へ

森谷寛之著

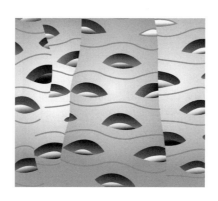

サイエンス社

監修のことば

　「心」の科学である心理学は近年目覚ましい発展を遂げて，その研究領域も大きく広がってきている．そしてまた一方で，今日の社会においては，「心」にかかわる数々の問題がクローズアップされてきており，心理学は人間理解の学問としてかつてない重要性を高めているのではないだろうか．
　これからの心理学の解説書は，このような状況に鑑み，新しい時代にふさわしい清新な書として刊行されるべきであろう．本「新心理学ライブラリ」は，そのような要請を満たし，内容，体裁について出来るだけ配慮をこらして，心理学の精髄を，親しみやすく，多くの人々に伝えてゆこうとするものである．

　内容としては，まず最近の心理学の進展――特に現在発展中の認知心理学の成果など――を，積極的に採り入れることを考慮した．さらに各研究分野それぞれについて，網羅的に記述するというよりも，項目を厳選し，何が重要であるかという立場で，より本質的な理解が得られるように解説されている．そして各巻は一貫した視点による解説ということを重視し，完結した一冊の書として統一性を保つようにしている．
　一方，体裁面については，視覚的な理解にも訴えるという意味から，できるだけ図版を多用して，またレイアウト等についても工夫をして，わかりやすく，親しみやすい書となるように構成した．

　以上のようなことに意を尽くし，従来にない，新鮮にして使いやすい教科書，参考書として，各分野にわたって，順次刊行してゆく予定である．
　学際的研究が行われつつある今，本ライブラリは，心理学のみならず，隣接する他の領域の読者にも有益な知見を与えるものと信じている．

監修者　梅本　堯夫
　　　　大山　　正

はじめに

　2005年の刊行以来13年間，筆者は「臨床心理学概論」のテキストに前著『臨床心理学——心の理解と援助のために』を使い続けてきた。その後いろいろ改善すべきところが見つかり，この機会に全面的に加筆修正を行った。ちょうど公認心理師のカリキュラム開始の時期と重なった。

　「臨床心理学」では他の学問分野では決して扱わない概念がただ1つある。それは「無意識」仮説である。この説明がじつにむずかしい。「無意識」は目に見えないし，実感できない。どの教師も，フロイトでさえも，説明に苦心惨憺している。初心者はここでつまずく。

　そこで前著で筆者が考えたのが，第6章の「不登校のモデル」である。フロイトの「しくじり行為」論をヒントに，数学の言葉（ベクトル）で表現した。これは，不登校の現象を説明するためのものではなく，「無意識」の働きを目で見て，理解できるようにするためであった。

　このモデルは学生にはとても好評であった。ある不登校経験をもつ学生は，そのときの自分を振り返って納得し，また，親がなぜ無理解であったかも分かったといっていた。高校で理科系の学びを経験した学生は，数学の言葉を心理学でも使うことに驚き，感激していた。本書ではこのモデルの記述をより詳しくした。

　一番大きな加筆は，第0章を新しく追加したことである。2008年，筆者の所属していた京都文教大学は臨床心理学科を前身として「臨床心理学部」を創設した。これは現在まで日本初で唯一の学部名である。またそれはガリレオが1609年に天体観測を始めてからちょうど400年の記念の年に当たっていた。なぜ，「臨床心理学部」創設が近代科学誕生から400年目なのか。「科学史における臨床心理学の誕生」という視点から書かれた論文は筆者の知る限りどこにもなかった。その重大さに気づき，第0章とした。筆者はもともと大学院修士課程まで自然科学を専攻していたので自然科学と臨床心理学の両分野を俯瞰で

きる立場にあり，本書でもその知識と経験を生かすことができた。

そもそも心理学を作ったのは，物理学者や医学者であることが忘れられているのではないだろうか。臨床心理学を学ぶ学生（また多くの教師も）は自然科学の知識に関心が乏しいように思う。「精神力動論」や「心的エネルギー」という言葉をしばしば口にするが，「ニュートンの3法則」や「熱エネルギーの第1，第2法則」に言及されることはほとんどない。これらの基本知識の解説はどの心理学のテキストにもまずない。盲点といえる。そのために本書ではあえてそれらの心理学的意義について解説した。

また，他のテキストには見られないオリジナルな主張をしている部分がいくつかある。それは，実験心理学と臨床心理学に対するフェヒナーの重要性についてである。また，「複素数（コンプレックス）心理学」というような聞き慣れない言葉もあるが，むずかしく考える必要はない。読むときっと納得されると思う。

第3章で紹介したラボアジェは，近代化学を学ぶとき真っ先に登場する人物であるが，臨床心理学にも重要な貢献をしていた。筆者以外は誰も気づかなかった資料を見つけたので記載した。

自然科学の知識は基礎教養として知っておくべきことではあるが，これらが理解できないから，臨床心理学が分からないということはない。本書中，それを飛ばして読んでいただいても差し支えない。背景を知っているとより深い理解が得られ，応用が利きやすくなる。ちょうどエディプス・コンプレックスを理解するには，エディプス王の物語が基礎知識として必須であるのと同じである。

高校で理科を学んだ学生の中には，心理学や臨床心理学は文科系の学問だと思い込んでいる人もいるだろう。そのために理科系の知識をもっているにもかかわらず，それを必要以上に排除してしまっている場合があるようである。しかし，それはまったく捨てる必要はない。むしろ貴重な財産で，今後に生かすことができるだろう。心理学は人類のあらゆる知識の総合された学問であるから。

近年出版されている臨床心理学の多くのテキストは分担執筆である。そのた

めに主張（ベクトル）がばらばらで理解がむずかしい。本書は，筆者が単独で執筆したので，全体の筋を通すことができた。前著では，恐る恐る記述したが，これは講義を続けるにつれ，より強い確信になったため，本書ではそれをより明白に押し出すことにした。そのため，前著よりもすっきりと理解できるようになったのではないだろうか。

なお，全体の筋を通すために本書は少し独特の章立てをしている。その理由を前著の「はじめに」で梅原（2000）を引用して次のように述べた。

「哲学者の梅原　猛は，『数ある日本の仏教者から一人選ぶとすると，法然を選ぶ。なぜなら，法然を原点に取ると日本の仏教の全体を見渡すことができるからである』と述べている（『法然の哀しみ』（梅原　猛著作集10）2000，小学館）。

臨床心理学でも同じことが言える。臨床心理学の分野で数ある人物の中から一人選ぶとすると，フロイトが選ばれるだろう。なぜなら，フロイトを原点に取ると，臨床心理学の全体を見渡すことができるが，その他の誰を原点に取っても，全体を見渡すことができないからである。本書の執筆に際してとりわけ，フロイトが『精神分析入門』の最初の講義で主張した点，『無意識仮説』と『対人関係理論』という2つを支柱に選ぶと，不思議なくらい臨床心理学全体を見渡すことができた。」

この章立てはとても有効であったと感じている。今回さらに，臨床心理学だけでなく，科学史全体を見渡すことができることが分かった。

本書は，「コンパクト新心理学ライブラリ」の一巻『臨床心理学――心の理解と援助のために』の改訂版として準備を進めてきたが，記述スタイルに変更が生じたこともあり，この度姉妹ライブラリである「新心理学ライブラリ」の一巻として刊行することとなった。

最後に，2006年8月に突如，意識不明となり，2007年7月に永眠された故河合隼雄先生に感謝申し上げる。先生からはじつに多くの引用をさせていただいた。さらに河合先生の教育分析家であったマイヤー先生からは，フェヒナーの位置づけ，サーチライト・モデル，コンプレックスの意義（複素数）など，臨床心理学と自然科学の関係について多くの示唆を得た。

筆者の二人の指導教官，故梅本堯夫先生，故河合隼雄先生お二人のご縁なしでは本書はできなかった。本書を両先生に捧げ，ご冥福をお祈りします。

　また，本ライブラリ監修者の大山　正先生には前著刊行の際，誤りや，心理学史上の重要な知見（1909年，フロイトらがアメリカのクラーク大学を訪問した際，元良勇次郎の弟子の蠣瀬彦蔵と神田左京が留学しており，フロイトの講演を聞いた（大山，2010））について教えていただいた。謹んで感謝申し上げます。

　サイエンス社の清水匡太氏には長期にわたる編集作業で一貫してお世話になった。厚くお礼申し上げます。

2018年11月

森谷　寛之

目　次

はじめに……………………………………………………………… i

第0章　科学史における2つの心理学の誕生
——精神物理学（実験心理学）と精神分析（臨床心理学）　1

0.1　近代科学誕生から400年………………………………………… 2
0.2　近代諸科学のはじまりと発展——臨床心理学とのかかわり… 5
0.3　心理学のはじまり——2段階の誕生…………………………… 11
参 考 図 書………………………………………………………………… 15

第1章　臨床心理学とは何か　17

1.1　フロイトによる説明……………………………………………… 18
1.2　無意識仮説と新しい認識………………………………………… 20
1.3　精神物理学と精神分析の発想の根本原理……………………… 22
参 考 図 書………………………………………………………………… 23

第2章　臨床心理学以前——原始心理療法　25

2.1　原始心理療法の主な技法………………………………………… 26
2.2　参籠（インキュベーション）による治療……………………… 31
2.3　原始治療法と近代の科学的治療の比較………………………… 31
参 考 図 書………………………………………………………………… 33

第3章　メスメルと動物磁気（催眠術）の発見　35

3.1　啓蒙主義の時代と催眠…………………………………………… 36
3.2　動物磁気の発見…………………………………………………… 38
3.3　ピュイゼギュール侯爵の方法——磁気睡眠の発見…………… 43

3.4 催眠と無意識……………………………………………… 46
参 考 図 書 ……………………………………………………… 49

第4章　催眠から自由連想法へ
——臨床心理学におけるコペルニクス的転回　51
4.1 精神分析の誕生——フロイトの生涯 ……………………… 52
参 考 図 書 ……………………………………………………… 70

第5章　フロイト以後の展開　71
5.1 フロイト以後——さまざまな考え方 ……………………… 72
5.2 アドラーの心理学（「個人心理学」） ……………………… 75
5.3 ユングの心理学——無意識世界の探求 …………………… 77
5.4 ロジャーズの心理学
　　　——クライエント中心療法，非指示的療法の提起 ……… 87
参 考 図 書 ……………………………………………………… 91

第6章　臨床心理学の基礎理論1
——無意識をどう理解するか？　93
6.1 科学的方法——仮説と検証 ………………………………… 94
6.2 自然科学モデルと神話モデル（コンプレックス・モデル）… 95
6.3 無意識仮説の重要性 ………………………………………… 97
6.4 無意識仮説の不思議 ………………………………………… 98
6.5 フロイトによる無意識の説明 ……………………………… 98
6.6 無意識仮説はどこに？ ……………………………………… 100
6.7 メタサイコロジー（Metapsychologie） …………………… 102
6.8 数学の言葉（1）——ベクトル …………………………… 103
6.9 ベクトルを導入したメタサイコロジー …………………… 104
6.10 不登校と無意識仮説 ………………………………………… 105
参 考 図 書 ……………………………………………………… 111

目　次　　vii

第7章　臨床心理学の基礎理論2
——心の構造，対人関係，神話，発達モデル　113

- 7.1　自然科学モデル ………………………………………………… 114
- 7.2　エゴグラム（Egogram）………………………………………… 118
- 7.3　心身症モデル …………………………………………………… 120
- 7.4　心理テストへの応用 …………………………………………… 126
- 7.5　マイヤー（1968）の心の構造モデル——サーチライト・モデル
  ……………………………………………………………………… 126
- 7.6　自我防衛理論——自我と無意識の力動的関係 ……………… 128
- 7.7　緩和ケア（ターミナルケア）と防衛機制 …………………… 130
- 7.8　心の構造モデルとノイローゼの治療法 ……………………… 131
- 7.9　無意識仮説と対人関係モデル ………………………………… 133
- 7.10　その他のモデル ………………………………………………… 140
- 7.11　神話モデル（コンプレックス・モデル）…………………… 146
- 7.12　ユングの術語 …………………………………………………… 148
- 7.13　心理発達モデル——心の成長とは …………………………… 150
- 参 考 図 書 …………………………………………………………… 154

第8章　心理療法——さまざまなアプローチ　155

- 8.1　心理療法における2つのアプローチ——意識か，無意識か
  ……………………………………………………………………… 156
- 8.2　無意識へのアプローチを主とするもの ……………………… 158
- 8.3　意識の働きを重視する心理療法 ……………………………… 172
- 8.4　その他のアプローチ …………………………………………… 179
- 8.5　まとめ——各学派の位置づけ ………………………………… 181
- 参 考 図 書 …………………………………………………………… 183

第9章 アセスメント——心をどう測るか　185

 9.1 測定から始まった近代科学 …………………………………… 186

 9.2 ユングの言語連想検査法

   ——実験と臨床心理学をつなぐ試み ……………………… 188

 9.3 心理テストによるアセスメント ……………………………… 188

 9.4 症状によるアセスメント，診断 ……………………………… 192

 9.5 心理療法場面におけるアセスメント ………………………… 196

 参　考　図　書 …………………………………………………………… 207

第10章　臨床心理学の現在　209

 10.1 日本の臨床心理学発展の歴史——その紆余曲折 ………… 210

 10.2 「公認心理師法」の概要とその意義 ………………………… 218

 10.3 心理臨床分野の広がり ……………………………………… 219

 10.4 倫　　　理 …………………………………………………… 221

 10.5 お わ り に …………………………………………………… 222

 参　考　図　書 …………………………………………………………… 226

引　用　文　献 …………………………………………………………………… 227

人　名　索　引 …………………………………………………………………… 235

事　項　索　引 …………………………………………………………………… 239

著　者　略　歴 …………………………………………………………………… 243

科学史における2つの心理学の誕生

精神物理学（実験心理学）と精神分析（臨床心理学）

　近代科学は17世紀に誕生した。それから心理学はどのように誕生するのであろうか。本章では、科学史を振り返り、心理学誕生までの人類の歩みを考えてみよう。興味深いことに心理学には2つの誕生があることが分かる。それは実験心理学と臨床心理学である。本章では科学史における心理学の誕生を位置づけてみたい。

● 夜空を観測するガリレオ——科学革命のはじまり
　（サジェット，1992）

1609年、ガリレオは望遠鏡で月の観察を始めた。実際に目で確かめたところ、月は当時言われていたのとは違って表面がでこぼこしていた。これらをきっかけにガリレオは科学そのものを創りだした。最初に誕生したのが物理学で、とくに力学がその発展に重要な役割を果たした。その後、科学はさまざまな分野に広がっていった。では、どのようにして心理学に辿りついたのだろうか。科学の発展の歴史を振り返ると、人間にとって一番身近である「心」の仕組みを見つけるのが一番むずかしかったと言えよう。しかし、いったん謎が解け、理屈が分かれば、心理学という学問として確立され、学習は容易で、誰にも理解できるものとなる。

0.1 近代科学誕生から400年

エビングハウス（Ebbinghaus, H.）は「心理学の過去は長いが，その歴史は短い」（『心理学要論』(1908)）という有名な言葉を残した。彼が20世紀の初めに過去へとまなざしを向けたとき，心理学の誕生はごく最近（半世紀前）のことであった。

近代科学の誕生はガリレオ（Galileo Galilei）が月観測をはじめた1609年とされる。そこで筆者はエビングハウスとは視点を逆に，1609年を起点に未来に向けて心理学の誕生を眺めた。すると心理学の誕生はガリレオよりもはるか250年も後であることが分かった（図0.1，表0.1）。

1. 近代科学は最初，物理学，力学から誕生した。心理学は近代諸科学の中でもっとも発見が遅い。もっとも身近な自分の心がもっとも見えなかった。この

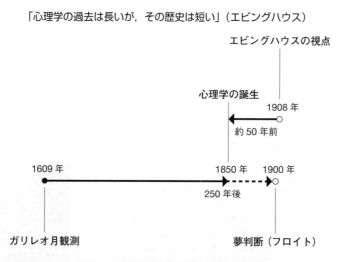

図0.1　心理学の誕生を見る2つの視点

心理学は，人類にとってもっとも難問といえる。心理学，とくに臨床心理学の発見はさまざまな科学の中でもっとも遅かった。ガリレオが天に向けた望遠鏡の向きを，人類が自身の心の内面へと180度変えるのに300年もかかったのである（心のコペルニクス的転回）。

表 0.1（1）　科学史と心理学

【紀元前】
520 年　ピタゴラス（前 580-500 頃），ピタゴラスの定理，無理数の発見。
420 年　ヒポクラテス（前 460-377 頃），医学の祖。てんかん。4 体液説。観察と経験を重んじ，医術を集大成。
440 年　デモクリトス（前 460-370 頃），古代の原子論。
387 年　アリストテレス（前 384-322），膨大な著作。四元素説など，ガリレオの時代までその宇宙論が信じられた。
300 年　ユークリッド『幾何学原論』。

【紀元後】
180 年　ガレノス（129-199），ローマ屈指の医師，その教えがルネサンスまで続く。

【16 世紀；ルネサンス】
　　　　ペスト，14 世紀に大流行，17 世紀後半に消滅。
　　　　16 世紀から 17 世紀前半にかけ，ヨーロッパ全土で「魔女狩り」の嵐。
1543 年　コペルニクス（1473-1543）「地動説」（『天球の回転について』）。
　　　　ヴェサリウス（1514-64）最初の解剖学書『人体の構造について（ファブリカ）』。

【17 世紀；科学革命の世紀――物理学，近代医学（解剖学）誕生】
1581 年　ガリレオ（1564-1642），振り子の等時性を発見。
1589 年　ガリレオ，落体に関する一連の実験。
1609 年　ガリレオ，望遠鏡で月を観測（『星界の報告』（1610）），「落体の法則」（『新科学対話』（1638））。
1620 年　ベーコン（1561-1626），科学的方法としての「帰納法」を主張。
1628 年　ハーヴィ（1578-1657），血液循環説（『動物の心臓ならびに血液運動に関する解剖学的論考』）。近代生理学の始まり。
1637 年　デカルト（1596-1650）『方法序説』。解析幾何学（代数と幾何の融合），慣性の法則，演繹法など。
1687 年　ニュートン（1642-1727）『プリンキピア（自然哲学の数学的基礎）』（力学の確立，運動の法則，万有引力，微分積分法，光のスペクトル発見）。

【18 世紀；化学革命の世紀】
　　　　ディドロ（1713-84），啓蒙主義の時代。
1754 年　山脇東洋，死罪遺体で日本初の解剖を京都六角で行う。
1760 年頃　イギリス産業革命始まる。
1774 年　メスメル（1734-1815），動物磁気概念化（第 3 章参照）。
　　　　杉田玄白ら『解体新書』。
1776 年　アメリカ独立宣言。
1781 年　ワット（1736-1819），蒸気機関を実用化。
1789 年　ラボアジェ（1743-94）『化学原論』（質量保存則，錬金術からの脱却，近代化学のはじまり，第 3 章 p.42 コラム 3.2 参照）。
　　　　フランス革命。

表 0.1 (2)　科学史と心理学

【19世紀；生物学革命の世紀，心理学の始まり】
1831年　ファラデー（1791-1867）「電磁誘導の発見」。
1847年　ヘルムホルツ（1821-94）「エネルギー保存則（第1法則）」，物理学だけでなく心理学にも貢献。『生理学的基礎としての聴覚教程』(1863)。
1850年　10月22日午前　フェヒナー（1801-87），突然「精神物理学法則」を思いつく。
1856年　フロイト(-1939) 誕生。
1859年　ダーウィン（1809-82）『種の起源』。新しい生物学の基礎，進化論，生物としての人間観。
1860年　フェヒナー（1801-87）『精神物理学原論』。心理学の始まり。
1865年　クラウジウス（1822-88），エントロピー概念（熱力学第2法則）導入（コラム 7.3参照）。
　　　　マクスウェル（1831-79），電磁場の理論（マクスウェルの方程式）（第7章図 7.7 (p.125 参照)。
　　　　メンデル（1822-84），遺伝の法則。
1879年　ヴント（1832-1920），**世界最初の心理学実験室をライプチヒに設立**。
1882年　シャルコー（1825-93）催眠術を科学として認めさせる。
1895年　フロイト（1856-1939）『ヒステリー研究』（第4章参照）。**臨床心理学の基礎**。
　　　　レントゲン，X線を発見（1901年に第1回ノーベル物理学賞受賞）。
1897年　トムソン（1856-1940），電子を発見。
1900年　フロイト『夢判断』。近代夢分析の始まり。
　　　　プランク（1858-1947），量子仮説提唱。**量子論の始まりは精神分析登場と同じ頃**。
1905年　アインシュタイン（1879-1955），ブラウン運動，光量子仮説，特殊相対性理論。
1911年　ラザフォード（1871-1937），原子の有核モデル発表。
　　　　第1回ソルヴェー会議（アインシュタイン，プランク，ローレンツ，ポアンカレ，ラザフォード，キュリー夫人ら）。
1913年　ボーア（1885-1962），原子構造論。
　　　　ワトソン（1878-1958），行動主義。
1916年　アインシュタイン，一般相対性理論。
1916-17年　フロイト『精神分析入門』。
1926年　シュレディンガー（1887-1961），粒子の波動性を記述する方程式。
1927年　ハイゼンベルク（1901-76），不確定性原理。
1953年　ワトソン（1928-）とクリック（1916-2004），DNAの構造解明（二重らせん）。

ことは，心理学は人類にとってもっとも苦手，難問であったことを意味する。ガリレオが天に向けた望遠鏡を，自身の心の内面の観測へと180度向きを変えるのに300年もかかったのである。これは「心のコペルニクス的転回」といえる。

2. 最初，心理学を作ったのは物理学者や医師であった。心理学は，物理学や

化学，医学（解剖学），生物学などの発達を基礎にしてようやく誕生した。

3. 人類はまず，物と物の関係を力の相互作用として認識した。17世紀にニュートン（Newton, I.）がこれを3法則にまとめた。心理学は人の心と心の関係を問題にするが，それには，まず物理学による物と物の相互関係の仕組みの発見が不可欠であった。

4. 科学史をみると，天動説から地動説に変化した。天動説は自分中心に天体が動いていると考える自己中心の世界観であった。19世紀に進化論が登場する。人間は神の似姿として創られ，生物を支配できるとする人間中心の世界観から，自分も同じ生物の一部であるという認識に変わった。これらの歴史は自己中心的世界観からの脱却とみることができる。すなわち，人間の精神的成熟の過程とみることができる。

5. 自分中心ではなく，周りの自然環境，他の人たち，生物界を冷静に見つめることができるようになって，初めて自分の心を扱う準備が整った。逆もいえる。自分自身を正確に見つめることができるようになると，周りも正確に見ることができるようになる。心理学の誕生は，人類の精神的成熟と深い関係がある。すなわち，心理学は大人の学問といえる。

6. 心理学は，物理学，化学，医学，生物学などの諸学問の成果を受け継いでいる。さらに，その上で哲学，宗教，文学，芸術などの諸科学も取り入れている。すなわち，心理学は人類の精神全体を扱う。心理学は総合科学ということができる。

7. 最初の教育は「読み・書き・そろばん」である。心理学，とりわけ臨床心理学は，大学になって学ぶ。臨床心理学は単に知識の習得ではなく，人格そのものを扱う。それには，大人の成熟した精神性をもつことが前提になる。

0.2 近代諸科学のはじまりと発展——臨床心理学とのかかわり

0.2.1 物理学の誕生——16, 17世紀

現在では宇宙は137億年前にビッグバンによって誕生したと考えられている。しかし，約400年前では，紀元前の古代ギリシャ時代のアリストテレス

(Aristotelēs)の宇宙観がそのまま信じられていた。天と地はまったく異なる領域で，別の物質と別の法則に支配されている。天は永遠な世界で，月は水晶でできていて，鏡のようになめらかで，完全な球体と信じられていた。

1609年，ガリレオが望遠鏡を最初に月に向けたとき，天体は神の創造した世界とは違うことを知って驚愕した。彼は，誰でも見慣れた物体の落下現象に注目し，観察し，モデルを作り，実験し，観測事実とつき合わせ，数学の言葉で記述し，結論を出した。そして常識をまったく覆す新しい事実を得た。重い物体も軽い物体も同じ速度で落下する！　これらの事実を後にニュートンが3法則にまとめた。

近代科学の出発としては「力学」がもっとも重要な理論である。すなわち物体の相互関係の解明から科学革命は始まったのである。リンゴが落下するとは，リンゴと地球はどういう関係にあるのか，それを力の相互作用としてとらえたのである。リンゴと地球だけではなく，月と地球，太陽をはじめ全宇宙の関係がこうして解明された。それを「心の動き」の解明，さらに人間関係にも適用しようとしたのが，今日の「精神力動論」で，その背景は「力学」に由来する。

コラム0.1　ニュートンの「運動の3法則」は「かかわりの法則」

これは自然科学でもっとも重要な根本法則で，私たちの日常生活はすべてこの法則に支配されている。知らないではすまされない。

1. **第1法則——慣性の法則**
「外力が加わらなければ，静止した物体はそのままずっと静止し，運動中の物体はずっと（等速，直線）運動を続ける。」

2. **第2法則——運動方程式**
$F=am$（F：力の大きさ，a：加速度，m：質量）
「物体の運動は，その物体に加えられた力の大きさに比例して，力の方向へ加速される。」

3. **第3法則——「作用・反作用の法則」**
「すべての作用に対して，それと等しい反対向きの反作用がつねに存在する。」
ニュートンは，以上の3法則に加えて，「リンゴは落下するのに，なぜ，月は落下しないか」を考え，「万有引力の法則$\left(F=G\dfrac{Mm}{r^2}\right)$」を発見した。「天の

動き（地球と月の関係）と地上の動き（リンゴと地球）を同じ力の法則」でとらえ，これによって全宇宙の運動が解明された。そして，近代物理学と「占星術」が分離されることになった。

この3法則は心理学とは無縁と思われるが，「かかわりの法則」として考えると心理学そのものとなる。

● **第1法則（慣性の法則）**
「何もしない，かかわらなければ，状態はずっとそのまま，変わらない。」
いじめの傍観者，育児放棄（ネグレクト）など。

● **第2法則（運動方程式）**
「傍観せず，かかわると，簡単なことはすぐに片付くが，大きな問題はびくともしない。熱心にすればするほど素早く片付く。パワーのある人とは困難な仕事を速く片付ける人。」
同じ力でも小さな子どもなら吹っ飛ぶ。暴力，虐待，権力によるハラスメントなどは，対象と不適切な力の行使が原因。

● **第3法則（作用・反作用の法則）**
「かかわると，必ず自分にも同等の影響を受ける。影響を受けずにかかわることはできない。」
たたくとたたかれる。自分の手が痛いと相手も同じ。いじめるといじめられる。惹きつけようとすると，惹きつけられる。目には目を，歯には歯を。喧嘩両成敗。虐待は世代間で続く。精神分析の「転移・逆転移」概念。「医師の力の消耗の度合いはあきらかに患者の抵抗の尺度でもあった」（フロイト『自らを語る』）。

しかし，当然ながら人間関係は物理法則通りにはならない。人間関係はこれよりもはるかに複雑である。なぜなら，人間と人間はお互いに認知能力，意志をもっているので，双方向から予想不能の力が行使される。人間関係（臨床心理学）はニュートンをしても解けなかった難問といえる。しかし，3法則を基本にしてそこからの"ずれ"として人間の心を考えるとヒントが得られることが多い。

詩人金子みすゞは，「作用・反作用の法則」を次のように謳っている。

「こだまでしょうか」

「遊ぼう」っていうと
「遊ぼう」っていう。

「馬鹿」っていうと
「馬鹿」っていう。

「もう遊ばない」っていうと
「遊ばない」っていう。

そうして,あとで
さみしくなって,

「ごめんね」っていうと
「ごめんね」っていう。

こだまでしょうか,
いいえ,誰でも。

0.2.2 近代化学のはじまり──18世紀後半

　人類は,天体のように人間の外にあり,一定の距離を隔てた,目に見える大きな物体間の関係の解明から始めた。目に見えない微小世界を扱う近代化学の誕生は,物理学より1世紀以上も遅かった。18世紀の半ば,フランス革命の頃,ラボアジェ(Lavoisier, A.;「コラム3.2　近代化学の父,ラボアジェ」参照)によってその基礎が作られた。きっかけは,誰もが見慣れた現象「物はなぜ燃えるのか」である。物理学の発見には時間(落下の同時性)が,化学の発見には精密な重さの測定(燃焼前後で重量がまったく同じ「質量保存の法則」)が決定的役割を果たした。酸素や水素などの元素の考え方ができた。

　化学は微小元素の相互関係,結合による物質の変容を扱う。結びつくことに

よって，まったく新しい性質の物質に変わる。「鉛を金に変える」方法（錬金術）は，心の成長・変化のモデルとなっていた。

19世紀に，物理学と化学は相乗効果で大発展をする。熱エネルギー概念が登場し，それが「心的エネルギー論（リビドー）」としてフェヒナー（Fechner, G. T.）やフロイト（Freud, S.）に利用される。

20世紀初めに量子論，相対性理論が登場し，時空の概念が大きく変化する。ニュートン力学（古典物理学）のと間で大論争（ソルヴェー会議）となるが，決着がつかず，どちらも正しいとされ，以後，古典物理学と量子論の2本立てとなる。

物理学は2段階の発達を遂げているといえる。最初は，ニュートン力学で，次に量子力学となる。2つは現在，両立しているが，将来はそれらが統一されるかもしれない。フロイトの理論は古典物理学を根拠にしており，量子論の影響を受けていない。しかし，フロイトより約20歳年下のユング（Jung, C. G.）は量子論の影響を受けている。ユングには物理学者パウリ（Pauli, W. E.）との共著（『自然現象と心の構造』（1955））もある。ユングがしばしば言及する「相補性の原理」は，量子論の影響といえる。

0.2.3 近代医学：解剖のはじまりと外科学（surgery）の誕生——16世紀

当時の医学とは今日の内科のことである。医師とは内科医（medicine）を指してきた。人類は長い間，人体の内部を見ることを忌避してきた。

どの文化でも解剖は禁止されていた。古代エジプト人もミイラを作るときに人体の中身を空っぽにしたが，これは犯罪行為だった。終わると，処罰の象徴として石を投げつけられた。

ローマ時代の医師ガレノス（Galēnos）の教えが1,000年以上も続いた。ガレノスは動物の解剖から得た知識に基づいていた。

ヴァン・デン・ベルク（1988）によると，最初に解剖学的な目的で身体を開いた人は，モンディヌス（ラテン名。イタリア名モンディーノ）で，1306年，ローマ法王の暗黙の承認を得て，人間の身体を解剖した。その10年後にはじめて解剖学の本が活字で出版されたが，言葉だけで解剖図がなかった。「西洋

人が身体の中にあるものを見るまでに，それから2世紀かかった」という。1543年，ヴェサリウスによって最初の解剖学書『ファブリカ（人体の構造について）』が出版された（1543年はコペルニクスの地動説が発表され，日本では種子島に鉄砲が伝わった年）。ヴェサリウスはベルギーで生まれ，イタリアのパドヴァで医学教育を受けた。『ファブリカ』はスイスのバーゼルで出版された。

ヴェサリウス以前は，医師自身は死体に手を触れようとはしなかった。外科（surgery）とは，原義は手（surg）の仕事（ery）であり，自分の手を使って処置をするという意味がある。彼は自分自身の手で解剖を行った（第1章扉絵参照）。この違いは決定的に重要である。当時，身分違いの理髪師が外科医となったが，医師から抵抗された。日本最初の解剖は1754年，京都で山脇東洋によって行われた。以後，医学は内科と外科の2本立てとなる。

現在では人体の内臓を精密に描いた本が出版され，人々は平気でそれを眺めることができる。しかし，当時の人は，おそらくそれを見たくなかったであろう（それを見るまでに200年もかかったとは）。

人類が解剖に手を染めることになったのは，ペストの流行が原因といわれる。14世紀後半にペストが流行し，西ヨーロッパでは人口の25％が死んだ。フィレンチェでは40％，ボローニャでは50％以上が死んだ。

解剖学は，心理学にも大きな影響を与えた。人体の内部に内臓があるのと同じように，心の内部に別のシステム，すなわち，私たちが知る心（意識）の背後に，深層の心（無意識）があるということである。これは19世紀末にフロイトによって無意識仮説として提唱され，臨床心理学の基本理論となった。

0.2.4　進化論の登場——19世紀半ば

ダーウィン（Darwin, C.）の『種の起源』（1858）は人間観を大きく変えた。これによって，「神に似せて作られた」と信じられていた人間は，サルと同じ仲間となった。人間中心の見方が，この理論によって大きく変わったのである。ここでも自己中心の考え方からの脱却が見られる。宗教の束縛から自由になり，サルへのまなざしと同じように人間を観察することができるようになった。あ

りのままに人間を観察できる自由を得たのである。

　ダーウィンの思想はフロイトに広範囲な影響を与えた。ダーウィンの**進化論**の発表（1859）とフロイトの誕生（1856）はほぼ同じ頃で，フロイトの精神分析理論においても，精神発達理論や闘争（葛藤など）には全般的に進化論が大きな影響を与えている（『ダーウィンを読むフロイト』（リトヴォ，1990））。

0.3　心理学のはじまり──2段階の誕生

　さて，ここでようやく心理学が歴史に登場する。解剖学，物理学，化学，生物学の後にやっと人類は精神の領域にまで科学的なまなざしを向ける準備が整ったといえる。

0.3.1　「精神-物理学」の発見──19世紀の半ば

　心理学史の教科書では，心理学の始まりはヴント（Wundt, W.）からとされることが多いようである。しかし，筆者はその前のフェヒナー（Fechner, G. T.；1801-87）から出発するほうがよいと考えている。マイヤー（1968）は，「心的なものを自然科学的に，すなわち，物理学的測定方法で捉えようとする真に組織的な端緒は，フェヒナーから始まった」「画期的業績となったのは，1860年に出版された著書『精神物理学綱要（原論）』（2巻）で実験心理学の父と見なされている。それは自然科学的な量を使って，魂の事実性に接近した歴史上初めての試み」と述べている。

1．フェヒナーという人

　「実験心理学の父」と称されるフェヒナー（**図0.2**）は臨床心理学的観点からもとても興味深い人物である。他書にはあまり紹介されていないので，少し詳しく紹介したい。

　エレンベルガーによると，フェヒナーはプロテスタント牧師の一人息子で，終生をライプチヒで過ごした。

　最初，医学を学び，物理学者として成功する傍ら，超心理学的現象に興味をもち，ドクトル・ミーゼスというペンネームで文学的小冊子を出したりした。

図 0.2　フェヒナー

とりわけ盲目状態になったとき,超心理学的現象への興味が強くなった。著書をみるととても物理学者とは思えない。『天使の比較解剖学』(1825),『死後の生についての小冊子』(1836),『至高の善について』(1846),『ナナ,あるいは植物の霊的生命について』(1848),『ツェンダベスタ,あるいは天国と彼岸のものについて』(1885),『霊的(ゼーレ)の問題について』(1861),『昼の見方と夜の見方』(1879) などがある。

1833年,32歳のときに結婚し,同時にライプチヒ大学物理学教授となる。「あれほど欲しがっていた,自分の研究が自分で自由にやれる独立した地位に昇った途端にフェヒナーの力はくずれおちた」(ヴント),講義をするのも大変な状態であった。

1834-40年,無理に仕事をする。自分を材料に主観的視覚現象の実験を行い,視力を損なう。

1840年,39歳のときに持ちこたえられなくなり,その後,3年間,物理学の研究を断念する。

病気の間,光を閉め出すために,壁をまっ黒に塗った暗い部屋に閉じこもり,顔を覆った。少ししか食べないために生命の危機に陥る。

0.3 心理学のはじまり

フェヒナー自身の説明では,自分は奇妙な形で立ち直ったという。

ある日,家族が親しくしている女性が「フェヒナーのために,香料を強くきかせたハムをライン・ワインとレモンジュースで調味した料理をフェヒナーにあげようと調理した」という夢を見た。翌日,彼女は夢で見たとおりそれと同じ料理を作り,フェヒナーにあげると,フェヒナーは不承不承料理に口をつけた。すると病気が軽くなったような気がした。その日から彼は少量ながら規則正しく食べ始めると体の力がよみがえってきた。

フェヒナーは「77という番号」を夢に見た。彼はそれは「77日目に病気が治るという意味だ」と解釈し,77日目にほんとうに治った。

その後,気分の高揚した時期となり,「自分は神に選ばれた人間で,今や世界の謎という謎が全部解ける」「物理世界のニュートンの引力の法則に匹敵する,精神世界の基礎をなす一般原則を発見したという確信」をもつ。

彼は長年,物理世界と精神世界との関係を考え続け,1850年10月22日の午前に突然「精神物理学法則」の公式を思いついた。その後10年間研究に没頭し,1860年『精神物理学原論(*Elemente der Psychophysik*)』(全2巻)を著した。これが実験心理学の出発点となった。

1879年,フェヒナーの後継者ヴント(医師,生理学者)によって世界最初の心理学実験室がライプチヒ大学に設立された。

一方,フェヒナーはフロイトにも大きな影響を与えた。フロイトは「心的エ

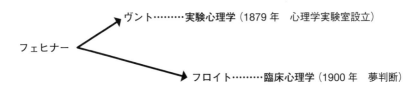

図0.3 2つの心理学の祖フェヒナー
フェヒナーは2つのまったく異質の体系(実験心理学と臨床心理学)を一人の人格の中に孕んでいた。そのために精神的統一性を欠き,混乱したのは当然と言える。このような精神状態は「創造の病い」と呼ばれる。

ネルギー概念，心の局所論的概念，快不快原則，恒常原則，反復原則」などをフェヒナーから採用している（**図 0.3**）。

エレンベルガーは「精神分析の理論的枠組みの相当部分は，フロイトが"偉大なフェヒナー"と呼んだ人物の思弁抜きではまず誕生しなかったのではあるまいか」と述べている。

2. フェヒナーの発見とは

さて，実験心理学の始まりとなるフェヒナーの発見とは，どのようなものだろうか。ボールズ（1993）は，きっかけは閾値に関するウェーバーの法則からであると述べている。（S：刺激量，ΔS：弁別閾値）

$$\text{ウェーバーの法則}\quad \frac{\Delta S}{S}=k \quad (k：定数) \tag{1}$$

彼はこれを単純に移項した。

$$\Delta S = kS \tag{2}$$

（1）と（2）で何が変わったのだろうか。左辺の ΔS は人間の感覚量（弁別閾値）で，右辺は物理量である。すなわち，（2）は人間的感覚量と物理量を結び付ける方程式となる。

$$\text{左辺（人間の感覚量；精神）}=\text{右辺（物理量）}$$

人間精神と物理の関係が方程式で表現できる。たしかに，このような方程式は誰もこれまで見たことがなかった。まさに大発見！

比較すると，ニュートンの万有引力の方程式（p.7）は「物理量（左辺）＝物理量（右辺）」で，ここには人間が入る余地がない。

0.3.2 「精神-分析」の発見——19 世紀末

「精神-物理学」誕生の約半世紀後に，別の種類の心理学が神経症の治療を通して病院の中で誕生する。心理学は最初「精神-物理学」として 1850 年に発想され，次にはそれから約半世紀後に，人間の精神と精神との関係の学問が，「精神-分析」という名前で誕生した。両者とも，名前（精神-物理学／精神-分

析）から科学の装いをもとうとしていることが分かる。「分析」（analysis）という言葉は，主に化学（chemistry）分野で使われ，錬金術師（alchemist）に由来する。この2つの流れは後にどちらも「心理学」と呼ばれるようになったが，実態はまったく違う体系をもつ。それを区別するために，「精神物理学は，実験心理学」，「精神分析の流れは，臨床心理学」と呼ばれるようになった。心理学にはこの質の異なる体系が同居していることが世間では知られていない（第10章参照）。

　心理学には2つの種類があり，これは2段階の誕生といえる。臨床心理学のほうが実験心理学の後から誕生しているが，そのためには先に精神物理学が誕生する必要があったといえるだろう。それは，臨床心理学のほうが発見するのがより困難で，それだけ臨床心理学の扱う問題が難問だということがいえるのではないだろうか。

[参考図書]

　科学の歴史的変遷について知識をもつことは，ものごとを考える基礎として重要である。この機会に科学史を振り返ると心理学はより理解しやすいだろう。かつて理科系科目が苦手だった人でも，大人になり，試験の圧力から解放されて読んでみると，これまでとは違ったおもしろさを感じるだろう。

山田大隆（2001）．心にしみる天才の逸話20――天才科学者の人柄，生活，発想のエピソード――　講談社

　天才科学者もまた，一人の生身の人間で，悩みをもちながら，研究を続けている。どのようなきっかけで新しい発見に辿りつくのかは非常に興味深いものがある。これらは心理学的見地からも大いに参考になるだろう。

バイナム，W. F.　藤井美佐子（訳）（2013）．歴史でわかる科学入門　太田出版

橋本毅彦（2016）．図説科学史入門　筑摩書房

　バイナム（2013）はヒポクラテスからアインシュタインにいたるまでの科学の物語で，読みやすい。橋本（2016）は天文学，気象，地質，動植物学，人体，生命科学，原子論など，図示しながら包括的に解説してくれている。

臨床心理学とは何か

　臨床心理学という言葉は，ウィットマー（Witmer, L.; 1867-1956）が作ったといわれている。「心の悩み（心の健康）の解決に向けて援助する」ための学問である。「臨床（clinic）」とは，ギリシャ語の「寝台」を意味し，病に苦しむ人の枕辺に寄り添い援助する意味であった。

　では，臨床心理学とはいったいどういう学問なのか，その説明はむずかしい。もし，親兄弟，友人から説明を求められると困るであろう。就職などの面接で，「臨床心理学とは何ですか？　大学で何を学びましたか？」と尋ねられてもうまく説明できないのではないだろうか。これはいったいなぜか，どう説明すればよいのだろうか。困るのは学生ばかりではない。じつは教師でもむずかしいのである。

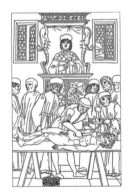 

● ヴェサリウス以前の15世紀末（1493）の解剖学講義（左）（小阪編，1986；坂井，2008），「トゥルプ博士（1593年オランダ生）の解剖学講義」（右）（レンブラント，1632）

ヴェサリウス以前の解剖学講義は，高い位置の教授がガレノスの原書を読みあげ，職人に解剖を指示するだけ。医師自身は手を汚そうとはしなかった。右図の博士は自ら執刀している。左図は誰も解剖体を見ていない。右の医学生は身を乗り出して真剣なまなざしで見つめ，驚嘆しつつ学んでいる。では目に見えない心についての教育はどうすればよいのだろうか。

1.1 フロイトによる説明

臨床心理学とは何かを具体的に説明するのは意外にむずかしい。自分の心が説明しにくいのと似ている。それでは，フロイト先生ならどうか。表 1.1 は，『精神分析入門』序論部分を筆者が要約したものである。

「精神分析＝臨床心理学」ではないが，「精神分析」とあるところは，「臨床心理学」と理解しても大きなまちがいはない。

「心理療法」「精神療法」の言葉から，医療のように思われる。医療ならば，医師しか扱えない。フロイトは医療とはまったく違うことを，巧みに説明している。「治療」とは，"単なる比喩"であり，実際は薬もメスもいっさい使わな

表 1.1 『精神分析入門』第 1 講（序論）のまとめ

- **精神分析とは何か——神経症患者を医学的に治療する操作**
精神分析は医学とは異なる特殊性がある。
- **新しい医学的治療のときの医者のやり方**
①苦痛な面は隠す，②治療効果は大げさに言い，患者を安心させる。
- **精神分析的治療を始める時の分析家のやり方**
①分析治療には数々の困難さがある，②時間がかかる，③努力と犠牲が必要，④治療の結果は患者の態度，理解度，従順さ，根気に左右される。
- **精神分析を学ぶことは困難である**
目に見えない，直接確かめられない。ただ話をするだけで，どうして病気に効果があるのか？ 治療は患者と医師の特別な感情的結びつき（感情転移）が成立したときにのみ有効性を持つ。治療に傍聴者の介入を許さない。
- **自分について研究する学問**
どのようにして精神分析を身につけ，また，その主張が真実であると確信することができるのか→自己分析や熟練の分析者によって分析してもらうことによって，自分の身でもって体験することができる（自己分析，教育分析）。
- **精神分析の二大主張**
①第 1 の主張——無意識の仮説
心的過程はそれ自体としては無意識的である。意識的過程は心的全活動の部分に過ぎない。無意識的な心的過程が存在するという仮定を立てることによって世界の学問にとってまったく新しい方向付けが可能になったと断言できる。
②第二の主張——性の欲動理論
広義にせよ狭義にせよ，性的なものと呼ぶよりほかはない欲動興奮が神経と精神の病気の原因として大きな役割を果たしている。

い，まったくの対話だけである。

1.1.1 心理療法の本質

フロイトは精神分析療法の本質を次のように述べている。

「精神分析では医師と患者の間に言葉のやり取りがあるだけ。患者は過去の経験と現在の印象について語り，嘆き，その願望や感情の動きを打ち明ける。医師はこれに耳を傾け，患者の思考の動きを指導しようと試み，励まし，その注意を特定の方向へと向かわせ，そしていろいろと説明してやり，その時に患者が医師の言うことを了解するか，あるいは拒否するのか，という反応を観察する。」

補足説明する。
1. 心理療法とは言葉による対話である。
2. 語るのは患者で，医師は耳を傾ける。通常は語るのが医師で，患者はその忠告を聞く立場に立つが，それが逆転していることに注目。
3. フロイトの発見とは，ひとの話を聞くことが単に大事ではなく，"とてつもなく"重要であるという発見である。20世紀に至るまで，また，現在でさえもなお，人類はひとの話を聞くことがこれほどまでに重要とは知らなかった。
4. 普通のおしゃべりとは違う特別な話で，患者はそれまで誰も決して言わなかったようなことまで，自由にしゃべる。
5. そのためには，安心して話せるために，相互の信頼感が必要である。
6. 医師は，なかなか理解しにくい患者の話を十分聞いた後で，ようやく自分の意見を控え目に言う。
7. 医師が最良のアドバイスを与えたにもかかわらず，多くの場合，患者は医師のアドバイスをなかなか受け入れようとしない。
8. このようなやり取りを1回や2回ではなく，長期に渡って継続する。

1.1.2 心理療法のむずかしさ

この対話は世間の人の理解を得るのがなかなかむずかしい。フロイトはこのむずかしさを強調している。扉絵「トゥルプ博士の解剖学講義」のように他人

（医学生）の目の前で行うこともできない。心は目に見えないし，効果も特殊な人間関係の中でしか生じない。対話は密室で行われるので，多くの人に証明できない。

また，頑張ってこの学問を習得したとしても職業としても成り立つのがむずかしい，ことなどを挙げた後，「実は私はみなさんに，二度と私の講義を聴きに来ないようにと忠告したい。私の講義によって精神分析の研究や治療の方法を学び取ることはできない」とまで言っている。

心理療法の効果があると言われても，それは本当かどうか，誰にも分からない，などなど，むずかしいことばかりである。ここでフロイトは突然，思い切ったことをいう。他人（フロイトも含む）の言うことをすぐに信じられないならば，自分自身でそれを経験し，自分に当てはめてみるとそれが正しいかどうか，分かるだろう，と主張する。

臨床心理学は自分自身の心を対象にする学問である。すべて自分自身の心で確かめる。たとえば，講義内容を自分の心に当てはめてみて，納得できるかどうか。また，心理テスト，箱庭，描画，コラージュなどの実習を行ってみる。その実習が自分の心に響くものであるのか，どうか。そして教員の解釈，説明などが納得できるかどうか。そのように自分自身で直接確かめてみるならば，それが正しいかどうかが分かるであろう（**表1.1**）。

心理学を学びたい人のほとんどは「〈他人の心理〉を知りたい」という動機を挙げるが，フロイトはそれを否定する。他人の心よりも，まず，自分で自分の心を知るのが先決である，と。

1.2 無意識仮説と新しい認識

『精神分析入門』の序論の最後に，フロイトは一番重要なことを言い出した。「無意識的な心的過程が存在するという仮定を立てることによって世界の学問にとってまったく新しい方向付けが可能になったと断言できる。」

「断言できる」とは，よほど自信があるのであろう。「大胆で筋のよい仮説が科学を大きく前進させる」という言葉があるが，フロイトのこの発言もこれに

表1.2 「臨床心理学って何を勉強するの？ 心理療法って何？」

フロイトの答えを参考に臨床心理学（心理療法）を説明すると
1. 人に説明するのがそもそも大変むずかしい。
2. 不登校やいじめ，などを心の健康を促進，援助するための学問体系。対人援助の学問。
3. 心理「療法」とか，「臨床」と言っても，医学とはまったく違う。援助といっても，普通の手助け，人助けとはまったく違う。
4. 心の病を直すというのは，薬も使わず，話し合いのみ。基本は医学ではなく，心理学であり，対話がすべて。
5. 話し合いで治るのか？ すべて話し合いだけで治るというわけではないが，話しをするということはみんなが知っている以上に"はるかに""とてつもなく"重要。
6. この話は，普通では話さない，あまり話したくない微妙な内容が含まれる。
7. そのためにこの話し合いのやり方には，専門的な訓練が必要。
8. その訓練は，まず，自分自身を知ることを通じて，相手を知る。自分自身との対話が必要。自分自身を深く，正確に知れば知るほど，ますます相手を深く，正確に知ることができる。逆も同じ。
9. 1つだけ，重要な仮説がある。それは無意識仮説。これがなかなか世間では理解されない。
10. 臨床心理学は，無意識仮説に基づいた対人関係理論が重要である。

当てはまるであろう。

そこで，「臨床心理学の理論の中で，もっとも重要なものは何か。物理学のニュートンの3法則に匹敵するものは何か」と問う必要がある。すると，一番重要な仮説は「**無意識仮説**」といえるだろう。しかし，目下のところあくまで仮説留まりで科学的な「法則」とまではいうことができない。

しかし，この「無意識仮説」こそがもっとも説明が困難である。無意識とは「知っているけれど，知らない」という矛盾した内容である。このために，世間は納得できない。理解しろというほうが無理なのであろう。本書はこの仮説を分かりやすくするための工夫を行うことにしたい（第6～8章参照）。

フロイトは精神分析には2つの柱（①無意識，②性の欲動）があると述べているが，筆者の考えでは，仮説は1つだけである。フロイトのいう第2の仮説（性の欲動）は，ひろい意味の人間関係を指している。それゆえに，〈無意識仮説に基づいた対人関係〉が精神分析（臨床心理学）の理論的枠組みになると考える。本書は，以後この枠組みで書き進めることにする（**図1.1**）。

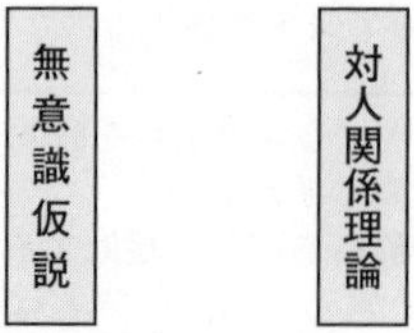

図 1.1　臨床心理学の 2 つの柱

（無意識仮説／対人関係理論）

「しかし，（以上述べたような精神分析につきまとう）数々の困難さにもめげず，新しい認識に関心を持つ人には大歓迎である」とフロイトは言っている。

「新しい認識」とは，人間理解に対するこれまでの見方に革新をもたらす，という意味である。この仮説のおかげで，新しい人間理解，新しい職業（公認心理師）が生み出されたことは間違いないだろう。

以後の第 2，3 章において，無意識仮説の成立までの道筋について，エレンベルガーの大著『無意識の発見』を参照しながら述べていきたい。

1.3　精神物理学と精神分析の発想の根本原理

第 0 章でも述べたように，2 つの心理学の発想が次の言葉に要約できる。それは，

【精神物理学（実験心理学）】
「物理世界のニュートンの引力の法則に匹敵する，精神世界の基礎をなす一般原則を発見したという確信」（フェヒナー）

【精神分析（臨床心理学）】
「無意識的な心的過程が存在するという仮定を立てることによって世界の学問にとってまったく新しい方向付けが可能になったと断言できる。」（フロイト）

である。

[参考図書]

フロイト，S. 懸田克躬・高橋義孝（訳）(1971). 精神分析入門 フロイト著作集1 人文書院

　臨床心理学を学ぶときにぜひ読んでおく必要があるのが本書である。ともかく何が書かれているのか，まず目を通してみてほしい。臨床心理学の他の著作もほぼすべてこの書に何らかの影響を受けている。多くの論文，著作の中でフロイトの名前に言及しないでも，フロイトからの引用，発想であることが多い。

　『精神分析入門』はドイツ語「Vorlesungen zur Einführung in die Psychoanalyse」の訳である。直訳すると「精神分析の中へと導くための講義」という意味になる。

　ドイツ語と日本語訳では微妙にニュアンスが違う。それは主語である。「入門」では，主語は読者（新参者）で，〈読者が〉恐る恐る見知らぬ門へと入って行くという意味になる。原文では，主語はフロイトである。〈フロイトが〉何も知らない読者を精神分析の世界へと道案内するために講義する。冒頭は，フロイトの「みなさん！私は，あなたがた一人一人が，……」という呼びかけから始まる。フロイトは読者の心の準備を待って，慎重に進めていく。このやり方がすでに精神分析そのものである。心理療法家以外，たとえば物理学者ではこのような講義の進め方は真似できないであろう。

　日本語訳（「入門」）では読者が理解できないのは，読者の責任になる。しかし，ドイツ語（「案内」）では，読者が理解できないのは，案内者フロイトの説明力不足ということになる。「いろいろと説明してやり，その時に患者が医師の言うことを了解するか，あるいは拒否するのか，という反応を観察する」と述べているように，講義でも聴講者がフロイトの説明をほんとうに了解するかどうかを見極めて講義している。対話において，こちらが相手に言うべきことをきっちり伝えることを目的にするのか，相手が本当に納得することを目的にするのかの違いであるといえよう。後者（心理療法）のほうが前者（日常のコミュニケーション）よりはるかに困難であることがお分かりであろう。このフロイトの苦労は，また，われわれが次に，他の分野の人に説明するときに経験する苦労と同じである。

　本書は，人文書院，中央公論社，河出書房新社，新潮社，角川書店などからも刊行されている。

臨床心理学以前
原始心理療法

　臨床心理学が登場するはるか以前から心身の癒しの術は存在していた。シャーマン（Shaman）と呼ばれる治療者は，雨を降らせ，戦いを勝利に導く妖術師でもあり，宇宙の起源，部族の歴史の知識をもつ吟遊詩人でもあった。医者，宗教家，霊能者，科学者，政治家などすべての専門家を合わせもつ存在であり，社会の最高人物であった。しかし，近代人はその治療を奇談，迷信，詐欺行為と見なしてきた。ところが，現代の深層心理学からみると，意外にも彼らの技法が理にかなっており，形を変えて現代にも受け継がれている。

　これらは「原始」心理療法と呼ばれているが，過去のものではなく，注意してみると，現在でも至るところで行われている（東畑，2015）。普段は目にすることがないが，時折，事件として報じられ明るみに出る。臨床心理学を学べば，これらの心理学的意味を考えることができる。

●ネイティブ・アメリカンの治療師ビルボ（米国医学図書館：ベセスダ）
病人の体から病気の原因物を取り出し，皆に示している。患者と家族はそれで安心する

2.1 原始心理療法の主な技法

　エレンベルガーは,「原始精神療法と現代力動的精神医学の諸派との間には,その基本原理の一部に非常に深い類似性がある。エクソシズム,磁気術から催眠術,催眠術から精神分析へはすべて一直線上にある連続的発展である。この底にある発想は同一である。すなわち,心理的手順を踏めば,一種の"よくないもの"を放逐できるという発想。この心理的手順には患者が参与すること,治療者が克己的努力を行うことを暗黙の前提とする。」と述べている。
　表2.1はクレメンツが挙げている古代の治療観についての分類である。

2.1.1 有害な疾病物体が体内へ侵入

　近代人も毒物や細菌の侵入が病気の原因と考えている。しかし,古代人は,それらが魔法使いによって身体に打ち込まれたと考える。治療法は「病気を摘出する」ことである。近代医学と異なり,たいてい**シャーマン**が口で吸い出す。また,シャーマンはトリックを使って吸い出した物体(血まみれのミミズなど)をみんなに見せたりする(扉絵参照)。

表2.1　古代の治療観 (エレンベルガー,1980)

疾病説	治療法
1. 病気は病気という物体が身体に侵入したため。	病気という物体を摘出する。
2. 霊魂が行方不明になったため。	魂の所在を突き止め,招魂し,もとにおさめ戻す。
3. 悪霊が侵入したため。	A　祓魔術。 B　外部から侵入した悪霊を機械的に摘出除去する。 C　悪霊を他の生物に移す。
4. タブーを破ったため。	告解(懺悔)し,神の怒りを鎮める。
5. 呪術によるもの。	対抗呪術を行う。

2.1.2 霊魂の行方不明

　魂はよく身体から抜け出ていく。夢を見ているとき，魂は実際に身体から抜け出ていると考えられた。突然，起こされると魂は戻れなくなる。亡霊，魔術師に魂を盗まれることがある。それに対してシャーマンは自分自身がトランス（変性意識）状態に入り，精霊たちの住む国に旅立ち，行方不明の魂を探し，捕らえて元の持ち主に戻す。このとき，シャーマンの魂は，患者の魂を盗んだ精霊たちと取引したり，なだめたり，戦ったりして魂を取り戻す。

　授業中，ボーとしている生徒がいる。魂が抜け出た人はすぐに見分けることができる。魂は教室からどこかに抜け出ている。そんなとき，教師が「田中君！」と名前を呼べば，「ハッ」と我に返る。魂が戻ってきた。

2.1.3 悪霊の侵入

　突然，顔つきや声，動きが変わる。別の人間になったようである。キツネが憑くとキツネのような顔になる。普通では考えられないような動きをし，馬鹿力を出したりする。悪霊が体に侵入し，乗っ取られたのだ。それを追い出すためには3つの方法がある。

1. 悪魔祓い（**エクソシズム**；exorcism）……呪法などの精神手段で悪霊を駆逐する。

　エクソシストは聖なる空間の中で，高位の存在（神）の代理人として侵入した霊と戦う。彼は憑依された人を励まし，霊と対話をし，取引したりする。これは何年にもわたる困難な闘いで，エクソシストのほうが逆に悪霊に取り憑かれ，負けたりする。この悪霊とのやり取りが，今日の心理療法の対話とよく似ている。

2. 瀉血，患者を棒や鞭で打つ，騒音を聞かせる，嫌な匂いを嗅がせるなど，機械的に精霊を追い出す。これは心霊手術と呼ばれることがある。

3. 精霊を他のもの，ふつうは動物の身体に移す。

　東大寺大仏殿の入口右横にある「びんづる様」は，なで仏と呼ばれ，自分の病気の部分を仏様に移すことで回復すると伝えられている。また，はだか祭として知られる厄除け神事がある。選ばれた神男が，裸で登場してくる。民衆は

神男に触ることで自分たちの厄を移す。そして健康が回復する。

コラム 2.1　映画『エクソシスト』

　1973年，アカデミー賞を受賞したブラッティ原作の映画『エクソシスト』は，12歳の少女リーガンに悪霊が取り憑いたという物語である。悪霊は少女の身体を通し，さまざまな汚言を口にし，猥褻な行為を行う。最初，治療として催眠が使われるが失敗する。そこで，イエズス会士で精神病理学者のカラス神父が悪霊と闘う。神父は少女に聖水をかけたりして，悪霊を呼び出し，会話を交わす。結局，神父は悪霊を少女から自分のほうへ乗り移らせ，悪霊を道連れに飛び降り，犠牲になる。その結果，少女は救われる。

　日本の平安時代は怨霊，魑魅魍魎に満ちていた。『源氏物語』の六条の御息所の「物の気（悪霊）」が有名である。ここでは光源氏の子どもを懐妊している葵の上が取り憑かれた。無事に出産するが，結局，物の気によって命を奪われる。当時は，陰陽師たちが卜占（ぼくせん）や禊祓（みそぎはらえ）を行っていた（繁田，2006）。中でも有名なのが陰陽師安倍晴明である。

　原始心理療法は決して過去のものではなく，今でも行われている。時折，新聞などで報道されているので注意してみておきたい。たとえば，「なお現代に生きる『エクソシスト』——バチカン公認大学のエクソシスト講座」（朝日新聞2005年12月16日），「『悪霊払い』で妻死亡　私大准教授を逮捕」（2014年7月3日），「牛の血でだます心霊手術」（中部読売新聞1986年4月23日）などなどである。

　臨床心理学を学ぶことによって，これらの記事の意味をより深く理解できるようになるであろう。

コラム 2.2　はだか祭儀式

　有名なのは愛知県の国府宮のはだか祭である。旧暦正月，約27万人もの見物客の見守る中，厄除けを願う裸男約8,000人が自分の厄を神男に移すために，神男に殺到する。神男役は三日三晩お籠もり修行をして，午後4時50分に出現し，40分間もみくちゃになる。その後，歴代の神男らに守られ境内の儺追殿（なおいでん）に逃げ込む。翌日未明，最後に神男はすべての厄を封じた土餅を地面に埋める。

　儀式に先だって大鏡餅（直径2.4メートル，高さ2.2メートル，重さ3.8ト

ン）が奉納される。これは特別に育てた米を会員総出で1日がかりでつきあげたものである。

厄は自分一人で抱え込んでいると危険な状態になる。それを次々に移し合うことで健康が回復される。みんなの厄を移され，厄だらけとなった神男はいったいどうなるのか。古くは殺されたともいわれる。現在は，厄を土餅に移し，土に中に埋めるようである。この儀式は集団精神療法としての意味がある。

セラピストは人の悩みを聞き，共感する。それでクライエントは元気を回復する。このとき，セラピストはいわば厄を移されている。カウンセラーは厄を受けても，なお元気を保つだけのパワーが必要である。しかし，時には，セラピストも一人で抱え込むと危険な状態になる。そのためにセラピストを支える先輩（スーパーヴァイザー）や仲間が必要となる。

2.1.4 タブーを破る

タブーを犯すことにより，重病になったり，時には死んだりする。かつて病気は罪に対する罰であると考えられていた。古代インカ帝国では，子どもが病気なったときには父親が，妻が病になれば夫が告解した。中国では，大災害にあったときには，皇帝が自分の罪を告解した。

告解による効果は現代の心理療法でも認められている。盗みなどを犯した子どもは態度がおかしくなったりする。秘密を打ち明けることによって心に平安が訪れる。子どものことで親が相談に来るというのも，古代の「親の告解」に通じる。

2.1.5 呪術による治療

呪術とは，「おまじない」「占い」で，神や精霊などの超自然的存在や神秘的な力に働きかけて，目的を達成しようとする行為である。病気を治すなど，善意の意図による白呪術（white magic）と，邪悪な意図で病気を作り出す黒呪術（black magic）とに分けられる。

呪術師は雨を降らせたり，病気を作り出したり，人を殺したり，治したりできる能力をもっていると考えられていた。呪術で用いられる物質の多くはプラ

セボ（偽薬）やトリックなどであった。時には，催眠，透視術，テレパシーなどが用いられていた。しかし，呪術において一番の要因は暗示効果である。呪術が目標を達成できるためには，呪術師も呪術にかかる者も，地域社会全体が，その有効性を固く信じて疑わない必要がある。

呪術にかかった場合は，対抗呪術で打ち消すことができる。

コラム 2.3　サッカー応援団と呪術——呪いの人形

サッカーには熱狂的な応援団（サポーター）がいる。自分のひいき選手を元気づけ，敵の元気をなくすことが彼らの目的である。遠く離れた観客席の場所から，それをどう効果的に実現するかが，サポーターの見せ所である。鐘や太鼓で味方を元気づけ，敵には，辛辣なヤジで活力をなくす。

2010年6月16日付のフランス通信社によると，サッカー・ワールドカップ（W杯）南アフリカ大会の優勝候補国ブラジルで，アルゼンチンなどライバル国をイメージした「呪いの人形」が売り出されたという。これは，代表ユニホーム姿の人形と針5本がセットになっていて，「念力を込めて，針を突き刺しましょう」という。人形を売り出したサイト関係者はブラジルのスポーツ紙に対し，「ちょっとした冗談さ」と話しているということであった。

ある学生は，「中学生のときに，呪いが流行した。嫌いな人の名前の画数だけ，シャープペンシルをノックして芯を出す。芯の出た分だけ折らずに使い切れば，呪いは成功するとした。今，考えればくだらないことだ」といっていた。

いじめも呪いの一つと考えることもできよう。「シネ」「きもい」などいじめの言葉は呪術的要素がある。言われると，とたんに元気が失せる。いわばその言葉に「呪縛され，本来の自分を失ってしまう」。呪縛を解くためには「対抗呪術」を行う。サッカーの場合，それぞれのチームにサポーターがいて，互いに相手の呪いを消し合い，対等になる。しかし，アウェイではそうはいかない。

いじめの呪いにかかった人も，サポーターを見つける必要がある。孤立が一番危ない。親，友人，教師にさらに，スクールカウンセラーに理解と応援を求めるべきであろう。

「呪い」は双方，社会が信じる場合には，効き目がある。平気な人にはかからない。しかし，いじめっ子は，気にすることばかり狙ってくるので，なかなか逃れられないものである。そこでまず危険な暴力的いじめを止めること，味

方を増やすこと，精神的に成長し，克服することで呪縛を解くことができる。
人は誰でも何かに呪縛されている。いったい自分は何に呪縛されているのだろうか。そう自分を振り返り考えること自体が，呪縛を解くことにつながる。

これら以外にも古代の医療が現代に通じる方法もたくさんある。

2.2 参籠（インキュベーション）による治療

インキュベーションとは「大地に直に身を横たえる」という意味である。これは古代のアスクレピオス神殿が有名である。日本で有名なのは，四国お遍路である。

奇跡的治癒が起こったという噂がひろまっている。たいてい景色の美しいところにあり，病人は遠路はるばる治癒を求めて旅をする。聖域に入る前に患者は断食や，聖なる水を飲む，など種々の儀礼式を行う。特別の衣服を着て，地下室で床に直に寝る。壁にはそこで起こった奇跡の物語がぎっしりと刻まれている。患者はその夜ビジョンを見たり，神託を聞いたり，夢を見たりする。夢の中で治癒が成就する。これはフロイトが開始した夢分析のもとといえる。

2.3 原始治療法と近代の科学的治療の比較

現代心理療法は，科学的治療（近代医学）よりも原始的治療との類似性を多くもっている（表2.2）。

古代人は主体と客体が原始的一体性をもっており，内界と外界が区別されていない。

古代の治療は，現代のように個人面接ではなく，集団で行われ，儀式的構造をもっている。

病気をイメージ化する傾向が強い。

シャーマンたちは自分たちが行っている処置の本当の意味を知らない。治療が成功する理由，患者の病気に自分がどのような影響を与えているのかを知ら

表2.2 原始的治療と科学的治療 (エレンベルガー, 1980)

原始的治療	科学的治療
1. 治療者は単なる医者ではなくそれよりずっと偉い。治療者はその社会集団の最高人物。	1. 治療者は専門家の一つ。
2. 治療者の人格をとおして影響力を行使する。	2. 科学技術を非個人的方法で適用。
3. 治療者はすぐれて心身治療者。心理的技法で身体病を治療することが少なくない。	3. 身体療法と心理療法の二本立て。精神医学でも心の病気を身体的に治療しようとする。
4. 治療者養成は長期間，徹底的。自分が重症の感情疾患を体験しこれを克服するべき。	4. 訓練は全く合理的。医師の個人的感情問題は全く顧慮しない。
5. 他学派と異なる独自の教説と伝統がある一学派に所属。	5. 一元的医学が土台。科学的で，秘教的なものでは全然ない。

ない。

　催眠現象が生じているが，次章のメスメルのように意識的に使用しているわけではない。

　原始治療では身体と精神とを区別しないで，超自然的な力に由来する病気は，超自然的技術によって治す。トリックなども積極的に用いられた。

　エレンベルガーは，シベリアのシャーマンの養成訓練についての例を挙げている。

　シャーマン志望の青年は社会から離れ，むき出しの地面や雪の中で寝る。長期間の断食，極度の貧苦に耐え，霊たちと対話する。外から見れば重症の精神病者そのものである。修練が完了した瞬間に病気は治まり，青年はシャーマンになったと宣言され公示される。エレンベルガーは，これはありきたりの精神病ではなくて，入門の病，創造の病であると述べている。この訓練は現代の心

理臨床家の養成訓練，教育分析などの体験と似通っている．

　これは，河合（1967）が「ユング派の分析の体験」として述べているので参照してほしい．

[参考図書]

エレンベルガー，H. F.　木村　敏・中井久夫（監訳）（1980）．無意識の発見――力動精神医学発達史（上・下）――　弘文堂

　筆者が臨床心理学を学び始めた1970年代頃は，臨床心理学の歴史はフロイト以後しか知られていなかった．1980年に本書が翻訳されてから，ようやくそれ以前の歴史について知ることができるようになった．「不偏不党の立場を厳守し，論争に一切巻き込まれず，能うかぎり正確に」歴史を跡づけようとしていることでも貴重な文献である．紹介しきれないほどたくさんの興味深いエピソードが収められている．

ブラッティ，W. P.　宇野利泰（訳）（1977）．エクソシスト　新潮文庫

　映画『エクソシスト』はこの文庫本でも読むことができる．

東畑開人（2015）．野の医者は笑う――心の治療とは何か？――　誠信書房

　最近出版されたもので，読みやすいものを紹介したい．「野の医者」とは，現代でも行われている原始心理療法家である．沖縄などで実地調査をしてその様子をユーモアたっぷりに語っている．

3 メスメルと動物磁気（催眠術）の発見

　原始的治療と現代の心理療法の間にあって重要な役割を果たしたのが18世紀の動物磁気である。これは後に催眠と呼ばれる。古代より催眠はそれと知られないまま使用されてきた。しかし，それを一つの技術として使用するようになったのはメスメルからであった。しかし，彼はその本質を見抜くことができず，当時の社会に大きな混乱を引き起こした。人々はいったい何が生じたのか分からず，ただ振り回されるばかりであった。メスメルの時代は，啓蒙主義の時代で物理学が万能とされ，心理学は存在しなかった。現在でも，もし，心理学という学問分野がなかったとすると，同じような事態になるであろう。

●メスメルが施した動物磁気による治療を示す1780年代の色刷版画（米国医学図書館；ベセスダ）
中央にあるのが磁気桶。

第3章　メスメルと動物磁気（催眠術）の発見

3.1　啓蒙主義の時代と催眠

今日の心理療法が成立する前に重要な働きを果たしたのが**催眠**（hypnos），**催眠術**（hypnosis）である。これは1843年にイギリス，マンチェスターの外科医ブレイド（Braid, J.）によって命名された。ちなみにHypnosはギリシャ神話の眠りの神のことで，当時は動物磁気，人工夢遊症と呼ばれていた。この現象はメスメル（Mesmer, F. A.；1734-1815；図3.1）によって発見された。メスメルの物語は奇跡的な出来事が次から次に起こり，ドラマチックで興味が尽きない。磁気術はフランス革命前の10年間に社会で測り知れぬほどの関心を集めた。物語の登場人物も国王，女帝，貴族，政治家，天才化学者（ラボアジェ）や天才音楽家（モーツァルト）をはじめ錚々たる人たちであった。

18世紀は，自然科学が非常な勢いで発展し，イギリス産業革命，アメリカ独立宣言（1776），フランス革命（1789年）の頃である（**表3.1**）。

時代精神は，中世の暗闇（蒙）を理性という光で啓く啓蒙主義（Enlightenment）であった。『法の精神』（1748）のモンテスキュー（1689-1755），『百科全書』を編纂したディドロ（1713-84）などがその代表であった。神秘的なものを批

図3.1　メスメル

表 3.1　メスメルと催眠の歴史

1734 年　メスメル，スイスとドイツの国境のボーデン湖畔ドイツ領イツナングに生まれる。
(1748 年　モンテスキュー『法の精神』。啓蒙主義の時代。)
1751 年　ピュイゼギュール侯爵，フランスに生まれる。
(1760 年頃　イギリス産業革命。)
1766 年　ウィーン大学医学部卒業，学位論文「人体に及ぼす惑星の影響について」。
1767 年　富裕な貴族の未亡人と結婚，ウィーンにて開業。
1773-74 年　エスターリン嬢を治療。
1774 年　「動物磁気」を概念化。
1776 年　盲人天才ピアニスト，パラディース嬢を治療。
　　　　　(アメリカ独立宣言。)
1777 年　ウィーン脱出。
1778 年　パリ到着，磁気治療再開。
1779 年　『動物磁気発見に関する論考』出版。
1780 年頃　「磁気桶（バケー）」治療（扉絵参照）を始める。
1784 年　ルイ 16 世，メスメル審査委員会設置，「磁気は存在しない」と結論。
　　　　　ピュイゼギュール侯，樹木を磁気化し治療（図 3.4 p.45 参照）を行う。
1785 年　ピュイゼギュール侯（34 歳）「盟友調和協会」を設立。
　　　　　メスメル（51 歳），パリより蒸発。
1787 年　ピュイゼギュール門下による治療報告（世界最初の精神科治療症例報告）。
　　　　　ムーユソー，最初に後催眠暗示現象（p.65 コラム 4.2 参照）を症例報告。
(1789 年　フランス革命。ラボアジェ『化学原論』。)
(1793 年　ルイ 16 世処刑。)
(1794 年　ラボアジェ処刑。)
1815 年　メスメル（81 歳），ボーデン湖畔に死す。
1825 年　ピュイゼギュール侯死去。
1843 年　ブレイド，催眠（hypnos）と命名。
(1868 年　明治元年。)
1882 年　シャルコーの努力により科学アカデミー，催眠術を認知。
1885 年　フロイトがシャルコーのもとに留学し，催眠に興味を示す。
1892 年　近藤嘉三『魔術と催眠』。
1900 年頃（明治 30 年代半ば）　日本に広く催眠術がブームとなる（第 10 章参照）。
1910 年　千里眼事件。福来友吉（東京大学助教授）が 1915 年に辞職。

判し，すべてが合理的に，狭い意味の物理学で説明できると考えられていた。

　メスメルは神学を学んだ後，ウィーン大学で法律と医学を修めた。人となりは「ウィーンの有力者，金持ち，博学，芸術好き，謙虚，名誉心もない，社交的，気前のよい，容貌も美しい」（「ツヴァイク全集 12」）といわれている。

モーツァルトが 14 歳のときの最初のオペラ「罪なきいつわり」はメスメルの庭園で上演された。

3.2 動物磁気の発見

メスメルが**動物磁気**を発見するきっかけになった事例である。

【事例 1——エスタリンク（または，エスターリン）】（チュイリエ，1988）

フランツィッスカ・エスタリンクは 29 歳（エレンベルガーでは 27 歳）の女性で，メスメルの義母である男爵夫人の家事を取り仕切っていたが，男爵夫人が亡き後は，メスメル家に妹といっしょに引き取られていた。彼女は頭に血が上り，歯や耳に激痛，眩暈（めまい），錯乱，嘔吐と引きつけ，失神を繰り返していた。身を弓なりにひきつけ，板のように硬直し，舌を強く噛み，血を流した。2 人の召使いが彼女の手足をかろうじて押さえた。メスメルが彼女の額に手を当てたり，顔や首，胸，腹をなでたりすると身体の緊張が瞬時に解け，そのまま眠り込んだ。頻繁に発作があり，メスメルは，下剤，瀉血，煎じ薬の処置をしていた。ほどなく軽快するが，症状を繰り返した。

当時，磁石に効果があると聞いたメスメルは，効果をより高めるために，彼女にあらかじめ一定期間鉄剤を飲ませた上で，「発作が再発した患者の腹部と両脚に 3 つの磁石を当ててみた，ほどなく異様な感覚が生じ……患者の体内をかすかな痛みが走り，それが下半身に収斂してゆくと，6 時間のあいだ発作の症状はいっさい消えてしまった。翌日に発作がぶり返したので，同じ処置を繰り返すと，同様の結果が得られた」とメスメルは記録している。

エスターリンは元気になり，メスメル夫人の連れ子と結婚し，健康な日々を過ごした。この事例を発端に，メスメルは磁気によって多くの病気を治すことになる。

【事例 2——ミス・パラディース】

マリア＝テレージア・パラディースは 18 歳の盲目の女性天才ピアニストである。彼女は 1759 年に宮廷顧問兼，王室秘書官の一人娘として生まれた。生来視力は正常であったが，3 歳 6 カ月の朝，目覚めると突然目が見えなくなり，

以来，その状態が続いた。ピアノを習わせると，すぐに上達した。女帝マリア=テレージア（フランス王妃マリー=アントワネットの母親）が，彼女の代母となり，年金を与えて保護した。女帝は彼女に最高の教師を付け教育した。また失明を治そうと権威ある医者に治療を受けさせた。しかし，伝統的医学は，彼女を治せないでいた。最後の望みとして女帝と両親はメスメルに治療を依頼した。メスメルは断れず自宅に引き取り，磁気術で治療を行った。

彼女はメスメルの顔や周囲を見ることなどができたらしい。メスメルの鼻を恐ろしく感じたりしている。目が回復したという噂の真偽を確かめるために，伝統医学の代表者がやってきた。メスメルがいるときにだけ目が見え，いないと見えないという事実から，回復したというのは嘘だと触れ回った。また，彼女は目が見えた結果，ピアノ演奏時に指が視野に入り，ミスを起こすマイナス面もあり，見えなかったときよりも不安が強くなった。

目が回復すれば，当然，年金ももらえなくなる。両親はメスメルから娘を取り戻そうとする。このような騒ぎの中でまた目が見えなくなった。

コラム3.1　患者から学ぶ——「病理法」と「事例研究」

臨床心理学は病める人を援助する学問であるが，援助する方法を教えてくれたのは患者である。臨床心理学の知識はすべて，患者から教わったものばかりである。そのため，臨床心理学は患者と治療者が共同で作ったということができる。

病的状態を通じて，健康とは何かを研究するのが「**病理法**」である。病気という極限状態によって健康なときに比べてより明確に分かることがある。病気とは自然が作った貴重な実験である。「臨床」心理学の「臨床」には，そのような積極的な意味がある。ユングは自分の精神的混乱を，自然から与えられた貴重な実験と考えた（「コラム8.2　芸術療法とは——ユング」参照）。ユングはこの「実験」を通じて，芸術療法やアクティブイマジネーションなどの新しい治療法を見つけ出し，自己治療を行った。

たった1人の個人的な経験をもとに，より体験を深め，理論として普遍化させる。それが「**事例研究**」と呼ばれる方法である。

3.2.1 パリ時代のメスメル

パラディース事件の結果，メスメルはウィーンを去りパリに移る。パリでメスメルは大評判になった。メスメルはまもなく「バケー」（a baquet；磁気桶。本章扉絵参照）と呼ばれる集団式治療も行うようになった。

バケーは磁化された水の入った桶で，そこに直角に曲げられた鉄の棒が入れてある。20人の患者が円形に並んで座り，互いの体を次々に紐で結ぶ。磁気は鉄の棒から伝導し，多くの人体を通過することでさらに強化される。メスメルは患者の体に直接触れずに，自分の手や目のある種の動きだけで，流体を伝導できたり，手の動き一つで痙攣を起こしたり，止めたりすることができた。

彼は，茶碗，衣服，寝具にも磁気をかけた。また，楽器にも磁気をかけ，その音を大きな鏡に反射させて磁力を増大させることもできた。野外では木に磁力をかけ，その木と体を縄で結びつけて，磁気を流すようなことも行われた（図3.4参照）。

3.2.2 動物磁気の理論

最初，メスメルは動物磁気は磁石による効果と考えていた。しかし，磁石の伝導半径が小さいのに，その効果ははるかに強力であることを知り，治療効果は，磁石ではなく，彼の手によるものと知る。手で神経に沿って，上から下に，下から上に静かになでる。「自分の手から何かまったく未知の物質，磁石よりもはるかに神秘的な働きをする物質が流れている。この作用にはパラツェルズスでも，当代の医学も説明していない」。

メスメルは秘書に口述筆記させ『動物磁気発見に関する論考』（1779）を27の命題に要約した（チュイリエ，p.289）。たとえば，

1. 精妙な物理的流体が宇宙に充満している。
2. この流体は神経組織に浸透して作用をあらわす。これを受容し，産出し，反射したりする動物身体の特性が動物磁気である。
3. この流体を多量に保有する者（磁気術者）はこれを操り，生命体と非生命体とを問わず，すべての存在が秘めている磁気を強化することができる。
4. この流体は流出してもそのエネルギーを失うことはない。磁気は遠隔作用

もする。鏡にも反射する。
5. 病気の原因は人体内にあるこの流体の分布が不均衡になるためで，流体の平衡が回復すると病気が治る。
6. ある種の技術によって，この流体の流れを開いたり，蓄えることもできる。また，他の人間に移すこともできる。
7. 患者に発作が生じているあいだに健全な調和が回復する。

3.2.3 動物磁気をめぐる論争

その後，フィーバーはますます高まり，社会は狂乱状態になった。いかさま師も現れた。動物磁気には賛否が激しく分かれた。1784 年，国王ルイ 16 世は，医科大学と科学アカデミーから当時最高の学者 9 人——ラボアジェ（化学者，後にギロチン台で処刑），ギヨタン（解剖学教授，ギロチン台の発明者），ベンジャミン・フランクリン（避雷針の発明者，アメリカ駐仏大使，委員長），バイイ（天文学者，パリ市長）ら——を選び，動物磁気を科学的に調査することを命じた（**表 3.2**）。

これについて筆者は，磁石の心理学的意味も考慮すべきであったと思う。磁石は，あるものは惹きつけ，あるものは退ける。また，磁石には磁針として正

表 3.2　動物磁気についての科学アカデミーの結論（チュイリエ，1988　p.349 以下）

動物磁気なしでも想像力が痙攣を引き起こす。
想像力なしでは動物磁気は何も生じさせない。
磁気流体の存在を立証するものは何もない。
したがってこの実在しない流体には何ら効用はない。
観察された著しい効果は通手による接触と想像力の作用によるものである。
発作の惹起を目的とした通手や想像力の度重なる行使は害を招く恐れがある。
発作の光景を初心者に見せるのは危険であり，したがって，動物磁気を利用した公開治療はいずれ忌まわしい結果をもたらさずにはいない。

1784 年 8 月 11 日　パリ
署名：フランクリン，ボリー，ラボアジェ，バイイ，マジュー，サラン，ダルセ，ギヨタン，ルロワ。

しい方向性を示す性質がある。単なる物質ではなく，まるで人間の意志や感情のような性質があるといえる。ノイローゼは多くの場合，好き嫌いという感情のもつれや迷いから生じる。ここで，磁石の象徴的，心理的意味を考えるという発想は，当時にはなかった。

コラム 3.2　近代化学の父，ラボアジェ

　ラボアジェ（Lavoisier, A. L.；1743-94；図 3.2）は「近代化学の父」と呼ばれている。大型天秤を用いて化学反応の際の重さの変化を精密に測定した。それによって反応の前と後で重さが変わらないこと（「質量保存の法則」）を証明し，これは化学のもっとも基本的な法則となる。18 世紀でも物質はすべて 4 基本元素（土，水，空気，火）から成ると考えられていた。彼は，水は水素と酸素からできていることを実験で証明した。それまでは物を燃やすと物質に含まれていたフロギストン（燃素）が出て行くために，残りは軽くなると考えられていた。彼は物を燃やすと空気中の酸素と結合するために逆に重くなることを精密な量の測定によって証明した。フランス革命の年である 1789 年に，彼は物理学におけるニュートンの『プリンキピア』に相当する歴史的な化学の教科書『化学原論』を出版した。当時の錬金術師は物質を故意に隠喩的に表現し

図 3.2　ラボアジェ夫妻（ジャック=ルイ・ダヴィッド画。1788 年）

ていたが，彼はこれらの用語や物質名を体系的に整理し，今日使われている命名法を作った。これによって19世紀に化学は大発展を遂げる。

しかし，1793年，革命の最中に彼はかつて徴税請負人であったことを理由に逮捕された。裁判長は「共和国は科学者を必要としない」と彼に死刑の判決を下し，1794年5月コンコルド広場でギロチン刑に処せられた。ニュートン力学を，幾何学は使わずに代数と微積分で解く『解析力学』を著した数学者のラグランジュ（Lagrange, J. L.；1736-1813）は「彼の首をはねるのに1秒とかからぬが，彼の首をつくるのに100年かかる」と嘆いた。

さて，ラボアジェはどのようにして磁気術を調査したのか。グリモー（1888）によると，彼はメスメルの弟子デスロンの著書を検討し，それだけで委員会が何度も調査して達した結論を得ていた。「大部分の病気は自己の力で自然に治癒してしまう。なおったのが自然によるのか薬によるのか，判定がきわめて困難になる」として，医学実験の困難さを指摘した。磁気によって治癒したかという事実を調べるのではなく，ある個人に知らぬ間に磁気をかけたり，あるいはかけられていると信じ込ませたりすることによって，その反応を観察する必要があると考えた。そして，患者には知らせず水や木を磁化した。患者は磁化されていない水や木に触れて失神した。結果はラボアジェの予想通りであった。

これは現在，プラセボ（偽薬）の盲目検査法と呼ばれている考え方と同じである。

彼は錬金術と近代化学を分離した。その結果，錬金術は怪しげな，非科学的な術として社会の裏面に追いやられることになる。しかし，近代科学の創始者のニュートンは錬金術に没頭していた。彼は「最後の錬金術師」とも呼ばれる。錬金術は未熟な化学ではなく，物質の上に投影された心を表現するものであるとして，深層心理学から読み解こうとしたのがユングである（第5章参照）。

3.3 ピュイゼギュール侯爵の方法——磁気睡眠の発見

ピュイゼギュール侯爵アマン=マリー=ジャック・ドゥ・シャストネ（1751-1825；図3.3）はフランス貴族の名門で，メスメルの忠実な弟子であり，「磁気夢遊病（**磁気睡眠**）」の発見者である。磁気術はメスメルが始めたが，真の

図3.3 ピュイゼギュール侯爵アマン=マリー=ジャック・ドゥ・シャストネ

開祖はピュイゼギュール侯爵であるといわれる。

【事例3 ヴィクトル・ラース】（エレンベルガー，チュイリエ参照）

　23歳，男子，何世代にもわたるピュイゼギュール家の使用人，農民。肺炎で寝込んでいたが，熱が下がったとき，侯爵が磁気をかけてみた。簡単に磁化され，痙攣も運動錯乱もなく，侯爵に抱かれたまま，奇妙な睡眠に入る。眠ったまま自分のことを声に出してしゃべり，質問にも答える。彼の話が不快なほうへ向かいそうになると，侯爵はもっと晴れやかな考えのほうに導いた。すると，彼は祭で遊びや踊りに興じていることを想像した。

　この状態は通常よりも意識が明晰であった。彼は普段は人の話もろくに聞けない状態であったのに，睡眠中は，侯爵が彼に話しかけなくても，頭の中で考えただけでも，彼はそれを理解し，返事できた。翌日にはその記憶はなく，ただ気分が最高によいという。

　侯爵は他の患者にも試みた。患者たちはこの状態に入ると，透視能力があり，自分で自分の病気を診断し，いつ治るのかを予見し，自分の治療法を決定する能力を見せた。

　患者が増加したので，集団治療を始め，メスメルに倣って木に磁気をかけた（図3.4）。広場の中央には楡の大樹があり，根本には泉があって，清らかな水

3.3 ピュイゼギュール侯爵の方法

図3.4 磁化された楡の樹（ピュイゼギュール著『動物磁気の確立と歴史のための覚え書』3版，1820より）

が湧きあがっていた．何本かのロープが楡の木の幹や太い枝に巻きつけられていた．ヴィクトルはその綱を体に巻きつけた途端，がくんとうなだれ，完全な睡眠状態に入った．意識が戻ると彼はそのことを覚えていなかった．衰弱しきって部屋の中でさえろくに歩けない自分が，泉の大木まで行けるはずがない，と主張した．

　患者たちは体の痛む部分にそのロープの端を巻き付けた．お互いに隣の者の親指をつかみ，つながって1つになる．磁気流がみんなの間を駆けめぐる．侯爵は2，3人を選んで，侯爵が手にする鉄棒で触ると，彼らは"完全分利"に入る．覚醒させるには，侯爵が「木に接吻せよ」と命じると患者は目を覚まし，一件を全部忘れてしまう．

　侯爵はやがて精神療法への活用法がもう一つあることに気づく．

　当時ヴィクトルは義姉ともめごとがあったが，誰にも話せなかった．彼は磁気睡眠中に侯爵に悩みを打ち明けた．侯爵は彼に解決法を教えた．

　1785年，侯爵はヴィクトルと共にパリに行き，公開実験を行った．彼の病気は一時悪化した．彼はその理由を磁気睡眠中に語った．「自分は物見高い人

たち，しかも多くは疑いの目ばかりをむけている人たちのさらしものにされたから」。侯爵は，磁気術は治療にのみ用い，実験や見世物に使ってはならないと悟った。

侯爵はその後"盟友調和協会"を設立した。1789年頃会員は貴族も交えて200人を超えた。会員には無料治療，正確な事例報告を義務づけた。その後，フランス革命のために協会は中断され，侯爵も2年間投獄される。1818年，67歳で故郷に戻る。58歳のヴィクトルが重病で絶えず侯爵のことを口にしているので，見舞いに行き，彼を磁気にかける。彼がはるか過去の夢遊状態を細部までことごとく記憶していることを知り，侯爵は胸を打たれた。

3.4 催眠と無意識

メスメルは，自分が患者と感情的にかかわっていることは想像していなかった。患者との言語的対話は禁止され，ただ身体的対話のみが許された。しかし，侯爵は，治療において真に働くものは磁気術者の意志であることを認識した。1785年8月，フリーメイソン結社での講演で侯爵は「……私は信じています，私の中に，ひとつの力の存在するのを。この信念から発するのです。……動物磁気の原理全部は二語に集約されます，信じよ，そして意志せよ，です。」（『無意識の発見』（上）p.84）

ここまでくると，フロイトの考え方と非常に近い。

以後，催眠はヨーロッパで細々と研究され，また見せ物となった。エレンベルガーは「催眠術は人間の歴史の中で何度も発見され，忘却され，再発見された」と述べている。

コラム3.3 「磁気術者，フロイト，ユング，ロジャーズ」に共通のまなざしと無意識仮説

磁気術者「患者は自分の病気を診断し，自分がいつ治るのかを予見し，自分の治療法を決定する能力がある。」

フロイト「病原的意味を持つようなことはすべて私の患者も知っているから，

3.4 催眠と無意識

彼らのそれをしゃべらせることが重要だ，という前提から私は出発する。」(第4章 p.60 参照),「夢見た人自身は夢が何を意味しているのかを知っている。……自分は夢の意味を知らないと信じているだけ。」(8.2.1 (5), p.159 参照)

ユング「(催眠を放棄する理由) 私は患者の自然な性癖がどこへ彼を導いていくのか，それを患者自身から学ぶことにより多くの関心を抱いていた。それを見つけ出すためには，夢やその他の**無意識**の現れを注意深く分析することが必要であった。」(5.3.4, p.85 参照)

ロジャーズ「その人を傷つけているのは何であるか，どの方向へ進むべきか，何が重大か，……を知っているのはクライエント自身である。」(5.4.1, p.88 参照)

この4人の主張は，表現は異なるが，同じ事態を指しているということができる。しかし，「無意識」の使い方が異なることに注意。

1. 磁気術者「無意識仮説を知らないために使っていない。使うことができない。」
2. フロイト「無意識仮説の提唱者でよく分かっているが，あえて使っていない。」
3. ユング「フロイトに賛同して，無意識仮説を当然のこととして使っている。」
4. ロジャーズ「無意識仮説に異議があり，そのために意図的に使わない。」

臨床心理学を講義するとき，教師は以上の4つの立場のいずれかを取ることになる。

<u>本書は第5の立場を取ろうとしている。すなわち，「無意識仮説」の重要性を認識し，その仮説の本質的意味がより理解ができるようにと，"視覚的な説明"を試みている。</u>

コラム 3.4　千里眼事件 (1910 (明治 43) 年)

催眠術は明治の初めに日本に伝わり，明治30年頃にブームとなった。そしてメスメルと同じような社会現象，**「千里眼事件」**を引き起こした (岐阜県高山市にある福来博士記念館にはその記録が展示されている)。これは映画『リング』のモデルにもなった。

東京帝国大学文科助教授変態心理学専攻の福来友吉（ふくらいともきち）(1869-1952) は，催眠

現象を実験心理学的に研究していた。そして催眠中の被術者が透視能力などの超能力をもつことを知る。未知の光線によって，視覚的にとらえることができない対象を読み取ることができるばかりでなく，頭の中に思い描いた文字や形を写真乾板に焼き付けることができる。

透視能力が高かったのが，御船千鶴子であった。一柳（1994）によると，義兄は，彼女に催眠術をかけると，何か特殊能力が発揮できるのではないかと期待し，「千里眼ができる」と暗示をかけ，日露戦争の話題，常陸丸遭難について質問した。

「第6師団の兵士が船に乗っていたかどうか？」「兵士は，いったん長崎を出発したが，途中で故障が起きて引き返したので乗っていない。」

2日後に彼女の「千里眼」が的中したことが分かり，評判となる。

1908年，御船千鶴子は透視能力ができるようになった。1910年12月，山口県の長尾郁子との実験で，「念写能力」（写真乾板に念じた文字を映す）を発見した。

これらの真偽をめぐって，東京帝国大学理科教授たちと検証したが，真相究明には至らなかった。この事件のために福来は1915年，退職となる。

[参考図書]

ツヴァイク, S. 佐々木斐夫・高橋義夫・中山 誠（訳）(1973). 精神による治療 みすず書房

ダーントン, R. 稲生 永（訳）(1987). パリのメスマー——大革命と動物磁気催眠術—— 平凡社

チュイリエ, J. 高橋 純・高橋百代（訳）(1992). 眠りの魔術師メスマー 工作舎

　メスメルをめぐる物語としてお薦めできるのは，エレンベルガーの『無意識の発見（上）』の他，ツヴァイクやチュイリエである。ツヴァイクは有名な伝記作家で，文章が読みやすい。同じ本の中にフロイトの伝記も収められている。ダーントンはメスメル自身を主題にしてはいない。原題は「メスメル主義とフランスにおける啓蒙主義の終わり」であり，メスメルを通じてフランス革命におけるフランス知識人の精神構造を検討することにある。

一柳廣孝（1994）.〈こっくりさん〉と〈千里眼〉——日本近代と心霊学—— 講談社
長山靖生（2005）. 千里眼事件——科学とオカルトと明治日本—— 平凡社

　上述の二書は日本の千里眼事件を扱っている。フランスの事件と読み比べるとよいだろう。

催眠から自由連想法へ
臨床心理学におけるコペルニクス的転回

　メスメルの時代から1世紀後，医師で神経学者のフロイトはふとしたことから催眠に興味を引かれ，それを使って治療を行うようになる。しかし，まもなくその限界を悟り，それを放棄する。フロイトのこの決断は人類の精神史における画期的な出来事となる。これは物理学における天動説から地動説への転回に匹敵する，臨床心理学におけるコペルニクス的転回と呼ぶことができるだろう。

●1890年代はじめのフロイト

4.1 精神分析の誕生——フロイトの生涯

精神分析はどのようにして生まれたのか？　以下，フロイトの『自らを語る（*Selbstdarstellung*）』(1925) に従って解説したい。

表 4.1 にはフロイトの生涯の年表を掲載したので，参照していただきたい。

4.1.1　催眠との出会い

フロイトは 1885 年秋にパリのシャルコー（Charcot, J. M.；図 4.2 参照）のもとに留学した。シャルコーは世界的に有名な神経学の創始者で，世界中の王族が彼の診察を受けに来ていた。

1882 年，シャルコーは催眠術を初めてアカデミーに認めさせることに成功していた。フロイトは見学生としてサルペトリエール病院に入った。

シャルコーは，催眠術による暗示によって，人工的にヒステリーと同じ麻痺や拘縮を引き起こす実験を行っていた。この実験はフロイトの眼前でなされ，フロイトに強い印象を与えた。フロイトはシャルコーの講義のドイツ語訳を引き受けたことをきっかけに，シャルコーと親しくなった。フロイトはアンナ・O 嬢の事例（後述。事例 4）についてシャルコーに報告したが，シャルコーは関心を示さなかった。

フロイトは「パリを去る時，私はヒステリー性麻痺と器質的な麻痺を比較してみようという仕事のプランについて先生と話し合った。私の考えでは，ヒステリー性の場合，身体の個々の部分麻痺や知覚喪失はその人のいだいている通俗的な（解剖学ならぬ）表象と一致するような境界を示すものであるということができると思っていた。彼はこの考えに同意してくれたが，しかし，シャルコーは神経症の心理に対して，深く突っ込むことに対して特別な興味をいだいていなかったことはたやすくよみとることができた。彼は結局のところ，病理解剖出身の人であった」と述べている。

フロイトはウィーンに戻り，神経病医師として開業し，まもなく結婚する。フロイトがノイローゼ患者を診るようになったきっかけについて，「器質的な神経疾患よりも，神経質者の方が数が多い。そこで催眠術を用いる仕事はかな

4.1 精神分析の誕生

表 4.1（1） フロイトの生涯（年譜）

1856 年	旧チェコスロバキア領にある小都市フライブルクでユダヤ人として生まれる。4 歳のときにウィーンに移住。ギムナジウムで 7 年首席。自然の事物よりも人間関係に興味をもつ。ダーウィンにも関心をもっていた。
(1860 年	フェヒナー『精神物理学原論』。)
(1868 年	明治元年。)
1873 年	メスメルと同じウィーン大学医学部に入学。
1876-82 年	ブリュッケの生理学研究室で，神経学者として神経系組織学を研究。ブリュッケは「すべての生命過程は究極的には物理学と化学によって説明できる」と考えていた。
(1879 年	ヴント，ライプチヒ大学に心理学実験室を作る。)
1880-82 年	ブロイアーがヒステリー患者アンナ・O の治療（事例 4 p.55 参照）。フロイトはブロイアーからその病歴を繰返し聞かされる。
1882 年	6 月，マルタ・ベルナイス（5 歳下）と婚約。経済的事情により一般病院住み込み医師となる。（シャルコーが催眠術を公式に認めてもらうことに成功。）
1885 年	ウィーン大学医学部神経病理学の私講師資格を得る。ブリュッケの推薦によって，秋にパリのシャルコー（60 歳）のサルペトリエール病院に留学。
1886 年	2 月，パリより帰国。4 月，ウィーンで開業。催眠術について発表。9 月，結婚。
1887 年	ヴィルヘルム・フリース（耳鼻科医師）を知る。彼はフロイトの分身というべき存在で，無二の親友として重要な話し相手になる。
1889 年	5 月，エミー・フォン・N 夫人の治療（ブロイアーのカタルシス法の追試）。夏，数週間ナンシーへ。リエボーとベルネーム（ナンシー大学内科学教授）に催眠を習う。催眠の限界を知る。前額法のヒントを得る。
1892 年	ルーシー・R，カタリーナ，エリザベート・フォン・R の治療。
1894-1900 年	フロイト（38-44 歳）の創造の病。
1895 年	『ヒステリー研究』。7 月 23-24 日，フロイトは「イルマの夢」（第 8 章 p.162 参照）を見る。夢分析のはじまり。
1896 年	父ヤーコプの死。「精神分析」と命名。
1900 年	『夢判断』。（プランク，量子仮説。量子論の始まり。）
1902 年	フリースと別れる。「水曜心理学研究会」（精神分析学会のはじめ）を始める。アドラー（32 歳）が研究会に参加。
1904 年	『日常生活の精神病理』。オイゲン・ブロイラー（1857-1939）と文通を始める。（日露戦争。）
1905 年	『ドーラの症例』『性学説三論』（アインシュタイン「特殊相対性理論」）。
1906 年	ユング（31 歳）『診断学的連想研究』をフロイトに送る。文通が始まる。
1907 年	3 月，ユングとビンスヴァンガー（後に現存在分析派を創始）が訪問。13 時間も休みなく語り合う。

表4.1 (2) フロイトの生涯（年譜）

年	事項
1908年	「ウィーン精神分析学会」，ザルツブルグで第1回国際精神分析会議。
1909年	アメリカのクラーク大学創立20周年記念にホールやジェームズに招待され，ユング，フェレンツィらと訪問（第5章扉写真参照）。ユング，国際精神分析学会初代会長となる。
1911年	アドラー，フロイトと対立し別れる。 （ブロイラー『統合失調症』，ユング『リビドーの変容と象徴』。）
1913年	ユングと対立し，別れる。
(1914-18年	第1次世界大戦。)
1915年3月	「メタサイコロジー論」（p.102参照）の構築を企てる。
1915-17年	（冬学期）ウィーン大学精神科病院講堂で『精神分析入門』を講義。口蓋にがん発見。
1923年	最初の上顎癌手術。『自我とエス』（心の構造モデル，第7章参照）。
1925年	『自らを語る』（p.52以下参照）。
1926年	『制止・症状・不安』『非医師（レイ）分析の問題について』（第10章p.223参照）。
1930年	ゲーテ文学賞受賞。母，アマリア死去。
1932-33年	古澤平作，フロイトのもとに留学。帰国後，日本に精神分析療法を導入。
1933年	『続精神分析入門』（心の構造モデル，第7章参照）。 （ヒトラー政権成立。精神分析学関係書は禁書となる。）
1936年	末娘アンナ・フロイト『自我と防衛機制』（第7章参照）。
1937年	『終わりある分析と終わりなき分析』。
1938年	ナチ，ウィーンに侵入。フロイト，ロンドンに亡命。『モーゼと一神教』。
1939年	9月1日，第2次世界大戦始まる。9月23日，フロイト，ロンドンで死去。
1940年	『精神分析概説』。

り魅力的なものであった。自分が無力なものであるとする感じははじめて克服された。奇跡のようなことをする人だという噂も悪いものではなかった。」と述べている。

　フロイトは当時，催眠術を暗示（p.55, p.56, p.58, p.59参照）として用いるよりも，覚醒している状態ではまったく何も言えないか，言えるとしてもまったく不完全な患者の症状の発生史を究めるのに役立てた。この操作は，したり，やめたりするように命令すること（暗示）よりも有効であるばかりではなく，この方法によって医師の知識欲を満たすこともできた。

4.1.2 ブロイアーの影響

　ブロイアー（Breuer, J.）はフロイトより14歳年長で，ブリュッケの研究室にいた頃，知り合った。ブロイアーはウィーンでもっとも尊敬されている家庭医の一人で，経済面においてもフロイトの援助者であった。彼は1880〜82年にかけてアンナ・O嬢（事例4）のヒステリーの治療をしていた。彼はフロイトに繰返しその病歴を読み聞かせた。

【事例4　アンナ・O嬢】

　彼女は21歳で，知性と教養のあるユダヤ人女性であった。1880年半ばより父親が重病（結核）になり，その看護中に，吐き気，神経性の咳，四肢麻痺，感覚麻痺，言語障害，二重人格などの症状を示すようになる。

（『フロイト著作集7　ヒステリー研究』人文書院　p.166）
　偶然に，とくに誘導もせぬのに夕べの催眠状態での話し合いで長いことあった症状が消失した時は，私（ブロイアー）はいたく驚かされた。夏のひどく暑い時期のことであったが，患者は激しい渇きのためにひどく不機嫌であった。これといって語るべき根拠もないのに，彼女は突然水を飲むことができなくなったのであった。水を一杯ひどくほしがって手にはとったが，それを唇につけるや否や，あたかも狂水病の患者がするように，それを唇からはなしてしまうのであった。この際あきらかに彼女は何秒かのあいだは欠神状態であった。彼女はメロンその他の果実だけで苦しい渇きをやわらげながら生活していた。およそ6週間続いた時に，催眠状態でのことであったが，ある時，好きでなかったイギリス婦人の使用人を罵ったことがあった。あらゆる嫌悪の表情を示しながら，この婦人の飼っていた小犬で，いとわしいと思っていた小犬がコップから水を飲んでいたというのであった。不躾になってはいかぬと思い，そこでは何も言わなかったという。ずっとわだかまっていた憤懣を思う存分に吐露した後に，彼女は水が飲みたいと希望し，なんの抑制もなしに大量の水を飲み，唇にコップを当てたままで催眠からさめたのである。これでその障害は永久に消滅してしまった。

4.1.3 カタルシス法（催眠浄化法）

臨床心理学ではこのような個別の細かい観察から，普遍的な理論を作りあげようとする。次のようなことがいえるであろう。

1. 2つの心の状態——「普段の心」と「催眠中の状態」（欠神状態）——がある。2つの心は互いに交流がなく，独立している。
2. 日常生活（覚醒中）で忘れていること（言いたくないこと）が，催眠中には思い出すことができる。
3. 催眠状態で憤懣を十分に表現すると症状が消える。

催眠状態で，わだかまりを十分にしゃべる方法をブロイアーは**カタルシス法（催眠浄化法）**と呼び，アンナ嬢はおしゃべり療法（talking cure）や煙突掃除法と呼んでいた。

フロイトがブロイアーのカタルシス法を最初に（1889年5月1日）適用したのがエミー・フォン・N夫人の事例である。

【事例5　エミー・フォン・N夫人】

彼女は教養と知性を備えた40歳の女性で，大実業家の未亡人であった。顔面と頸筋のチック様の痙攣と舌打ちがあった。数分ごとに話を突然中断し，顔を歪め恐怖と嫌悪の表情を示す。指を軽く曲げたまま，開いた手をフロイトの前に突きだし，不安そうに「動かないで！　何もいわないで！　私に触れないで！」と叫んだりする。

（以下の（　）内は筆者のコメント）
（『フロイト著作集7　ヒステリー研究』人文書院　p.25以下）

彼女は著しく催眠になりやすい性質をもっている。一本の指を彼女の眼の前につきつけて，お眠りなさいと言うと，彼女は自失と困惑の表情をしてうしろに倒れる（催眠誘導）。私が，眠りなさい，症状はみなよくなりますよ，などと暗示をかけると彼女は目を閉じてはいるが，しかし紛れもなく注意を集中してそれを聞いており，そのあいだに彼女の表情はしだいにおだやかになって，平穏な表情を示すようになる。……

4.1 精神分析の誕生

　催眠からさめた時にはいつも彼女は，一瞬とまどったようにあたりを眺めまわし，次に視線を私に当て，考え込んでしまった様子であったが，やがて眠る前にはずしておいた眼鏡をかけると元気になって，すっかり正気づいた。（覚醒状態への復帰）……彼女は毎日，二度ずつ私に眠らせられたのであるが，しかも彼女はついぞ私に，催眠術についての質問や意見を述べたことがなく，覚醒状態にある時には，自分が催眠術にかけられているという事実を，できるだけ無視しようとしているらしく思われた。

(p.27)
　5月8日の晩，私が患者に催眠状態にして何かしゃべるように促す（催眠浄化法）と，彼女は少し緊張したがそれに成功した。彼女は小声で語り，答える前にはいつも少し考え込んだ（抵抗）。彼女の表情は物語りの内容に応じて変わり，私が暗示をかけてその話の印象にしめくくりがつくとすぐに安らいだ表情になる。
　私が「どうしてそんなにびっくりなさるのですか」と尋ねると彼女は答える（催眠浄化法）。
　「小さい時分の記憶がいろいろあるからです。」
　「いつ頃のことですか。」
　「初めは五つの時でした。兄たちがあまり何度も私に死んだ動物を投げつけるものですから，私が気絶してひきつけを起こしたことがあったのです。これが初めての発作でした。……」
　どうしてあなたはそんなにびっくりしやすいのですか，という私の質問に対する答えとして，このような一連の外傷的誘因（トラウマ）が述べられているが，これらの誘因は明らかに患者の記憶の中で用意され並べられているものである。……どの話の終わりにも彼女は全身をぴくりとさせ，表情は驚きと恐怖が見られた。最後の話の後では彼女は，口を大きく開けぱくぱくさせて息をした。体験の恐ろしい内容を伝える言葉がやっとのことであえぎあえぎ口に出されたが，しかしその後では穏やかな表情になっている。……
　彼女は話しているあいだじゅう当の場面をまざまざと，しかも自然のままの

色彩で眼のあたりに見ている。いつもその場面が現実にあったそのままのなまなましさで眼のあたりに見えていると患者はいう。

　私の治療法は，これらのイメージを彼女が二度と眼前に見えることができないように，ぬぐい去ることにある。暗示を助けるために私は何度も彼女の瞼をなでる。……

　「私はこの恐ろしい情景をみる時は，きっとぼやけて力のないものとなっているでしょうと断言する」（催眠暗示）

　……今日催眠術をかけてみて，彼女が前回の催眠状態の時に起こったことをことごとく覚えていると確信した。しかし，覚醒状態では彼女は何も覚えていないのである。（後催眠健忘）

　フロイトの記述は細かく，精密である。それぞれの動作はすべて心理的意味を持っている。暗示は「したり，やめさせたり」という命令（「恐ろしい情景は……力のないものになっている」と根拠がないのに断言する）であるから，次第に単調になる。それに代わって症状の由来（「どうしてそんなにびっくり……？」）を聞くようになった。これは，「医師の知識欲を満たすこともできた」とフロイトは書いている。その質問によって，患者は過去の症状の始まりを思い出し，「現実にあったそのままのなまなましさで眼のあたりに見えている」ように語った。これが心的外傷（トラウマ）で，当時のまま潜在記憶に残っている。しかし，覚醒状態では何も覚えていない。

　フロイトは，患者から話を聞くことで，心の仕組みが分かる，と気づいた。

4.1.4　ルーシー・R嬢の事例──催眠にかからない人

　フロイトは①すべての患者を催眠状態にできるわけではない，②患者を自由自在に思いどおりの深さの催眠状態することができない，ことに気づいた。フロイトはこれを自分の技術の未熟さと考え，それを完璧なものにしようと，1889年の夏にフランス南部のナンシーに行き，そこで数週間とどまった。

　フロイトは，自分の女性患者の一人をナンシーに呼び寄せ，催眠術の大家であるベルネームに催眠をかけてもらった。この患者はフロイトによってかなり

よくなったけれども，再発を繰り返していた。しかし，ベルネームでも同じであった。「ベルネームは暗示によってすぐれた効果を発揮しうるのは，自分の病院に入院している患者に対してだけであり，個人的な患者に対しては同じようにゆくわけではないということを淡々と告白した」。フロイトは次第に催眠に対して疑問を抱くようになった。そしてこのナンシーでの体験が後に意味をもつことになる。

このようなときに出会ったのが，ルーシー・R嬢である。彼女は催眠のかからない人であった。

【事例6　ルーシー・R嬢】「前額法」の発見

　ウィーンの工場主の家に家庭教師として住み込んでいる30歳のイギリス人。彼女は臭覚を失っているにもかかわらず，臭覚の幻覚（焦げたプディングの臭い）に悩んでいた。ひどく鼻につくばかりではなく，気分がふさぐ，倦怠感，頭痛，食欲不振，作業能力低下に陥っていた。全身的な痛覚喪失を示しながらも，触覚には異常が認められないというヒステリー症状を示していた。
　フロイトが彼女に催眠をかけようとしてもかからなかった。フロイトは困惑するが，まもなくこの困難を突破する方法を見つけ出す。

（『フロイト著作集7　ヒステリー研究』人文書院　p.81以下）
　この新たな困惑から私を救い出したのはある記憶であった。すなわち，夢遊状態（催眠状態）の回想が覚醒状態において忘れられている（後催眠健忘）のはただ外観上のことで，それは他の意識状態をはっきりさせる操作と結びついて，ちょっと促しさえすれば，また呼び起こされるものだという実証をベルネームその人が提示するのを見たことがあった。たとえば，彼は夢遊状態にある婦人に，自分がもはやその場にいないかのような陰性幻覚を与え（催眠暗示），次にさまざまな方法を用いて容赦のない攻撃を加えて，自分を相手に認めさせてみようと試みた。それは成功しなかった。患者が目を覚ますと，ベルネームは，さっきあなたは私がここにいないと思っておいででしたが，あの時

に私があなたと一緒にしたことは何でしたかそれを知りたい旨を言った。彼女はびっくりしてぜんぜん覚えがありませんと答えた（後催眠健忘）。ところが彼はそれに譲らないで，あなたは何もかもいっさい思い出すでしょうと言いはり，思い出すようにと言いながら，片手を彼女の額にあてた（前額法）。するとどうであろう。彼女はとうとうすべてを語ったのだった。彼女は夢遊状態（催眠状態）では気づいていなかったし，覚醒状態では何も覚えていない（後催眠健忘）と称するいっさいのことを語ったのである。

　この驚くべき，しかも教訓にとんだベルネームの試みは私の手本になった。病原的意味をもつようなことはすべて私の患者も知っているから，彼らにそれをしゃべらせることが重要だ，という前提から私は出発することに決めた。したがって「いつからこの症状が現れましたか？」あるいは「原因はなんですか？」という質問に対して，「ほんとうは私には分かりませんの」という答えを得るような局面にたちいると，いつも私は次のような処置をとった。すなわち，片手を患者の額におき，あるいは彼女の頭を両手ではさんでこう言うのである（前額法）。「こうして私が手で押さえていると，今に思いうかびますよ。私が押さえるのを止めた瞬間に，あなたには何かが見えるでしょう。さもなければ何かが思いうかんで，頭にひらめくでしょうから，それを捕らえてください。わたしたちが捜しているものがそれなのです。──さあ，何が見えましたか，それとも，何か思いうかびましたか」と。

　はじめてこの処置を行った時（ミス・ルーシー・Rに対してではない），それによってまさしく必要なものが提供されることに，私はわれながらびっくりした。それ以来この処置は私をほとんど困らせたためしがなく，私の探求の進むべき道をいつも示してくれた。そして，この種の分析を夢遊状態（催眠状態）の助けをかりないで最後までやり通すことができるようにしたのである。私はしだいに大胆になって，患者が「何も見えません」とか，「何も思いうかびません」とか答える場合には，そんなはずはありません，あなたはたしかにこれというべきものを経験したのですけれども，これがそうなのだ，と信じなかっただけで，それを無視してしまったのです。ご希望なら，いくらでもその手順を繰りかえしてあげます，そのたびに同じものが見えるはずです，と説き

伏せるまでになった。実際のところ，いつでも私の言う通りだった。患者たちは，自分の批判を止めさせること（抵抗）にはまだ慣れてなかったから，浮かんでくる回想や思いつき（自由連想法）を不必要なものだとか，邪魔が割り込んだためとか考えたために，放棄することがある。そして彼らが思いうかんだこと（自由連想法）を報告したあとでは，かならずそれが捜したものであることが分かるのだった。またときとすると，手で頭を押さえること（前額法）を三度か四度したあとで，報告するようにしむけると，「ええ，あれなら最初の時にもう気づいておりましたけれど，これだけは申し上げたくありませんでした」（抵抗，自我防衛）とか，「これがそうでないようにと願っておりました」とかいう返事を聞くこともあった。

4.1.5 前額法のまとめ

1. 催眠なしで，覚醒状態でも医師が患者の頭を押さえて（「**前額法**」），強く思い出すように命令すると，患者は医師の権威に圧倒され，しぶしぶ思い出すことができる。「後催眠健忘」は解消できる。思い出すかどうかは，医師との関係に左右される。
2. 患者は自分で病気の原因を知っているのに，知らない（無意識）という。それは思い出したくないから（抑圧，抵抗）である。
3. 前額法は「思い出せ！」という，強制的命令で，乱暴なやり方である。治療法としては不適切である。
4. 強制しなくても，覚醒状態で自然に「心に浮かんでくる」。→「**自由連想法**」へ。
5. 無意識的なものは，自然に意識へと上ってくる。しかし，患者はそれを大事なこととは思わず，無視する。そのために貴重な情報が失われてしまう。
6. フロイトは「ただ，彼は独力では催眠中の記憶を思い出すことはできなかっただけ」（『精神分析入門』）と述べている。すなわち，自分の心の中にあるにはあるが，それを自分自身では取り出せない，取り出すには，誰か他人の手助けが必要である。"心に浮かんでくるささいなこと"をとても大事なものであると理解し，それを患者のために援助する人が必要である。それが精神分

析家で，ここに新しい職業が誕生する。

4.1.6 催眠法に対する疑問

　フロイトは催眠に対してますます疑問をもつようになる。それをまとめると，
1. 催眠はてっとり早く，患者に不快を与えないという面に関してはよい治療法。
2. ある患者には適用できるが，別の患者には適用できない。なぜ，そうなのかは不明。
3. 成果に永続性がない。催眠によって良くなっても，患者と治療者の人間関係が悪くなると，急に病気の状態が悪化してしまう。良好な人間関係を取り戻すと，ふたたび回復する。
4. それまでの病気は治ったが，その代わりに新しい病気が出てくることがある。
5. 治療的人間関係のほうが，カタルシスによる仕事よりも，影響力が強い。
6. 催眠なしでも思い出すことが可能である（前額法，自由連想法，夢分析）。
7. 催眠を繰り返すことによって患者の依存性を強めてしまうのではないだろうか。

　このような疑問をもっているとき，フロイトはついに催眠をやめる決断をする出来事に遭遇することになる。

4.1.7 催眠をやめる

　「ある日のこと，私は以前から長いことそうではないかと推測していたことを白日のもとにあらわにするようなひとつの経験をした。それは催眠法によって目を見張るような芸をさせることもできたような順応性のある私の女性患者の一人であったが，その人の疼痛発作をその誘因となっているものにまでさかのぼることによって，その苦悩から解放してやったきのことであった（カタルシス法）。覚醒するや，その腕を私の首に巻き付けてくる（抱きつく）のであった。思いもかけず使用人が部屋に入ってきたので，お互いに苦痛となるような議論をしないですむことになったが，しかし，このときからわれわれは，暗黙のうちにではあるが催眠法を続けることをやめることに一致した。
　そして今こそ催眠法の背後にあってはたらいている神秘な要素の本性をとら

えたのだと考えた。それを除外するか，少なくとも，それを切り離すためには私は催眠法をやめなければならない。」

催眠法をやめ，患者をただベッドの上に横臥させ，フロイトはベッドの後方に座り，フロイトからは患者が見えるが，患者からは見られないようにした（図 4.3 参照）。そこで催眠に代わる方法として，**自由連想法**を採用した。

「心の浮かんできたことは，ひとつひとつそれをこれはさほど重要だとは思われないとか，これはまったく関係がないことだとか，あるいは無意味なことだなどとかを動機にしてのぞいたりすることをしないですべて語る方法」である。

フロイトはこのようにして催眠をやめることになる。そのときの心境を次のように語っている。

4.1.8　催眠術からの解放

「私の期待はみたされた。催眠術から解放されることになった。この技法の変更はカタルシスという仕事の様相をも変化させることになった。

催眠術はある力動関係を隠してしまっていたが，いまやそれがあらわにされ，それがとらえられることによって理論には確かな根底が与えられることになった。」

4.1.9　自由連想法の長所

フロイトは次のように述べている。
1. 少しも強制しない（前額法との違い）。
2. 現実との接触を決して失わせない（覚醒状態で実施）。
3. 神経症の構造における契機のどの 1 つをも見過ごしてしまったり，自分（分析家）の予期によってその中に何かを持ち込んだりすることがない（患者のことをすべてそのままを正確に観察できる。「何々をしなさい！」という暗示は，根拠がないのに，医師が患者の心の中に観念を無理に詰め込むこと。自由連想法は逆に，患者から話を引き出す）。

自由連想法とは別の言い方をすると，次の 3 つの意味がある。

表 4.2　催眠と精神分析の比較（『精神分析入門』第 28 講，精神分析療法）

【催眠療法】
・心情生活の中にあるものを隠蔽し，体裁を飾ろうとするもの。
・美容術のようなもの。
・症状を禁止するために暗示を利用し，抑圧を強化するが，症状を形成するようになった過程はまったく放置。
・患者には何もさせず，したがって患者は何の変化も蒙らない。罹患のあらゆる新しい誘因に対して，以前と同じように無抵抗である。

【精神分析療法】
・隠蔽を取り去る。
・外科手術のようなもの。
・もっと深く進んでその根源に迫り，症状のもとの葛藤に手を加える。
・医師にも患者にもやっかいな作業——それは内的抵抗を克服することが必要。
・より高い心の発達段階へと成長し，患者の心は永続的に変化する。すなわち，（催眠とは違い），再び罹患する可能性がなくなる。

1. 治療方法→症状の原因を探る方法。
2. 研究法→話された内容はすべて記録し残すことができる。それは「心の仕組み」を反映したもので，絶好の人間研究の素材として利用できる。
3. 患者へのサービス→何でも言いたいことを自由にしゃべる機会を提供する。このような守られた空間を提供するサービスは世界中でここ以外にはどこにもないといえる。

　以上のようにフロイトは催眠から出発し，それを放棄する決断を下す。この決断は人類の歴史において非常に独創的，画期的なことになる。これによって臨床心理学の基礎が成立した（**表 4.2**）。

コラム 4.1　フロイトとジャネ

　ジャネ（Janet, P.；1859-1947）はフロイトほどは知られていない。ジャネのことを世に知らしめたのは，エレンベルガーの功績の一つである。
　ジャネはフロイトよりも 3 歳下で，パリで生まれ，パリで死んだ。高校の哲学教授として出発した。学位論文に「幻覚と知覚」をテーマに選び，催眠に取

4.1 精神分析の誕生

り組んだ。1885年，遠く離れたところからでも催眠にかかる症例レオニーの実験をし，それが1889年の学位論文「心理自動症」の土台となった。その後，医学を学び，1893年医学博士となる。シャルコーが論文の審査委員長をつとめた。その3週間後，シャルコーは急死している。ジャネは1890〜1902年頃，サルペトリエール病院で多くの症例に接し，自己の理論を確立していった。1902年にはコレージュ・ドゥ・フランスの実験心理学講座教授となる。

ジャネは催眠を使った正確な症例記述をたくさん残した。悪魔憑きやヒステリーの症例など，今日でも貴重なものである。

ジャネは過去の磁気術者たちの文献をよく収集し調べていた。そして，当時シャルコーやベルネームらの新しい発見であったと信じられていた現象は，過去の磁気術者がすでによく知っており，ただ忘れられていたものの再発見にすぎないと洞察していた。フロイトは催眠から出発し，催眠を放棄することによって精神分析を確立したが，ジャネは催眠を使用し続けた。

1913年のロンドン，国際医学会総会において，ジャネは意識下固定観念とカタルシス療法はフロイトよりも自分のほうが先に発見したと主張しフロイト派との間に大きな論争となった。しかし，1914年，精神療法学会でフロイトが批判されたとき，ジャネはフロイトを弁護した。これは当時の社会状況の中では，かなり勇気のいる行為であった。

またフロイトの「転移」という概念は，ジャネの「夢遊病性残留影響」と密接な関係があると言われている。

ユングはジャネを大変尊敬しており，1902年から1903年の冬学期にパリでジャネの講義を聴講している。ユングのコンプレックス概念は，ジャネの意識下固定観念から来ている。ジャネは神経症をヒステリーと精神衰弱に大きく二分した。この概念は，ユングの外向性と内向性の考えに受け継がれている。

コラム4.2　哲学者ベルクソンが挙げた後催眠現象

哲学者ベルクソンも催眠に興味をもち，自分でも実験を行っていた（Bergson, H., 1990）。ベルクソンは，大学でジャネの1年先輩で，生涯緊密な交友関係をもった。ジャネがビネと争った結果コレージュ・ドゥ・フランス教授になれたのはベルクソンの推挙のおかげでもあった。彼は1901年，無意識の探究は20世紀における心理学の主要課題になること，それは19世紀の物

理学と自然科学の発見と同程度の重要な発見になるだろうと宣言している。彼は次のような後催眠現象を述べている。

「催眠術で眠らされた被験者に，2週間後のある時刻にある場所に行かなければならないと暗示し，それから彼を起こす。彼は，自分に命じられたものについての一切の思い出，一切の観念を失っている。にもかかわらず，指定の日時になると，自分ではちょっと散歩に行きたいだけといった気まぐれのせいと思いこんでいるのだが，驚くべき正確さで，指定の場所に赴く。まさに指令は守られたのだが，それを果たした者は，指令が自分に与えられたということに気づいてさえいない。彼は無意識に従ったのである。」

コラム4.3　ユングの暗示についての考え（「超越機能」ユング，1916）

「あらかじめそれと思い当たる下地が心の中になければ，どんな暗示や示唆も受け入れられるものではないし，たとえむりに受け入れたとしても，すぐにまた消し飛んでしまうということを，まったく忘れている。将来にまで受け入れられるような暗示は，常に強い心的な素地に呼応しているのであって，それが暗示によって解発されるにすぎない。したがってこの非難は底が浅く，暗示という物に魔術的な力があるとみなしているに等しい。そのような力はあるわけがなく，もしあるならば暗示療法は絶大無比の効果を発揮して，分析の手続きなどまったく無用のものと化してしまうであろう。」

コラム4.4　絵で見る心理療法の歴史

4枚の絵について「無意識と人間関係」という視点で見てみよう。
1. **図4.1**……シャーマンで，超自然的存在，神や霊的存在として登場する。彼は非日常的世界に通じる者として，トランス状態に入り，霊界に旅立つ。この場合，（患者の）無意識は患者ではなく，シャーマンのほうが体現している。患者はシャーマンを見て，自分の無意識が分かる。
2. 第3章扉絵（p.35）メスメルの場合……術者は大量の磁力の持ち主で，物理的操作で一方的に患者に発作を引き起こす。発作の心理的な意味，人間関係は問題にされていない。大事なのは物理的流体の伝導である。
3. **図4.2**　シャルコーの場合……彼は学問的権威者で，堂々と中心に立ち，周りを圧倒している。暗示にかかりやすい（権威に弱い，周りの期待に添う）

4.1 精神分析の誕生

図 4.1　1934 年にモンゴルで撮影されたトランス状態のシャーマン（Geleta & Forbath, 1936）

図 4.2　シャルコーがパリのサルペトリエール病院でヒステリー患者を見せて講義しているところ（ピエール=アンドレ・ブルイエ画，1887 年頃）

図 4.3　フロイトの面接室（エンゲルマン）

花形の患者が選ばれる。周りの多くの医師はその成り行きを注視している。シャルコーは暗示を与えて患者を眠らせる。患者は医師に命じられるままに動く。シャルコーは科学者として患者の状態を冷静に観察している。しかし，シャルコーと患者の関係，患者のおかれた場の圧力などは誰も気づいていない。患者を守ろうとか，患者が何を感じているかなどは知ろうともしていない。人工的に症状を作り出すことが目的で，症状を消す目的はない。

4. **図4.3 フロイトの面接室**……1〜3は公開の状況（シャーマン，メスメル，シャルコー）であったが，フロイトの場合は患者と2人きりの密室である。安心して何でも語れる守られた環境が準備されている。患者は寝椅子に横たわり，外界の刺激から引きこもり，ひたすら自分の内面へと向かう。心に浮かんでくることを自由に連想し続け，分析家（治療者）に何もかもすべてを語る。

フロイトは寝椅子の後方に座り，フロイトから患者は見えるが，患者からフロイトは見えない。フロイトはまるで存在しないかのように，ひっそりと座る。分析家は自分の存在を消すように振る舞う（みんなの中心に堂々と立つシャルコーとはまったく違う）。

フロイトは患者の話にじっと聞き入る。患者の無意識が浮かび上がる。フロイトはその内容を吟味し，患者に伝える。治療者は魔術的存在ではなく，ごく平均的な市民である。

フロイトは座る位置について，長時間患者から見つめられるのがいやだと述べていた。当時の自然科学的世界観，対象を正しく観察するためには，科学者は対象から「隔たった」位置に立ち，対象に気づかれないようにそっと観察す

図4.4　対面式の面接室（著者が撮影）

4.1 精神分析の誕生

る，という考え方がそこに見られる。

図 4.1，第 3 章扉絵，図 4.2 と図 4.3 の決定的違いの根拠は，「無意識」仮説の存在である。コペルニクスが天動説から地動説へと考えを 180 度変えたように，フロイトは「無意識仮説」を導入することによって，それまでの治療についての考えを 180 度一変させた。

図 4.4 は，今日一般に使用されている対面式の面接風景である。フロイトの寝椅子方式は，今でも使用されているがその頻度は多くない。後述するユングもロジャーズも対面方式を採用している。ここでは患者（クライエント）もセラピストも対等な形で対面する。この場合，無意識的なものは患者，セラピスト双方の心の中にある，という考え方（「無意識仮説のある対人関係モデル」（図 7.10））に立つ。2 人は協力して，無意識的なものを探求する。それゆえに，「2 人は共に関与しながら観察する」という形式になる。

表 4.3　催眠から自由連想法へ（まとめ）

心的状態	催眠状態（無意識）		覚醒状態（意識）	
方法	1. 催眠暗示（シャルコー）	2. 催眠浄化法（ブロイアー）	3. 前額法（ベルネーム）	4. 自由連想法（フロイト）
治療者の態度	主導権を持つ。暗示（命令）。暗示で症状を作り出す。	主導権を持つ。質問をする。話すことで症状をなくす。	主導権を持つ。話すように強制する。	患者に主導権を委ねる。じっと聞き耳をたてる。観察し，分析する。
患者の態度	術者の言いなりになる。	質問に答えて話す。	強制されて仕方なく話す。	自発的に話す。話すことに抵抗する。

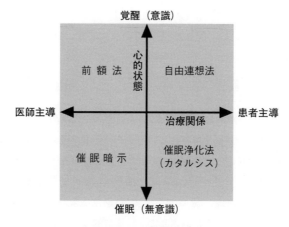

図 4.5　催眠から自由連想法へ（まとめ）

[参考図書]

　臨床心理学の理論はそれを生みだした学者の人柄と深い結びつきをもっている。それゆえに伝記を読むことが欠かせない。その中でまずフロイトの伝記を読むことを薦める。

ジョーンズ，E.　竹友安彦・藤井治彦（訳）（1969）．フロイトの生涯　紀伊國屋書店
　一番古典的なフロイトの伝記である。後の伝記の原資料として大きな影響を与えた。
ゲイ，P.　鈴木　晶（訳）（1997）．フロイト1　みすず書房
ゲイ，P.　鈴木　晶（訳）（2004）．フロイト2　みすず書房
　新しいフロイトの詳細な伝記である。
小此木啓吾（1973）．フロイト――その自我の軌跡――　NHKブックス
小此木啓吾（1989）．フロイト　講談社
　日本人の書いたフロイト伝として，薦めることができる。

フロイト以後の展開

　フロイトは催眠の本質的意味を解明し，それに代わって自由連想法や夢分析などの方法で新しい心理療法（精神分析療法）を作り出した。その後，次第にフロイトに共鳴する人が出てきて，一つの運動体（精神分析学会）に成長していく。一方，フロイトの考え方に異議を唱える人も出てくる。これらの人たちは，フロイトの影響を受けながらも，独自の立場を打ち出し，いろいろな「学派」が形成されていった。ここではその中からアドラー，ユング，ロジャーズを紹介する。パイオニアたちの争いは，人間精神がそれだけ複雑で，多様性があることを示している。全体としてみると彼らはそれぞれに人間精神をより豊かに開拓してきたといえよう。

●前列左からフロイト，ホール，ユング，後列左からブリル，ジョーンズ，フェレンツィ
1909年，ホールとジェームズの招きでフロイトとユングらはアメリカのクラーク大学へ赴く。アメリカに彼らの影響が及ぶようになる（p.54，p.211 参照）。

5.1 フロイト以後——さまざまな考え方

フロイトは「無意識と性」を2つの基本理論とした。「無意識」をさらに深く探究しようという方向と、それほど重視しない立場（「意識」を重視）の、2つの方向性が出てくる。また「性」の重要性をめぐり意見が相違した。

フロイトは患者の内面をより過去に遡り、人生早期体験の重要性を発見したが、逆に未来についてはあまり言及しなかった。内面（無意識）よりも外面（意識や対人社会関係）、さらに過去よりも未来を強調したのが、アドラーである（**表5.1**）。

また、内面（無意識）をより深め、無意識概念を拡大する方向に推し進めたのがユングである。ユングは、フロイトの無意識は個人的無意識を意味していると考え、自身は個人を越えた集団や人類共通のより深い集合無意識（普遍的無意識）を探究していった。

アドラーもユングもフロイトに会う前から独自の考えをもっていた。精神分析に触発されながらも、それぞれの個性に従って、独自の考え方を発達させた。後にアドラーは「個人心理学」、ユングは「分析心理学（コンプレックス心理学）」を創造した。

アドラーとユングはウィーン周辺の出身で、かつ医師であるが、ロジャーズは時代も文化的背景も異なる。彼はアメリカ人で、医師ではなく心理学者であった。ロジャーズの著作には、「無意識」という言葉は使われず、「意識化」という言葉が使われている。しかし、筆者には、ロジャーズの提起した「カウンセリングの3条件」は、無意識に近づくための最適な方法であると考える。

対人関係という視点では、2つの方向、外界の対人関係か、心の内界の対人関係かに分かれる。ユングが父親元型、母親元型などと記述しているのは、心の中にある「父なるもの」、「母なるもの」を意味している。影、アニマ、アニムスも同じで、心の中の人物イメージを指している。これらは夢の中の登場人物を考えると理解しやすいだろう。

クライン（Klein, M.）は、フロイト派に属し、対象関係学派と呼ばれている。この「対象関係」というのは、主に内面的な意味での物や人間関係を意味

表 5.1（1） アドラーの生涯（年譜）

1870 年	ウィーン郊外に、6 人きょうだいの 2 番目として誕生。大半をウィーンで過ごす。フロイトよりも 14 歳年下。両親はユダヤ人であるが、フロイトと異なり、被迫害者という意識が希薄。父は穀物商で比較的裕福。 父との関係は良好。母との関係はあまりよくなかった。2 歳年上の兄が優秀、アドラーはくる病で、兄の影のような存在。弟は 1 歳時、ジフテリアで死亡。 5 歳、肺炎になって死にかける。10 歳、ギムナジウムに入学。成績はあまりよくない。数学が苦手。
1888-95 年	ウィーン大学医学部卒。フロイトの講義には出席していない。
1897 年	ウィーン大学のロシア人留学生のライサ・エプシュテインと社会主義の勉強会で知り合い、結婚。ライサは社会主義革命家トロツキーとも親しかった。
1898 年	最初の著作『仕立業のための健康書』。今日の産業安全労働衛生の先駆け。
1899 年	開業。1 日も休みなく、朝から夜遅くまで診察と勉学に励む。夜は友人たちとカフェで議論。患者はフロイトとは違い、中層、下層階級の人が多かった。フロイトは主にヒステリー、アドラーは強迫神経症、ユングは統合失調症から理論化したと言われている。
1902 年	フロイトが始めた「水曜心理学研究会」に加わる。もっとも活発なメンバー。フロイトを知ったいきさつについては諸説あり、不明。
1904 年	ユダヤ教からプロテスタントへ改宗。
1907 年	『器官劣等性の研究』。身体的ハンディキャップをもった人が、どう生きるかの研究。自分自身の子ども時代の病気体験が背景にあった。フロイトも評価。
1908 年	「生活と神経症におけるサディズム」を講演（第 1 回国際精神分析学会、ザルツブルク）。
1910 年	国際精神分析学会会長。
1911 年	講演「男性的抗議」。「劣等感」を神経症の根拠とするアドラーはフロイトと対立し、「自由精神分析学会」を設立。フロイトからの最初の離反者となる。
1912 年	2 冊目の著書『神経質性格について』。
1913 年	「個人心理学会」と名称変更。「個人」とは人間を分割できない全体ととらえる意味。ユングもフロイトから別れる。
1914 年	第 1 次世界大戦の軍医として、陸軍病院精神神経科に属する。戦争神経症のなまなましい知識を身につける。 戦後、ウィーンは荒廃。ロシア革命の現実からマルクス主義に失望。青少年問題が社会問題化。教育問題に強い関心を持ち、児童相談所、教師のための相談所などを設立し、教育困難な児童の問題などを話し合う活動。子どもや親の治療の場だけでなく、教師、カウンセラー、医師などの専門職を訓練する場としても活用。 新しい政治体制下、もっとも仕事ができた時期。アドラー心理学はウィーンからヨーロッパに急速に普及。
1918 年	「一精神科医からみた戦争神経症」「ボルシェヴィスムと心理学」。
1920 年	『同性愛の問題——性愛の訓練と性愛における退却』『個人心理学の実際と理論』。教師のための相談所開設。

表 5.1 (2)　アドラーの生涯（年譜）

1924 年	ウィーン市教育研究所教授。
1926-27 年	充実した年。多数の論文，講演活動。次第に活動拠点をアメリカに移す。『人間知』(1927)。
1929 年	『権力の心理学』。コロンビア大学に招待され講義。
1930 年	「ウィーン市市民」の称号を受ける。「犯罪者個人とその治療」。
1931 年	「A 夫人の症例」。
1932 年	アメリカのロングアイランド医科大学教授。
1933 年	（ヒトラー政権成立。）『人生の意義』（有名な言葉「人間であることは劣等感に苦しむことであり，それが人間をつねにその克服へと駆り立てるのだ」。)
1934 年	「群衆心理学について」『個人心理学雑誌』創刊。アメリカに移住。重病になり，家族が看病にかけつける。回復。家族も移住。
1937 年	講演先のスコットランドのアバディーンで散歩中の路上で，心臓発作により死去（67 歳）。
1982 年	精神科医野田俊作がシカゴのアルフレッド・アドラー研究所に留学。
1984 年	日本アドラー心理学会設立。

している。

　一方，外界の人間関係を重視するのが，アメリカの精神分析である。サリヴァン（Sullivan, H.）が「精神医学とは対人関係の学である」と言うとき，それは主に社会的な，現実の対人関係を問題にしている。これはアドラーの影響であるといわれている。

　また，彼らの心に対するアプローチにはさまざまな方向がある（**表 8.1 参照**）。

　さらに，彼らを生誕順に並べると，フロイト（1856）→アドラー（1870）→ユング（1975）→ロジャーズ（1902）となるが，日本社会への影響はこの順番とはやや異なっている。すなわち，ロジャーズ（1950, 60 年代）→フロイト（1970 年代），ユング（1970 年代）→アドラー（2000 年代～）の順であったといえるのではないだろうか。戦後まもなくロジャーズの考えが主に教育分野に影響を及ぼし，それを批判する形でユングやフロイトの理論が入ってきた。そして，アドラーの紹介が一番遅かったといえよう。

5.2 アドラーの心理学(「個人心理学」)

5.2.1 アドラーの生い立ち

アドラー(Adler, A.;1870-1937;図5.1)はフロイトと同じくユダヤ人として生まれたが,ユダヤ人としての迫害被害感はあまりもたなかった。

父とは良好な関係だったが,母からは好かれなかった。この親子関係はフロイトとは逆で,そのために,フロイトのエディプス・コンプレックスの概念を認めることができなかった。

アドラーは親子よりもきょうだい関係を重視した。彼は6人兄弟の2番目で,頭のよい模範的な兄の影のような存在として育った。弟がいたが,死去し,自身も重い肺炎にかかってもう少しで死ぬところだった。

2歳頃の記憶「くる病のために包帯をした私がベンチに座っていて,私の向かいに健康な兄が座っている。兄は楽々と走ったり跳びはねたり動きまわったりできるのに,私はどんな運動をするのも緊張と努力が必要だった。皆が精一杯私の力になってくれ,両親もできる限りのことをしてくれた。」(エレンベルガー(下巻)p.212)

このエピソードには,器官劣等性,きょうだい関係,共同体感情など,彼の

図5.1 アドラー

後の学説となる内容が含まれている。

5.2.2 フロイトとの出会いと別れ

アドラーは，医師を志し，フロイトと出会い，精神分析の発展に尽くすが，フロイトと最初に対立した。

アドラーにとって，フロイトとユングは兄と弟の間のような関係であったともいわれている。性格は，フロイトが，ペシミストで，中央委員を頂点にするピラミッド形の組織と側近を重視したのに対して，アドラーはオプチミストで，組織に関してはルーズで，会合には多くの患者が参加していた。また二人は性格のタイプも異なっていた（「7.10.3 ユングの性格分類」参照）。

フロイトは心の神秘の発見をめざす深層心理学の創始者であった。他方アドラーは「すぐ実際に役立つ合理的で常識的な心理学の推進者」で，その考えは人々にとても馴染みやすい。そのためにアドラーに由来するとは知らずに，まったくの日常語として使われている言葉が多いと，エレンベルガーは指摘している。たとえば，「自分にはコンプレックスがある」というふうに「コンプレックス」という言葉が日常で使われる。「コンプレックス」はとくに日本では「劣等感」を意味するが，それがアドラーに由来すると知る人は少ない。

アドラーの学説は新フロイト派（サリヴァン，ホーナイ，フロムら）に大きな影響を与えている。「彼らはめいめいが独自の理論を持っているが，すべてフロイトの基本概念の一部を拒否して，その代わりにアドラーと酷似した概念をアドラーの名前を引用することなく用いている。環境，対人関係の役割に力点がおかれている。」（『無意識の発見（下巻）』）。そういわれてみると，本書も正にそうである。本書ではフロイトの「性理論」を，「対人関係」と読み替えている。そして，「無意識仮説」と「対人関係」を軸に記述しているのも，アドラーの流れに従っているということができる。しかし，筆者としては，アドラーに倣ってそうしているという意識がない。

エレンベルガーはベルナール・グラッセを引用して，次のように述べている。「天才とは，昔からずっと存在していたのにだれひとりそれに気づかなかったものを発見し，言葉で言い表す能力だということである。天才があることを

表現したとたんに，それがごくあたりまえのことのように見えてきて，たちまち一般的常識に組み込まれ，それが最近発見されたのだという事実は忘れられてしまう。」

> **コラム 5.1** 「きょうだい関係の心理」(『生きるために大切なこと』アドラー，2016，p.160〜)
>
> 　最初の子どもは，大人の関心を独占するが，下の子どもが生まれたとたんに王座から陥落する。一番上の子どもは保守的で，権力を維持することを望む。二番目の子どもは「中心人物」ではなく，上の子どもを「ペースメーカー」にして進み，上の子どもに追いつこうする。権威を認めないが，権力の座を狙っている。負けず嫌い。年の離れた末っ子は，つねに家族の中で一番若い存在で，さらに下に子どもが生まれないので，絶対に地位を失うことはない。末っ子は一番有利な立場で，他の状況が同じであれば，末っ子が一番健全に発達する。末っ子はつねに家族の中で異質な存在。いつも自分だけは違う道に進もうとする。

5.3　ユングの心理学──無意識世界の探求

5.3.1　『ユング自伝』──夢の世界

　ユング (Jung, C. G.；1875-1961；図 5.2) は 82 歳になって『自伝』を残し始めた (**表 5.2** 参照)。

　彼は冒頭，「私の一生は，無意識の自己実現の物語である。無意識の中にあるものはすべて，外界に向かって現れることを欲しており，人格もまた，その無意識的状況から発達し，自らを全体として体験することを望んでいる。」という一節から始めている。そして 3，4 歳のときに見た強烈な夢をはじめ，死に至るまでに多くの夢を見，書き残した。この自伝は希有なもので，臨床心理学を学ぶうえからも大変興味深い。

　ユングは「いつも地下茎によって生きている植物のような」(自伝 (1) p.19) 存在であると自分を形容している。彼は大変感受性の強い内向的な子どもであった。自伝には 3 歳から 4 歳の間に見た夢が記録されている。要約して述べ

図5.2 ユング

ると,以下のようになる。

夢「地下室に降りていくと緑のカーテンの中に部屋があった。その部屋には黄金の玉座があり,その上に高さ約4メートル,太さ約50センチの巨大なファルスが立っていた。『あれが人喰いですよ』という母の声が聞こえ,恐怖で目が覚めた。」

この夢はユングの生涯を貫くテーマとなる。ユングにとって,地下に非常に貴重なものがあり,それが生涯をかけて地上へ,外界へと発展していく。

彼の少年時代は孤独であった。10歳の頃,庭前の石に数時間も座って想像にふけった。「私はこの石の上に坐っている人なのか,あるいは私が石でその上に彼が座っているのか」という疑問が生じる。また,この頃,筆箱の中に小さな人形を入れ,秘密の屋根裏に隠すという遊びや,煉瓦で塔を作っては想像の地震でこわすという遊びに熱中する。

5.3.2 いじめられっ子

ユングは12歳の初夏の頃,学友に突き飛ばされ,頭を石に打ち意識を失い

表 5.2（1） ユングの生涯（年譜）

1875 年 （明治 8 年）7 月 26 日　スイスのケスヴィルに生まれる。同姓同名の祖父（カール・グスタフ・ユング；1794-1864）はバーゼル大学医学部教授，後に学長。父（パウル・アヒレス・ユング；1842-96）は改革派の牧師，オリエント学者である。父親とは信仰の問題で何度も衝突している。母（エミリエ・ユング＝プライスヴェルク；1848-1923）は「動物的な大きな暖かさ，楽しげ，客あしらいがよい，料理が上手，ユーモアがある。しかし，急に思いもよらぬ強い無意識的人格が現れる，オカルトに興味を持っている」人と『自伝』で述べている。

1879 年　母の故郷バーゼル近郊クラインヒューニンゲンに転居。
　　　　夢（3，4 歳頃）「地下室の祭壇上にファルスがある。恐ろしい。」
1881 年　小学校入学。父についてラテン語を学び始める。
1884 年　妹（ゲルトルート・ユング；1884-1935）誕生。
1886 年　バーゼルのギムナジウムに入学。
1895-1900 年　バーゼル大学医学生。
1896 年　父死去。
1895-99 年　母方従妹（1881-1911）で 14 歳の少女を霊媒とする交霊現象の実験に参加。この経験が 1902 年の学位論文となる。
1900 年　クラフト・エビングの教科書を読み，精神医学を志す。
　　　　ブルクヘルツリの州立病院に就職。E. ブロイラー（1857-1939）の助手となる。40 年にわたり入院中の緊張病患者の常同行為が，彼女を裏切った発病時の愛人の行動の模倣であることを見出す（後に『早発性痴呆の心理について』としてまとめる）。
　　　　フロイトの『夢判断』を読む。
1902 年　学位論文「いわゆる神秘的（オカルト）現象の心理学と病理学のために」。1903 年の冬学期にかけてパリのサルペトリエール病院でピエール・ジャネ（p.64）のもとで研究する。
1903 年　エンマ・ラウシェンバッハ（1882-1955）と結婚。息子 1 人，娘 4 人が生まれる。
　　　　「正常ならびに異常な言語連想に関する実験的研究」。
1905 年　チューリッヒ大学医学部私講師，精神科指導医になる。催眠療法を外来実習で指導。同大学私講師として，神経症論，および心理学を講じ始める。
1906 年　フロイトに『診断学的連想研究』を贈る。そのお礼に，フロイトから『神経症学小論集』を贈られる。性理論については同意できなかったが，全般に強く共感し，その旨をフロイトに書き送る。
1907 年　3 月 3 日，ウィーンのフロイト家を訪問（妻とビンスワンガーとともに）。「早発性痴呆の心理について」。

表 5.2 (2)　ユングの生涯（年譜）

1909 年	再度フロイトを訪問。精神分析運動について会話中，原因不明の激しい炸裂音が 2 度生じる。 6 月，キュスナハトに居を構え，個人診療を始める。 フロイトとともにアメリカのクラーク大学に招待され，言語連想法について講演。船便を待ってフロイトとブレーメンに滞在中，ユングの面前でフロイトが心因性の失神状態となる。
1910 年	第 2 回国際精神分析学会（ニュルンベルク）。国際精神分析学協会会長(−1914 年)。
1911 年	夢「長く巻いた羽毛をもった紳士にラテン語で話し掛けられる。」 後に，この紳士は祖先の霊で，執筆中の『無意識の心理学』がその答えになると理解した。
1912 年	『リビドーの象徴的変遷』。フロイトと意見が対立する。
1913 年	フロイトと別れる。チューリッヒ大学私講師を辞める。自己探求に没頭。自分の立場を「分析心理学」と呼ぶ。
1913-17 年	自分を見失い混乱状態となり，「無意識と対決」。そこから回復する。 (1914-18 年　第 1 次世界大戦)。
1916 年	『無意識の構造』『超越機能』。アニマ，アニムス，自己，集合無意識などを構想する。はじめてマンダラ図を描く（図 5.3 参照）。
1918 年	イギリス駐留軍の軍医（衛生主任）として軍務に服する。マンダラ図を理解し始める。
1920 年	チュニスとアルジェリアに旅行。 ヴィルヘルムに出会う。
1921 年	『心理学的タイプ』（図 7.15 参照）。
1922 年	チューリッヒ湖畔に土地を購入。「塔」を建て始める（1955 年完成）。 母の死を予知する夢を見る。夢「亡父が結婚について，心理学者としてのわが子ユングに相談を持ち込む」。父は生前の母との結婚生活は決して幸せとは言えなかった。26 年後，母が死ぬことで，（あの世で）再び父は結婚生活に入ることになる。そのために父がユングから結婚問題についての最新の知識を得たいとのメッセージであると解釈。翌年，母死去。
1924-25 年	アメリカ訪問。プエブロ・インディアンの研究。「白人は頭で考えるが，インディアンは胸（心臓）で考える」。
1925-26 年	アフリカのケニア，ウガンダに旅行。
1927 年	マンダラ図「永遠の窓」。
1928 年	マンダラ図「城壁と水濠で守られた都市のマンダラ。内部に広い第 2 の水濠があり，16 の塔で守りを固めた城壁に取り囲まれている。……」。描いた直後に，ヴィルヘルムから『太乙金華宗旨』(『黄金の華の秘密』) の独訳を受け取る。錬金術について初めてふれる。
1930 年	全精神療法医協会副会長。会長はクレッチマー。
1932 年	チューリッヒ市文学賞。

表 5.2 (3)　ユングの生涯（年譜）

1933 年	全精神療法医協会会長。チューリッヒ連邦工科大学で「現代心理学」の講義を始める。エラノス講演「個性化過程の経験的知見」。（ヒトラー政権成立。）
1935 年	妹ゲルトルード死去。連邦工科大学から名誉教授号。エラノス講演「個性化過程の夢象徴」。
1936 年	エラノス講演「錬金術における救済の観念」。（1938 年　フロイト，ロンドンに亡命。）
1938 年	インド旅行。インド人の生の目標は道徳的完成ではなく，相対性からの離脱であることを知る。エラノス講演「母元型の心理学的見解」。
(1939 年	第 2 次世界大戦始まる。フロイト，ロンドンで死去。)
1940 年	エラノス講演「三位一体論の心理学的解釈試論」。
1941 年	『神話学の本質への序説』（ケレーニイとの共著）。エラノス講演「ミサにおける変化の象徴」。
1943 年	バーゼル大学医学心理学正教授になるが，病気のために退職。
1944 年	心筋梗塞で意識喪失。『心理学と錬金術』(p.43 参照)。
1945 年	70 歳を祝い，ジュネーヴ大学より名誉博士号。エラノス講演「魂の心理学」。
1948 年	チューリッヒに「C. G. ユング研究所」創設。初代所長にマイヤー，C. A.。
1951 年	『アイオン』。エラノス講演「共時性について」。
1952 年	「ヨブへの答え」。『自然現象と心の構造』（パウリと共著）。
1955 年	『結合の神秘』。妻エンマ死去。
1957 年	自伝『回想・夢・思想』(1963) の仕事を始める。
1959 年	イギリス放送のインタビュー。後に『人間と象徴』として発表。
1961 年	キュスナハトで急死。86 歳。『ユング自伝』。
1962 年	河合隼雄 (1928-2007) ユング研究所へ留学。
1964 年	『人間と象徴』。樋口和彦ユング研究所へ留学。
1965 年	河合隼雄ユング派分析資格取得し，帰国。夢分析，箱庭療法を始める。
2002 年	日本ユング心理学研究所設立。
2010 年	『赤の書』日本語版が刊行される。

そうになる。その瞬間,「もう，学校へ行かなくてもよい」という考えが心にひらめき，以来，学校の帰り道や両親が宿題をさせようとするときにはいつでも発作を起こすようになる。半年間以上も不登校状態となる。ユングは今日の「いじめられっ子」で，「不登校生徒」であったといえよう。

　彼は学校にも行かず，数時間も夢想にふけり，森や川に行ったり，戦争の絵,

襲撃され焼き払われた古城の絵やマンガを描いて過ごした。これらは芸術療法の始まりということができるだろう。あるとき，父が友人とユングの将来を心配している会話（「自分で生計をたてられない」）をし，それを盗み聞きしたことをきっかけに現実に目覚めた。ユングは次のように述べている。

「神経症とは何かを私が教わったのは，その時だった。私は神経症がどのようにして起こってきたのかを，思い出せるようになった。そして，他ならぬこの私が，このまったく恥ずべき状況を整えたのだということをはっきり理解した。私を押し倒した学校仲間には一度も腹を立てなかった。事件全体は，私の側の悪魔的な筋書きによっており，彼はいわば，そそのかされたものであることを私は知っていた。私は私自身に対して激しい怒りを覚え，同時に自身を深く恥じた。」

この発言は興味深い。ユングはいじめられたのに「被害者意識」ではなく，それとは反対の「加害者意識」をもっていたことになる。いじめや虐待の被害者が逆に「加害者意識」をもつこと，または逆に暴力を振るう加害者が「被害者意識」をもつ不思議な現象を，森谷（1999）は「衝突の心理学」として考察した。

5.3.3 宗教の問題

ユングは少年時代から宗教の問題に直面していた。子どもの頃，両親とカトリック教会を訪れたとき，階段で転倒し，あごから出血した。その後，数年間，教会や僧におびえるようになった。18歳頃には，父親と宗教問題について何度も激しい闘いを起こしている。

5.3.4 ユングの職業選択――夢から精神医学の道へ

ユングは将来の職業選択に悩んでいた頃にも夢を見た。

夢「暗い森の中の墓地のある丘を掘り始める。先史時代の動物の骨を掘り当て，興味を持つ。私は自然，住んでいる世界，周りのものを実感した。」

夢「森には水路が通り抜けている。その一番暗いところ，茂った藪に囲まれた丸い池がある。その中に奇妙で不思議な生き物――直径約3フィートの巨大

な放散虫——が横たわっている．秘密の場所の澄んだ深い水の中に，邪魔されずに横たわっている．言い尽くせない不思議，知識に対する強い欲望を感じ，どきどきして目を覚ます．」

見た夢から職業選択を考えるという発想は，当時としては驚くべき発想といえるだろう．しかし，進路で悩む人に夢がヒントを与えることはよくある．夢主は，人里離れた，誰にも知られない世界，忘れられた過去の，土の中（地下），水中深くに関心が向いている．最初の夢と同じように，地下の世界に親和性があることが分かる．放散虫は，海産の浮遊性原生動物で，美しい対称性の高い骨格をもっている．この対称性の形は，**マンダラ**（**図5.3**）に似ていることも注目すべきであろう．ユングは誰にも知られていない世界に強い関心が

(a)　　　　　　　　　　(b)

図5.3　ユングのフロイトとの別れの時期（1912年）の描画（a）と後期のマンダラ（b）
2つの心の状態を比べると，（a）は混乱状態にあり，（b）はマンダラとしてまとまっていることが分かる．同じ心的エネルギーを比較すると，フロイトとの別れの時期の心はエントロピー大，後期のマンダラは結晶構造として秩序があり，エントロピー小で，すなわち秩序だった質のよいエネルギー状態と言える（コラム7.3「熱力学の第2法則」参照）．

あり，そこで貴重な発見をすることを夢は示している。この夢主なら最先端の流行を追う科学者，営業マン，スポーツマン，芸能人などにはまず向かないであろう。

　ユングは結局は祖父と同じ医学への道を選ぶ。1895年にバーゼル大学医学部に入学し，卒業する。祖父は，ユングと同姓同名であり，バーゼル大学学長にまでになった。ゲーテの私生児だったという伝説もある。

　ユングは1900年にクラフト・エビングの教科書の中の「人格の病に対して全人格をもって立ち向かう」という言葉に決定的な影響を受け，精神医学の道を宿命と受けとめた。その後，ブロイラー教授（Bleuler, E.；1857-1939）（「早発性痴呆」から「統合失調症（精神分裂病）」という学術用語を作った学者）の助手となり，ブルクヘルツリ病院に勤務した。

　以下に，ユングが『自伝』で「その頃体験した真の治療的体験」として挙げている症例を紹介する。

【事例7　左足の麻痺をもち，宗教的傾向を帯びた58歳の女性の事例】

　彼女は恐ろしい話を長々とする。ユングはそれをさえぎり，催眠をかけようとする。しかし，彼女はユングが催眠をかける間もなく，深いトランス状態に入り，休みなくしゃべり，深い体験の夢を語る。半時間後，ユングは覚醒させようとしたが，彼女は覚めなかった。そこでユングは潜在的精神病を疑う。覚醒させるのに，数十分かかった。ユングは見学している学生にいらだちをみられないように懸命だった。覚醒しがけに，婦人はめまいをおこし，混乱した。ユングは「私は医者だ。みんなうまくいっています」と言った。婦人は「けれど，私は治ったんです！」と叫び，松葉杖を放り出して歩き始めた。ユングは困って赤面しつつ学生に言った。「諸君，催眠によって何が起こるか分かったでしょう！」実際のところ，何が起こっているのか，皆目分からなかった。それが，催眠をきっぱりと捨てさせる体験の一つであった。ユングには，何が起こっているのか理解できなかったが，彼女は事実上治り，上機嫌で帰って行った。

　翌年の夏学期，最初の講義に彼女が再び現れ，背中の激しい痛みを訴えた。ユングは講義再開と関係があるのかと自問し，彼女が新聞で講義の予告を読ん

5.3 ユングの心理学

だこと，痛みは予告を読んだときに始まったことをつきとめた。

ユングはもう一度，彼女に催眠をかけた（自発的にトランスに入った）。彼女を講義が済むまで待たせておいて，彼女の個人史を聞いた。彼女には精神科に入院中の精神薄弱の一人息子がいた。彼女は自分の息子に望んでいたことをユングが具現していたことに気付いた。ヒーローである息子の母親になりたいという彼女の野心的な憧憬の念は，ユングに向かった。彼女はユングを養子にし，彼女の奇跡的な回復をあまねく宣言した。実際，彼女のおかげでユングは名医という名声を得た。ユングは彼女にすべてを詳細に説明したところ，彼女はそれを受け入れて，二度と症状をぶり返すことはなかった。

「はじめのうち私は，私的な治療でも催眠を用いていたが，催眠を使っても暗闇の中を手探りするだけなのでまもなく放棄した。改善，あるいは治癒がどれくらい永続きするのかは誰にも分からなかったし，私はそんな不確かな中で働くことはつねに良心の呵責を感じていた。患者が何をなすべきかを私が勝手に決める（暗示，命令）のも好まなかった。私は患者の自然な性癖がどこへ彼を導いていくのか，それを患者自身から学ぶことにより多くの関心を抱いていた。それを見つけ出すためには，夢やその他の無意識の現れを注意深く分析することが必要であった。」（『ユング自伝（1）』p.176）

5.3.5 言語連想検査

ユングが学者として有名になるのは，言語連想に関する研究からである（「9.2 ユングの言語連想検査法」参照）。彼は，当時ヴントをはじめとして広く研究されていた言語連想実験で精神病の鑑別診断法の開発を試みた。そこで簡単な刺激語によって著しく反応が障害される現象を見つけた。実験の結果はフロイトの無意識仮説（しくじり行為）をうまく説明できた。彼はそれをきっかけにフロイト理論を擁護することになる。当時，フロイトを擁護することは危険な行為であった。

5.3.6 フロイトとの出会いと別れ

ユングはフロイトをつねに非常に尊敬し，フロイトについて「私の出会った

最初の真に重要な人物」(『ユング自伝 (1)』p.215) と述べ，フロイトもユングを「皇太子」と呼び自分の後継者にしようとした。しかし，基本的な部分（無意識と性の理論）で考えを異にし，出会いからわずか数年で，喧嘩別れになった。ユングはフロイトが性の意義を過大評価しすぎることに異議を唱え，フロイトの「性的エネルギー」(リビドー) を「生のエネルギー」と考えた。フロイトは，無意識は抑圧され，社会から排除された性的内容であると主張していた。ユングは，むしろもっと積極的な意義をもった「創造的なエネルギー」と考えた。このような修正はフロイトには受け入れることができなかった。

5.3.7 無意識との対決

フロイトと別れてから，ユングは内的不確実感と方向喪失の状態に陥った。ユングはこれを自分に課せられた無意識の実験ととらえ，無意識と対決することを引き受けた。

ユングは「何も分からないので，ともかく自分に生じてくることは何でもやってみよう」と決意し，無意識の衝動に自分を意識的にゆだねることにした。すると，10歳から12歳頃，小さい家や城を建てたことなどを思い出した。そして湖岸や湖の中から石を集め，城や村全体を作った。赤い石は，子どもの頃に見た夢の地下のファルスになった (3, 4歳の最初の夢参照)。また，何らかの空虚さに立ち向かうときは，絵を描いたり，石に彫刻したりした。

彼は 1913～17 年の間の混乱状態の際にアクティブ・イマジネーション，芸術療法などの技法を確立した。このとき，ユングはたくさんの絵を描き，後に『赤の書』としてまとめた (図5.3 参照)。また，有名なタイプ論 (第7章 p.142 参照) を考え出した。タイプ論は，自分やアドラーがなぜフロイトと合わなかったのかについての説明でもあった。

「すべての私の仕事，創造的な活動は，ほとんど50年前の1912年に始まったこれらの最初の空想や夢から生じている。後年になって私が成し遂げたことはすべて，それらの中にすでに含まれていた。もっとも，最初のうちは情動とイメージという形態においてのみ示されていた。」(『ユング自伝 (1)』p.274)

ユングのこれ以後の人生は，自分の体験はいったい何だったのかを確認する

ために費やされている。自分の見た夢やヴィジョン，絵の内容は，東洋のマンダラや錬金術，古代宗教のグノーシスの中と関係が深いことを発見していくことになる。

また，ユングはヨーロッパ文化を外から眺めるために，1920年以後，アフリカ，インド，アメリカを旅している。1944年には心筋梗塞から意識喪失に至り，その間にさまざまなヴィジョンを見る。これらは今日の臨死体験という視点から見ても興味深い。この病気から回復した後，70歳を過ぎてから，真にオリジナルで主要な著作が書かれた。

5.4 ロジャーズの心理学──クライエント中心療法，非指示的療法の提起

5.4.1 ロジャーズの生い立ち

　ロジャーズ（Rogers, C. R.；1902-87；図5.4）はアメリカのイリノイ州生まれの心理学者である。彼は最初，農学部に入るが，その後，牧師を志し神学校に学ぶ。しかし，特定の宗教教義を信じることに不安を感じ，心理学や精神医学に関心をもち，コロンビア大学教育学部に移る。コロンビア大学の学風は，

図5.4　ロジャーズ

厳密な科学的，客観的，統計的な立場で「感情とか人格力動などといったことがらは，まったく軽蔑されていた。フロイトとは汚らわしい言葉だった」。当時は，心理学とは「精神物理学（実験心理学）」を意味しており，「臨床心理学は存在しなかった」といえるだろう。

1928年に児童虐待防止協会児童研究部の心理学者として勤務し，非行少年たちの診断や面接を行った。その12年にわたる経験を『問題児の治療』にまとめ，その業績によって1940年オハイオ州立大学心理学教授となる。アメリカでもっとも有名で，影響力のある心理学者であった（**表5.3**）。

コラム5.2　ロジャーズの精神分析についての見方

ロジャーズの『私を語る』（1961）の中では，当時主流であったフロイトの精神分析について，あまりよい印象をもっていなかったことが語られている。

「面接者は，抜け目のない合法的な質問で親に無意識的動機を認めさせ，罪の告白を引き出しているように見えた。」（『ロジャーズ選集（上）』p.14）

「たいていのサイコセラピスト，とくに精神分析家たちは自分たちのセラピーに科学のメスを入れること，あるいは他人にそれを許すことを固く拒否してきた。」（同上 p.28）

ロジャーズは，非指示的（nondirective）→クライエント・センタード（client-centered）→パーソン・センタード（person-centered）の順序でアプローチを発展させていった。これは以下のようなロジャーズの経験から生まれている。

「その人を傷つけているのは何であるのか，どの方向へすすむべきか，何が重大な問題なのか，どんな経験が深く秘められているのか，などを知っているのはクライエント自身であるという事実である。──後年になってやっとこのことの意味を十分理解するようになったのであるが──。私が自分の賢明さや，知識をみせようとしなければ，私はその過程のなかで動いていく方向について，クライエントを信用したほうが良い，という考えが私のなかに芽生えてきたのである。」（同上 p.15）

クライエントの問題に対する答えは，クライエント自身が知っている，という考え方は，実はフロイトの経験とまったく同質のものである。ロジャーズの「深く秘められている」という言葉は，フロイトの「無意識」に他ならない。

表 5.3　ロジャーズの生涯（年譜）

1902 年	1月8日，アメリカイリノイ州シカゴ郊外オーク・パークで6人兄弟の4番目として誕生。父親は建築技師で，保守的なプロテスタントであった。高校入学時にロジャーズ家は農村に引っ越し，農場を持つ。
1919 年	ウィスコンシン大学農学部入学。YMCA 活動，牧師を目指し，歴史学科に移る。
1922 年	世界キリスト教学生会議の代表になり，中国や日本を訪れる。
1924 年	大学卒業，8月，幼なじみのヘレンと結婚。9月にニューヨーク，ユニオン神学校入学。
1926 年	コロンビア大学教育学部に移る。児童相談所のインターンになる。
1928 年	ニューヨーク州ロチェスター児童虐待防止協会児童研究部に就職。
1931 年	「9歳から13歳の児童の人格適応の測定」で博士号。
1938 年	精神科医と争った末に，ロチェスター・ガイダンス・センター初代所長になる。
1939 年	『問題児の治療』。
1940-45 年	オハイオ州立大学教授（心理学）。12月，ミネソタ大学での講演で「クライエント中心療法」が誕生。
1942 年	『カウンセリングと心理療法』（正確な逐語記録の「ハーバート・ブライアンの事例」），非指示的療法。
1945-57 年	シカゴ大学時代。43歳でシカゴ大学教授（心理学）。カウンセリング・センター創設。
1946-47 年	アメリカ心理学会会長。
1949-51 年	精神病的な女性クライエントとの体験。
1951 年	『クライエント中心療法』。
1957-64 年	ウィスコンシン大学教授。
1957 年	「治療的人格変化の必要十分条件」（表 8.2 参照）。
1961 年	『私を語る』。日本を2カ月訪問し，各地で講演，セミナーを開き大きな影響を与える。
1964-87 年	カリフォルニア時代。カリフォルニア州ラ・ホイアで西部行動科学研究所特別研究員となり，エンカウンター・グループを始める。
1968 年	人間研究センター創設。
1970 年	『エンカウンター・グループ』。
1972 年	『結婚革命』。
1973 年	アイルランド紛争へのエンカウンター・グループを行う。
1975 年	パーソン・センタード・アプローチ。
1979 年	妻ヘレン死去。
1987 年	2月，85歳で死去。

5.4.2 ロジャーズの功績

心理療法の過程を科学的・実証的に研究するようになったのはロジャーズの重要な功績である。精神分析家は自分の面接記録を公開しようとはしない。ロジャーズは歴史上はじめて，自分の面接を録音し，逐語記録として完全に再現し，科学的に検討した。それは「ハーバート・ブライアンの事例」(1942) として知られている。以後，カウンセリングの訓練において逐語記録が用いられるようになり，今でもカウンセラー養成の教育訓練方法として欠かせない。

また，ロジャーズは医師ではなく，心理学者であった。そのため，心理療法を医学の専門領域を越えて，すべての援助専門職――心理学，ソーシャルワーク，教育，教会など――にまで拡大した。その過程で，医学界との激しい争いも経験した。

またロジャーズは「**エンカウンター・グループ**（encounter group）」と呼ばれる集団療法の発展にも貢献した。それをグループ間の葛藤，国際紛争の解決にも適用する試みもしている。1960年代から1980年代にわたる，ヒューマニスティック心理学運動の指導者でもある。

5.4.3 ロジャーズの日本への影響

ロジャーズは第2次世界大戦後の日本に伝えられ，熱狂的に迎えられた。ロジャーズはフロイトの精神分析に対するアンチテーゼとしてアメリカに登場したが，日本では臨床心理学的な基盤が何もない状況の中で伝えられたため，①受容，②共感，③純粋さの3条件（表8.2参照）さえ守っておけば成功すると，単純化されて輸入された。

その後，フロイトやユングの心理学が本格的に伝えられるようになると，その影響力は相対的に低下した。

5.4.4 ロジャーズの3条件と無意識

筆者は，ロジャーズの3条件は無意識に近づくためには最適の方法であると思う。無意識的なものは，カウンセラーから受容されない限りは，明るみに出てこない。ロジャーズ自身の概念には，「無意識」を打ち出してはいないが，

無意識仮説を前提に考えると，ロジャーズがよく理解できるであろう．クライエント中心，非指示的は，無意識仮説と合致する（第8章「アクスラインの遊戯療法」p.166 を参照）．

[参考図書]

岸見一郎（1999）．アドラー心理学入門──よりよい人間関係のために── KKベストセラーズ

アドラー，A．桜田直美（訳）（2016）．生きるために大切なこと　方丈社

　アドラーについては『無意識の発見（下）』に詳しい紹介がある．入門書として気軽に読める本として岸見（1999）を薦める．また，アドラー自身の著作では2016年に翻訳出版された『生きるために大切なこと』がよいだろう．

ユング，C. G．河合隼雄・藤縄　昭・出井淑子（訳）（1972, 1973）．ユング自伝1, 2──思い出・夢・思想── みすず書房

　ユング心理学を知りたいのであれば，まず自伝を読むのがよい．この自伝は，ユング自身が見た夢が記録された希有なものである．

　ユングの伝記本はかなりの数が出ている．直接の弟子のバーバラ・ハナー（『評伝ユングⅠ，Ⅱ』人文書院），アニエラ・ヤッフェ，フォン・フランツの書いたもの，また，伝記作家の書いたもの，それぞれいろいろな観点から書かれている．それぞれどれを読んでもそれなりに興味深い．

　読みやすいものとしては次のものを薦める．

河合隼雄（1978）．ユングの生涯　第三文明社

ストー，A．河合隼雄（訳）（1978）．ユング　岩波書店

ヴェーア，G．村本詔司（訳）（1994）．ユング伝　創元社

　ヴェーアの本は本格的なユングの伝記である．ユングの自伝では語られていない内容を多く含んでいる．

ヤッフェ，A.（編）氏原　寛（訳）（1995）．ユング──そのイメージとことば──　誠信書房

　ユングの伝記であるが，ユングの写真が豊富で，アルバムを見ているようで楽しい．

ユング，C. G.（編著）河合隼雄（監訳）（1972）．人間と象徴──無意識の世界──　河出書房新社

ユング心理学を学びたい人は，『人間と象徴』がよいだろう。ユングは一般向けの本を書かなかった人であるが，この本は唯一ユングが一般に向けて弟子とともに編纂した書である。これはフロイトの『精神分析入門』に相当する。図や写真が豊富で見るだけで楽しい。

石田おさむ（画）（1989）．コミック　ユング――深層心理学入門――　理想社

河合隼雄（1967）．ユング心理学入門　培風館

　日本で初めてユングを本格的に紹介した本であるが，今でも内容は新鮮である。本格的にユング心理学や広く臨床心理学を学びたい人は，『河合隼雄著作集（全14巻）』（1994-．岩波書店）を薦める。また，その続編も刊行されている。

シャムダサーニ，S．河合俊雄（監訳）（2011）．ユング伝記のフィクションと深層　創元社

　いろいろなユング伝があるが，その事実関係を問題にした書である。

ユング，C. G.（著）シャムダサーニ，S.（編）河合俊雄（監訳）（2010）．赤の書　創元社

　ユングが無意識と対決していた時期にユング自身が描いた絵を集めたもので，これまで秘匿されていたものがようやく出版された。ユングにはまだまだ出版されていない資料が多い。

カーシェンバウム，H.・ヘンダーソン，V. L.（編）伊東　博・村山正治（監訳）（2001）．ロジャーズ選集（上・下）　誠信書房

　ロジャーズの全集が刊行されているが，大部でとてもすべてに目を通すことができない。そのため重要な論文を選択してくれたものがよい。ロジャーズの自伝もこの中に含まれている。

　また近年，下記の書にあるようにロジャーズに関して再評価の動きが出ている。

久能　徹・末武康弘・保坂　享・諸富祥彦（1997）．ロジャーズを読む　岩崎学術出版社

氏原　寛・村山正治（編）（2000）．ロジャーズ再考――カウンセリングの原点を探る――　培風館

臨床心理学の基礎理論 1
無意識をどう理解するか？

　心理学，臨床心理学は物理学者，医師によって，近代諸科学の中で一番新しい科学として誕生した。そこで，新しい科学はそれにふさわしい方法論や言葉をもたなければならない。ガリレオは力学を作り上げるために数学の言葉を借りた。臨床心理学の場合には主に物理学のニュートン力学からそれを借り，学問としての体裁を整えた。しかし，臨床心理学は人間精神そのものを扱う。物理学だけでは十分ではなかった。必要とされる言葉は，非常に多岐にわたる。数学，医学，生物学，哲学，宗教，文学，芸術，また神話，おとぎ話に至るまで，人間精神が生みだしたありとあらゆる分野の言葉を借りなければならない。本章ではパイオニアたちが苦心して作り上げてきた理論のエッセンスを紹介したい。

　臨床心理学は心の仕組みを解明するだけでは十分ではなく，その理論は同時に心の健康に寄与できるものでなければならない。つまり治療と研究の両方を満たすようことが条件となる。

●箱庭療法のためのおもちゃ棚（著者撮影）
市販のミニチュアを砂箱の中で並べることで驚くべき表現が生まれる。これで心の変化の様子が誰にも分かるようになり，日本の心理療法の普及に大きく貢献した。

6.1 科学的方法——仮説と検証

　科学（サイエンス）の目標は自然現象の奥底にある原理や法則を明らかにすることである。単に現象を観察し，記述するだけではなく，さらにそれを説明する。すなわち現象に潜んでいるメカニズムを見えるようにする。そして観察と矛盾しない最良の答えを求める。臨床心理学の場合，心というとらえどころのない対象に何とか筋道を見つけて理解し，治療につなげたい，ということになる。

　そこでまず，経験を集め「こうではないか？」と論理的な考えを提示する。これが「仮説」と呼ばれる。次にその仮説が正しいかどうかを確かめる（「検証」）。科学的営みは，この「仮説と検証」の繰返しである。正しいと分かると，それ以後は確かな科学的知識として蓄積され，検証できなければ，仮説は捨てられる。こうして明晰な理解を広げていく。

6.1.1 帰納法と演繹法

　研究法には2つの道がある。一つは事実をたくさん収集し，その共通因子を見つけ出し，そこから法則を見つける方法である。これは**帰納法**と呼ばれ，経験論哲学のベーコン（Bacon, F.；1561-1626）に由来する。「多くの不登校事例に共通しているのは，……」というやり方がこれに相当する。他方は**演繹法**と呼ばれ，経験に基づくが，むしろ論理法則によって必然的に新しい原理を導き出すやり方で，デカルト（Descartes, R.；1596-1650）が発展させた。理性によって基本となる原理を一挙に把握して，そこから論証によって個々の事象に対して結論を出していく。そのためには複雑な現象を思い切って単純化，抽象化し，それまで見えなかった相互関係を明らかにする。こうしてできあがったモデルを使うことによって，「演繹的に」次々に多くの現象を理解していく（図6.1）。

6.1.2 科学のモデル

　宇宙物理学者のホーキング（Hawking, S. W.；1942-2018）は次のように述

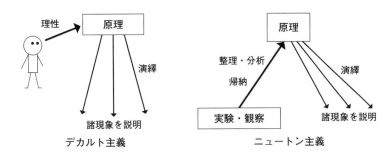

図 6.1　ニュートンの方法 (田原, 2010)
最初に観察と実験を行い，そこから一般的な結論を導き出し，次にそれを仮の原理として演繹を始め，諸現象を説明する。

べている（ホーキング，1989）。

科学の理論とは「要するに宇宙全体あるいは限定された一部のモデルである。理論は，頭の中でだけ存在し，実在性を持たないものである」。よいモデルの第1条件として，できるだけ単純で，恣意的な要素を少数しか含まないが，非常に多くの観察を正確に説明できること。第2条件はこの観察結果から，その次のことが予測できることである。どんな理論もそれは暫定的である。観察を重ねてもその理論が正しければ，それはより強化されるが，しかし，次の観察で矛盾を生じたら，理論を放棄するか，修正しなければならない。

1900年から1910年代にかけて物理学の世界では近代原子モデル（中心に陽子と中性子の原子核があり，その周りを電子が回転している）ができあがった。これと並行するような形で，フロイトは1920年代に心の構造のモデルを作り出した。

6.2　自然科学モデルと神話モデル（コンプレックス・モデル）

臨床心理学の理解が困難なのは，まったく性質の異なる2つのアプローチがあるからである。まず，自然科学モデルである。16世紀，力学によって近代科学が誕生した。17世紀のニュートン力学によって，はじめて天と地，宇宙

全体を統一的に説明することができた（万有引力の法則）。力学は，400年に及ぶ科学史上不動の位置を占めてきた。その発想が心の現象を理解するために利用された。ストレス（圧力），抵抗，抑圧，反動形成，転移逆転移，レジリエンス（弾力性）など力学から多くの術語を借りた。また，19世紀に登場した熱力学のエネルギー理論から，心的エネルギー論が発想された。

　自然科学モデルに共通するのは，余分なものを徹底的にはぎ取り，本質だけを浮き彫りにし，その構成要素の相互関係を明確にする。しかし，これでは骨と皮ばかりで，人間特有の気分，感情などの情緒性がそぎ落とされてしまう。とくに「夢」のような現象を理解するには，自然科学モデルだけでは十分には納得できない。そのために別のアプローチが必要となる。それが神話モデルといわれるものである。

　つまり，神話，伝説，おとぎ話などからヒントを得て，それを術語として採用するのである。一番有名なモデルがフロイトの提唱した「エディプス・コンプレックス」である（コラム7.7参照）。その他にも，エレクトラ，アニマ，アニムス，マンダラ，……などがある。これらは今後，必要に応じて任意に増やすことが可能である。コンプレックス（複雑な）とはいろいろのものの寄せ集まりである。自然科学モデルとはまったく逆で，いろいろな感情がぎっしりと詰め込まれている（たとえば，母親コンプレックスとして，「図7.17　グレート・マザーの構造」参照）。

コラム6.1　コンプレックスとは

　コンプレックス（complex）という用語はユングの発案による。原義は「共に（com）織られた（plex）→織り合わせた→複雑な，（密接に関連した）多くの部分から成る，複合の，合成の，入り組んだ，錯綜した，複雑な」という意味である。ユング心理学はコンプレックス心理学といわれることがある。また，**complex number**とは，数学の「複素数」の意味がある。実数と虚数を同時に扱う（複素数については第8章（図8.3），およびコラム9.1を参照）。

　心は強い感情によって結び合わされ，互いにからみ合わされた塊（コンプレックス）から成り立っている。「劣等感コンプレックス」はアドラーに由来し，劣等意識を中核にするさまざまな感情の集まりを指す。

6.3 無意識仮説の重要性

6.3.1 「無意識」の語源

フロイトは「無意識的な心的過程が存在するという仮定をたてることによって世界の学問にとってまったく新しい方向付が可能となったと断言できる」(『精神分析入門』第1章参照）と大胆に述べている。「無意識仮説」から臨床心理学が始まったといえるだろう。

「無意識」ということを最初に言い出したのは，哲学者で，ニュートンと並び微分積分の発見者のライプニッツ（Leibniz, G. W.；1646-1716）で，彼は18世紀はじめ微小知覚，すなわち知覚できる最低限以下である知覚でありながら，人間の心的生活に重要な役割を果たすものを重視した。

6.3.2 理論仮説と実践の隔たり

「無意識的心性という観念を持つことと，無意識を実地に活用することの間には大きなへだたりがある。この流れは互いに独立して流れ，時には近づきはするが，完全には合流することはなかった。無意識の実践的利用，治療への応用の方が先で，観念の方が後になる」とエレンベルガーは述べている。

たとえば，ニュートンの「慣性の法則」（放っておくと状態はそのまま変わらない）は，人類は誰でも知っていた。しかし，それを第1法則とすることは考えつかなかった。この違いは非常に大きい。

p.55のアンナ・Oの心の状態には2つがあることが分かる。それは覚醒状態と催眠状態である。催眠状態を「無意識」という概念でとらえたことが画期的である。

これらは画期的な発想で，単純ではあるが，多くの神経症や精神病の説明ができるし（ホーキングのいう「第1条件」），さらに同時に次の治療方針をも予測し（演繹的に）考えることができる（第2条件）。しかし，残念ながら心理学モデルの常として，物理学モデルほどの確実性はないといわざるを得ない。すなわち，物理学理論に比べて「誤差の範囲」（個別性）が大変大きい。そのために「無意識の"法則"」とまでいうことはできない。

6.4 無意識仮説の不思議

臨床心理学を学ぶとき，最初につまずくのが，「無意識」仮説である。無意識は催眠のような特殊な状態だけでなく，誰にでもある，と主張されるが，多くの人は，自分にもあるとは信じられないと反発する。この仮説はそもそも奇妙な仮説で「知っているが知らない」というものである。教師も学生が納得できるように説明できないので悩む。物理学では，自分とは関係なく，永遠の世界がある。分かる人は分かるし，分からない人は分からない。それでもかまわない。

しかし，臨床心理学においては「自分の実感が伴わない理論は意味がない」といえる。他人に分かってもらうために，フロイトも説明に苦心惨憺している。フロイトの『精神分析入門』はすべて，無意識とはどういうものであるのかを説明するのに費やされている。

6.5 フロイトによる無意識の説明

フロイトは催眠のような特殊な例ではなく，「無意識」とは誰にもあるとして，次のような例を挙げている。

1. 言い間違い，読み違い，物忘れなどのしくじり行為（うっかりミス）

こうしようと思う（意識）が違う結果となる。そのとき，何か気づかない別の力（無意識）が働いているはずである。

2. 夢の現象

自分の夢なのに自分でも意味が分からない（無意識）。

3. ノイローゼ，心の悩み

自分の心なのに，自分でどうしても思い通りにならない（無意識）。

フロイトは，ミス，夢，ノイローゼなどのあらゆる心の現象を理解し，それを治療として使うために，わけが分からない力（「無意識」）を仮定した。

コラム 6.2 「無意識」とは――フロイトの戦略

「無意識」を納得いくように説明することはむずかしい。できることならこの言葉を使わないですませたい。フロイトは『精神分析入門』第2講以後，わざと「無意識」を使わず，講義を続けた。筆者も長い間，フロイトのこの戦略に気づかなかった（このフロイトの意図を明確に指摘しているのは，寡聞にして知らない）。

以下は，すべて「無意識」を指している。

「しばしばみられる現象で，誰にでもよく知られているのに，人があまり問題にしようとはしない現象。それはどんな健康な人にもみられる」（17頁）

「非常に意義深いことなのに，ある時期，ある条件のもとでは，全くかすかな徴候を手がかりとしてしか姿を見せない事柄」（19頁）

「あらゆる可能性の中から，私にわざわざ"この"言い間違いの言葉を選ばせたものははたして何者なのでしょうか」（23頁）

「錯誤行為そのものも，まったく正当な行為であって，それはただ予期され，意図されていた別の行為に取って代わったものにすぎない」（25頁）

「錯誤行為の中でたがいに競い合う二つの傾向のうち，一方はつねに表面に現れるが，他方はいつも現れない」（33頁）

「妨害される意向と妨害する意向」（33頁）

「まだ，表面には出てこない意図の兆し」（46頁）

「自分自身では全然気づいていない意向」（51頁）

「自分が知っているとは知らずに知っている心的事象がある」（81頁）

などである。

講義が進み，聴衆・読者がなんとなく「無意識」とはどういうことかが分かったと判断した頃，第2部「夢」第7講で，フロイトは突然その謎解きをする。

「用語の変更を提案します。そうすればもっと楽に仕事ができる。」

「隠されているとか，手がとどかないもの……の代わりに，もっと正確に……『無意識的』であるということにします。」

以後，フロイトは「無意識」を術語として使い出す。このことは臨床心理学を学ぶ上で，いつも心に留めておくべきことである。すなわち，「無意識仮説」は至るところで使われている。にもかかわらず，あたかも，この仮説自身が隠され，存在しないが如く扱われている。

筆者は「(臨床心理学でもっとも重要な) 無意識仮説は無意識扱いされている」といいたい。これは自然科学のやり方(「ニュートンの3法則」など)とは根本的に異なる。自然科学の場合は，必ず基本となる原則を最初に明示し，そこから次に論理的に展開していく(演繹法)。その間は，ずっとその原則を明示し，矛盾がないようにと続ける。しかし，臨床心理学はこの基本を隠してしまう(忘れてしまう，無意識化する)。「存在するが，存在しない」。多くの臨床心理学のテキストがすっきりしない記述になっているのは，無意識仮説が基礎に置かれていない(置かれているのに！)ためである，と筆者は考えている。

6.6 無意識仮説はどこに？

　第1章のフロイトの言葉(『精神分析入門』序論(本書p.18))を再度，見てみよう。

　「精神分析では医師と患者の間に言葉のやり取りがあるだけ。患者は過去の経験と現在の印象について語り，嘆き，その願望や感情の"動き"を打ち明ける。医師はこれに耳を傾け，患者の思考の"動き"を指導しようと試み，励まし，その注意を"特定の方向"へと向かわせ，そしていろいろと説明してやり，その時に患者が医師の言うことを"了解するか，あるいは拒否するのか"，という反応を観察する。」

　ここではフロイトは意図して「無意識」という言葉を使っていないことに注目してほしい。いったいどこに無意識仮説が使われているのだろうか。また，無意識仮説以外に必要な仮説があるのかどうかも検討するべきである。もし，無意識仮説がないとどうなるのだろうか？

1. 「過去の経験」

　話していくにつれて，これまで誰にも話したことがない，忘れていたはずの心の状態を，なぜか思い出す。すなわち(患者の)〈無意識〉。

2. 「現在の印象」

　現在の印象は，患者が主に気づいていること(患者の〈意識〉)であるが，それ以外にも気づかなかった(患者の〈前意識，無意識〉)部分もある。

3.「嘆き，願望，感情を打ち明ける」

主に気づいている（患者の〈意識〉）嘆き，願望，感情を打ち明ける。フロイトは注意深く〈意識〉を集中して，患者の背後にあるまだ気づかない領域（患者の〈無意識〉）までも注意を向けている。

4.「耳を傾ける」

まず，患者が十分に話し，医師はじっと聞く姿勢を取る。この関係は，医師が患者の心の中（〈無意識〉）を重視しているからである。そもそも無意識仮説がなければ，医師がこれほどまでにじっくりと耳を傾ける必要はない。3分間ほどの診療ですむことである。

5.「医師は指導し，その注意を特定の方向へ，説明する」

医師が気づいた（医師の〈意識〉）内容を患者の〈意識〉に向かって伝える。ここでは医師の〈意識〉と患者の〈意識〉同士のやり取り。特定の方向とは，医師は〈意識化〉しているが，患者自身は気づいていない心の領域〈患者の無意識〉へと，医師は〈意識的〉に話題を向ける。

6.「患者が医師のいうことを了解する」

医師は，患者自身が気づいていないこと（患者の〈無意識〉）に気づき（医師の〈意識〉），それを患者の〈意識〉に伝える。そのことで患者は自分の〈無意識〉に気づき，患者は〈無意識を意識化〉する。

7.「あるいは拒否」

医師は患者の〈無意識的〉なことに気づき（医師の〈意識〉），それを患者の〈意識〉に伝えるが，患者の〈意識〉はそれを受け入れない（抵抗）。すなわち，患者はまだ気づかない，依然として〈無意識〉のままである。あるいは，医師の判断がまったく見当違いだったために，患者は拒否したのかもしれない。

以上のようにこの短い記述の中にも，意識と無意識の相互作用をフロイトは「無意識」を使わないで描写している。また，ここに「無意識仮説」以外の別の仮説はとくにない。すなわち，心理療法が成立するための仮説は「無意識」一つだけですむといえよう。

逆に無意識仮説がない場合，先のフロイトの言葉はどうなるのだろうか。比較するとよく分かるであろう。

無意識仮説をもたない医師もまた「どうしましたか？」と意識を集中して患者の話を聞くだろう。患者は思いつく限り（患者の〈意識〉），困っていることを訴える。医師はいくつかの関連した質問をする。患者は思いつく限りそれに答える。すると後は何も残っていない。「恥ずかしい話も含めてすべてお話ししました。先生，どうしたらよいでしょうか？」と患者は言う。そうなれば後は，医師の出番で，経験から考えつく限りの最適のアドバイス（医師の〈意識〉）を与える。そのアドバイスをもらって，「ありがとうございました。やってみます」と患者は答える。そしてもう二度と医師のもとには行かない。なぜなら，そのアドバイスが有益であれば，問題は解決する。しかし，たいていのアドバイスは役に立たないことはすぐに分かる。次に行っても，最初のアドバイス以上のことはない。無意識仮説のない相談は，1回切り，多くても3回までであろう（仏の顔も三度まで）。

無意識仮説をもっている医師は，患者が「すべてお話ししました」と言うとき，今の患者の〈意識の範囲では〉これがすべてかもしれないが，まだ話していないこと（〈無意識〉）が残っているはずと考える。そのために，「また，来週来て下さい」と言う。継続して面接を続けるのは，「無意識仮説」があるからである。なければ，できるだけ要点をついた3分間ほどの診療でよい。逆に，無意識仮説がある場合，エンドレスとなる危険もある。

6.7 メタサイコロジー（Metapsychologie）

フロイト理論は「メタサイコロジー」と呼ばれる。心的過程を力動性（Dynamik），局在性（Topik），経済性（Ökonomie）の3つの座標で考える。

十川（2018）によると，フロイトは第1次世界大戦中の1915年3月15日から5月4日までの7週間に「メタサイコロジー論文」と呼ばれる5つの論文を書き上げた。さらに7つの論文を仕上げて，12の論文を「メタサイコロジー序説」とし，1冊の本として出版する予定だった。しかし，7つの論文は未完成となった。このとき書き上げられた論文は「科学上の創造の歴史において希有な」「もっとも深遠で重要な著作」と位置づけられている。

ガリレオは，「物はどのようにして動くのか（落下運動）」に注目することで偉大な発見を成し遂げた。フロイトは，それに対して「（心の）動き（Gefühlsregungen）」，注意の「方向」，「了解する-拒否する」方向に注目していることが分かる。

なお，ここでの力動性は力学から借りているし，局在性とは心の構造のことである。これは解剖図のイメージではないか。心は絵に描くことができないとされていたが，フロイトはそれを意識と無意識に分け，さらに超自我というように心を位置づけた。次の経済性はエネルギーの収支計算を意味する。それはエネルギーの保存則や，力のつり合いが想定されている。

6.8 数学の言葉（1）——ベクトル

ガリレオは自然を初めて数学の言葉で描写した人である。これによって自然科学が成立した。人類は必要に応じてそれぞれにふさわしい数学の言葉を作り出してきたといえる。ニュートンは運動の仕組みを明らかにするために微分積分を考え出した。

フロイトは「精神分析では……言葉のやり取りがあるだけ」と述べているように，言葉にこだわった。しかし，精神分析にふさわしい数学の言葉は考え出さなかったようである。メタサイコロジー論にふさわしい数学の言葉は何か？と考えてもよいだろう（「9.5.2　スカラーとベクトル」参照）。

森谷（2001）は「心の動き」「注意の方向性」「量」を表現するには数学の言葉「**ベクトル**」が最適であると提案した。ベクトルは向き（目的，意味方向）と大きさ（エネルギー量）の両方を表現できる（**図6.2a**）。今日，中学校の教科書でも力学（力のつり合い）の説明にはもっぱらベクトルが使われている。

ベクトルはたいへん便利であるが，17世紀のニュートンの時代にはまだなかった。そのためにニュートンは幾何学を使った。19世紀末に，統計熱力学で有名なアメリカのニュートンと呼ばれたギップス（Gibbs, J. W.；1839-1903）によって導入されたのである（湯川, 1977）。それゆえにフロイトもユングもベクトルについては知らなかったはずである。もし，知っていたなら，

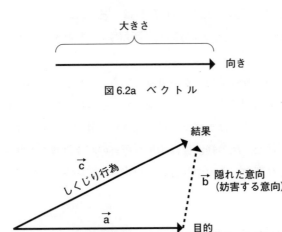

図 6.2a　ベクトル

図 6.2b　しくじり行為

　フロイトはしくじり行為の説明にベクトルを使っていただろう。そうするともっと簡単に証明ができ，『精神分析入門』はとても分かりやすくなったであろう。

6.9　ベクトルを導入したメタサイコロジー

　フロイトは心には相矛盾する 2 つの意向が働いていると仮定した。この力の相互作用として心の現象をとらえた（『精神力動論』）。その一方は表面に現れるが（意識 $\vec{a}$），他方はつねに現れない（無意識 $\vec{b}$）。
　しくじり行為とは，私はこうしようと思うが（意識 $\vec{a}$），気がついてみると別の事態（$\vec{c}$）になった，という場合，私の中の気づかないある力（無意識 $\vec{b}$）が作用していたと仮定できる。数学の言葉で表現すると，$\vec{a}$（意識）$+ \vec{b}$（無意識）$= \vec{c}$（結果，しくじり行為）となる（図 6.2 b）。証明終わり。

6.10 不登校と無意識仮説

6.10.1 不登校とは

森谷（2000）は無意識仮説を分かりやすく説明するために，不登校を例にとった。

不登校とは，通常次のような状態である。

「ある生徒は最近，毎朝，体の調子が悪いと訴え，登校しなくなった。

親は心配し，子どもを医者に連れて行くが，身体に異常はなかった。朝は元気がないのに，昼過ぎになると元気になる。体はもう治ったはずなのに相変わらず学校には行かない。

親は，子どもは『勉強がいやで，怠けている』と判断し（**図 6.3a**），子どもを叱り，無理に連れ出そうとするが，子どもは家を出ようとしない。子ども自身は『学校には行きたい』（**図 6.3b**）と弱々しい声で言う。夜には，明日の時間割を合わせたりし，登校の準備をしている。親は，明日こそはと大いに期待する。

しかし，朝になると同じ。親は子どもを信じたが，ことごとく裏切られ，騙されたと怒る。毎朝，親子げんかが激しい。思いあまってセラピストを訪れた。」

6.10.2 4つの基本要素

この状態をどう理解し，改善（治療法）につなげることができるだろうか。説明はできるだけシンプルでありながら，この事例以外の多くのさまざまな不登校現象にも明晰に説明できなければならない。そこで次の4つの基本的要素を抽出した。

1. 矢印：向き
2. 長さ：大きさ，強さ
3. 実線：見える力（意識）
4. 点線：見えない力（無意識）

はたしてこの4つの基本要素で複雑な不登校現象を説明できるだろうか？

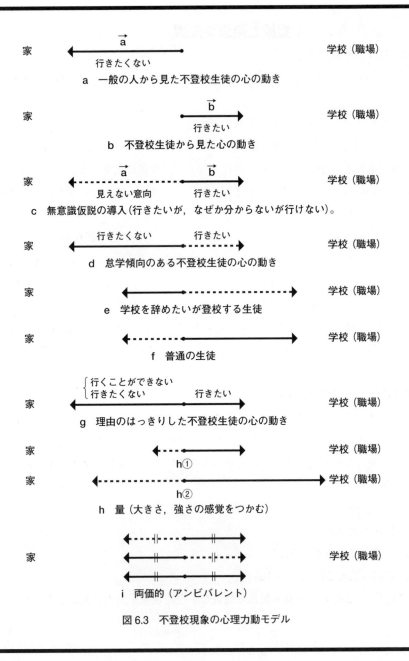

図 6.3 不登校現象の心理力動モデル

6.10.3 不登校の基本モデル

　セラピストは子どもの言い分（「学校に行きたい」）をウソではなく，正直な気持ちで，「子どもの"意識では"学校に行きたい」と判断する。セラピストは子どもの味方である。セラピストは，「親の"意識"は子どもが行きたくない」と見ていると判断する。このとき，セラピストは，親の観察が間違いであるとは決して言わない。セラピストは親の子育ての苦労にも共感し，「親（の意識）から見たらそう見えるでしょう」と受容する。このとき，対立する両方の言い分を受け入れるので，セラピストはまるで二枚舌のような印象をもたれることがある。

　しかし，セラピストは，子どもの言い分はほぼそのまま受け入れる（実線）のに，親の言い分は半分しか受け入れていない（破線）。ここに無意識仮説が導入された（**図 6.3c**）。

　すなわち，セラピストの判断ではこうなる。

　「不登校生徒自身は，"意識"では学校へ行きたいと願っている（$\vec{b}$）。しかし，なぜか分からないけれど（無意識の力 $\vec{a}$），どうしても学校へ行くことができない。行きたい気持ち（意識）よりも，分からない力（無意識）のほうが大きい。」

　この記述で，意識と無意識，方向（家庭←→学校），その量・大きさがすべてが入った説明となっている。すなわち，フロイトのいうメタサイコロジー（力動性，局在性，経済性）がすべて含まれる。

　親からは，子どもが学校に行きたくない心の動きははっきりと見える（意識）。しかし，子どもが学校に行きたいという気持ちには気づかない（無意識）。親と子でお互いに見ているところが違う。そのためにお互いに理解できない。この問題を解くために補助線として「無意識仮説」が必要となる。親と子がそれぞれの無意識の働きに気づけば，親子げんかはなくなる。すなわち，この図は同時に治療につながる。

　このモデルは，フロイトの「しくじり行為」の説明に則っている。いったんモデルができると，それを演繹し，次々にいろいろなモデルを作り上げることができる。

6.10.4　不登校の基本モデルの展開

図 6.3c は「行きたい（意識）のになぜか（無意識のほうの力が大きいので）行けない」という不登校であるが，それと対照的なのは，図 6.3d の「行きたくない（意識）から行かない」子どもである。しかし，「行きたくない（意識）と言いながらも，なぜか（無意識）しきりに学校の様子（「今，何を習っている？」「先生や生徒はどうしている？」）を知りたがる。この場合，学校へ行きたい気持ちはあるが，それは弱い無意識となっている。何年か後になって，あのとき学校に行けばよかったのに，という後悔が生じることがある。

次のような問いを立てることができる。この2つの異なる不登校タイプ（図 6.3c，図 6.3d）で，
1. 悩みの大きいのはどちらだろうか？
2. セラピストが必要とされるのは，どちらだろうか？

【答え】
1. 図 6.3c のほうが悩みは大きい。なぜなら，自分の望み（学校へ行きたい；意識）がなぜか（無意識のほうが大きいため）実現できないので，悩んでいる。一方，図 6.3d は自分の望み（行きたくない；意識）が大きくそれを実現できている。学校に行きたい気持ちには気づかない（無意識）し，弱い。
2. 今のままではいやだ，何とかしたいと考えるのは図 6.3c のほうで，そのために相談を求める。しかし，図 6.3d は現状に不満がなく，悩み（無意識）もそれほど大きくない。それゆえに，相談を求めない。この場合，本人自身はあまり悩まないが，周りのほう（親や教師）が困り，相談に来ることがある。

次の例（図 6.3e，図 6.3f）は不登校ではない。両方とも学校へ向かう矢印が長いので，学校に行っている。図 6.3e は，学校に行きたくない（意識）と考えている。にもかかわらず，なぜか（無意識の力が強く）毎日学校に行っている。大学の学生相談室には「大学を辞めたい」という悩みで相談に来る人がいる。辞めたい（意識）のに，なぜか（無意識）大学に来てしまう，という悩みである。

図 6.3f は，普通の生徒で，学校へ行きたい（意識）気持ちが大きく，実際に登校している。しかし，せっかく学校に来ているのに，なぜか（無意識），

6.10 不登校と無意識仮説

遅刻，おしゃべり，注意散漫の状態。遅刻，おしゃべりなどは潜在的不登校へのサインと見なすことができる。

次に図6.3gは，2つとも実線（意識）で，家への向きの矢印が長い。これも不登校である。たとえば，インフルエンザ，地震，台風，事故，法事など，理由が明白な欠席である。このタイプの不登校には，セラピストの出番はない。明確な理由が解消すれば，登校する。

以上，セラピストが求められるのは，破線（無意識）で表示された矢印が大きい場合であることが，図で表現するとはっきりと理解できる。

さて，ベクトルによって量の感覚をつかんでみよう（図6.3h）。つまり，矢印の長さをいろいろ変えて，想像してみよう。そうすると同じ不登校でもさまざまな状態を表現し分けることができる。

矢印の大きさが左右同じになった場合（図6.3i），行きたい気持ち（意識）とそれを妨害する力（無意識）の相反する2つが同じ強さである。登校しよう（意識）と玄関まで行くが，なぜか（無意識）そこでまったく動けない。にっちもさっちもならない状態である。これを心理学ではアンビバレント（両価的）と呼んでいる。

これらの応用を考えてみよう。以下のような状態をどう表現できるだろうか（解答はp.112）。

1. 家に引きこもっていたがようやく登校し始めた。しかし，学校に行っても保健室にこもったまま教室まで行かない。いわゆる保健室登校の生徒である。
2. 朝，家から出たが，学校とはまったく方向違いの場所（北海道や沖縄など）で見つかった。これは不登校というよりも失踪モデルといえよう。

6.10.5 不登校モデルの応用——学校と家庭の協力

学校に行く力と家に向かう力を学校と家庭の軸に分解することができる。ベクトルは数学的処理で，分力によって容易に分けることができる。不登校対策においては，学校と家庭の協力が大事である（図6.4）。

【学校の軸：学校側が取り組むべきこと】
fb：学校に引きつける力……学校の魅力を高める。勉強がおもしろい，友だち

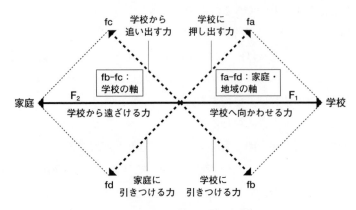

図 6.4 不登校の心理力動（学校と家庭の協力）

と交わりたい，先生と話したいなど。

fc：学校から追い出す力……教室内でのいじめなどの防止，設備環境の改善など。嫌な気持ちになることをできるだけ小さくする努力をする。

【家庭の軸：家庭や地域が取り組むべきこと】

fa：外に送り出す力……できるだけ外に押し出す力（fa）を強める。行ってらっしゃい，子どもは外の世界に出る必要があるとして気持ちよく送り出す力（**父性原理**といわれる。**表 7.1** 参照）が必要。また，安心して通学できる環境を整えるための地域活動も必要である。

fd：家庭に引きつける力……セラピストはすべての力に細心の注意を払っているが，セラピストが一番重視するのは，fd である。fa は父性原理と呼んだが，fd は**母性原理**（**表 7.1** 参照）といえる。これは，家で安心して，居心地よく過ごせる力である。不登校生徒は，家に引きこもっているが，本当の意味で安心して過ごしているわけではない。セラピストは，まず，子どもが本当の意味でリラックスして家にいることができるようにサポートする。家庭で落ち着いて過ごすことができるようになると，不安も消え，学校でも落ち着いて過ごす能力が身につく。すなわち，学校が不安ではなくなる。

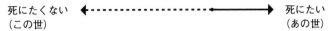

(a) 死にたい，死にたいと（意識で）考えているが，なぜか，死なない（未遂者）

(b) 死にたくないと（意識）考えており，通常は元気である。なぜか（無意識），健康に悪いことや危険なこと（スピード，暴飲暴食，冒険）をしている（普通の人）

(c) 死にたくないと思いながら，なぜか止めることができない（既遂者）

図 6.5　自殺志願者の心理

6.10.6 好き―嫌い，この世―あの世

このモデルは応用範囲が広い。「家←→学校（職場）」のベクトル以外にも，「好き←→嫌い」（対人関係，恋愛関係）のベクトル，また，自殺対策のモデルにもつながる。（好き―嫌いについては，第 7 章の対人関係モデル（7.9.2，図 7.11）を参照）。

この場合，「この世（生）←→あの世（死）」のベクトルを用いた自殺予防のモデルとしても利用できる（図 6.5 の a，b，c だけでなく，図 6.3 と同じようにいろいろなパターンが考えられる）。

[参考図書]

田原真人（2010）．物理をこれから学びたい人のための科学史／数学――なぜ物理法則は数式で書かれているのか――　理工図書

　物理学だけでなく，科学的なものの見方を身につけるための基礎教養として薦めたい。

フロイト，S.　十川幸司（訳）（2018）．メタサイコロジー論　講談社

　フロイトのメタサイコロジー論について解説してくれている。心の謎に対してフロ

112 第6章 臨床心理学の基礎理論1

イトがどのように苦労して理論構築に挑んだかが，分かる。

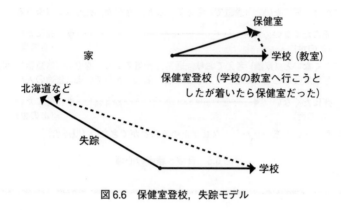

図6.6 保健室登校，失踪モデル

臨床心理学の基礎理論 2
心の構造，対人関係，神話，発達モデル

　臨床心理学は，いろいろな学問分野から言葉を借りて，術語を作り上げてきたが，今なお，その途上にある。その際，主に自然科学をモデルにしてきたが，それだけでは十分ではなかった。そこで，自然科学とはまったく無縁と思われる神話やおとぎ話などからも言葉を借りる必要があった。それが神話モデルである。心理学は，人間精神のあらゆる領域を課題にする総合科目なので，それはある意味当然といえよう。本章では，心の構造について，自然科学モデル，神話モデル，発達モデルを中心に紹介する。

● 「女神の誕生」（精神変容）（大理石のレリーフ，紀元前5世紀，ローマ（ギリシャ様式））
ノイマンは『グレートマザー』（1955）で「精神の変容の象徴」としてとらえている。

7.1 自然科学モデル

7.1.1 「心の構造」モデル（心的装置）

　心はデカルトの考えによると広がりをもたないので，空間に図として展開できない。しかし，フロイトはそれをあえて空間的に位置づけ，図に表した（図7.2a，図7.2b）。これで心の仕組みが目で見てわかるようになった。心についてあれこれ考えることができ，また，治療のためにはどうすればよいかといった方針が立てられるようになったのである。

　もっとも基礎となるモデルは図7.1aで，フロイトは心を2つの層（意識と無意識）と考えた。フロイトはさらにその中間段階の前意識を加え，3層構造にした（図7.1b）。前意識は，ふつうでは意識されていないが，すぐに思い出せる心である。後に，ユングは無意識を個人的無意識と普遍的（または集合的）無意識の2層に分けた（図7.1c）。すなわち，前者は個人の生活史の中で生じる無意識であり，後者は個人の生活史では十分に説明できないほどの広がりをもつ集団共通の無意識を指している。たとえば，日本人には普段気づいていない共通の心理的な構え，日本人特有の無意識があるとするものである。

　このような基本的モデルがいったんできると，後は〈演繹的〉に論理を助けに，次々に研究を進めることができる。これが科学モデルのよいところである。

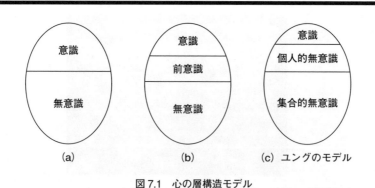

図7.1　心の層構造モデル

7.1 自然科学モデル

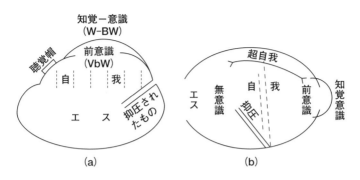

図7.2 フロイトの心の構造モデル
(a)『自我とエス』(1923), (b)『続精神分析入門』(1932)。

そしてこれは研究が進むにつれてより複雑なモデルへと変容を遂げた（図7.2a, 図7.2b）。図7.2bが現在ももっともよく使われているモデルである。このモデルは完全なものとはとうていいえないが，それでも約1世紀の風雪に耐えてきた。これを超えるモデルは未だに現れていない。

このモデルは，心を蒸気機関のようなイメージにたとえてあるので，「**心的装置**」とも呼ばれている。下のほうの無意識にはエネルギーが充満しており，それが上に昇ってくる。時には爆発もする。昇ってこない場合（抑圧）は，エネルギー切れになり，活動が低下する。しかし，そのエネルギーは保存されて，別のところに備給されている。このモデルには力動性，局在性，経済性というメタサイコロジー論が適用されている。

7.1.2 「私」・「それ（エス）」・「上位の私」（局在性）

フロイトは意識する主体を「**私**」(das Ich, 英語 I), 無意識を「**それ（エス）**」(das Es, 英語 it) と呼んだ。つまり，非人称代名詞の it で無意識を表現した。また，自分の心でありながら，「私」を上から監視，裁決，処罰する機能を有している「私」を想定し，「**上の私**」(Über-Ich, 英語 upper-I) と命名した。これは心に親イメージを取り込んだ結果で，心の中にこの3つが位置づ

けられる（局在性）。そして心の中のこの三者が相互に影響し合っている（力動性）と考えた。「私」（das Ich）は外界からの力，エスの力，超自我の力による3つの圧力をうまく調整していくことが必要な役割になる。フロイトはエネルギーをリビドー（欲動）と呼び，主に性衝動を考えていた。

　フロイトは，心の構造モデルをドイツ語の日常語で表現したが，アメリカでは精神分析をより権威づけようとしてEgo（自我）やSuper ego（超自我），Id（イド）など，わざとむずかしいラテン語に翻訳した。そのことによって，自分の心の問題というよりも，他人の心の分析のような印象を与えてしまう結果を招いたが，フロイトはあくまでも自分自身の心（私 Ich, I）を考えていた。

コラム 7.1　心の構造モデル

	ドイツ語	英語	ラテン語
意識する主体	私（das Ich）	私（I）	自我（Ego）
無　意　識	それ（das Es）	それ（it）	イド（Id）
監視する私	上の私（Über-Ich）	上の私（Upper-I）	超自我（Super-ego）

【エスとは？】（三人称単数の指示名詞）
　　Wie geht es Ihnen?（英 How does it go to you?）
　　ご機嫌いかがですか？（How are you?）
　　（直訳"それ（無意識）"があなたにどのように向かっているか？→自分自身ではコントロールできない"それ"の作用。）
　　Es regnet.（英）It rains.（得体の知れない，何か）それが雨を降らせる。（人間の意志でコントロールできない力。）
　　（自分の心の外側にある。実は自分の心の中（無意識）にある。）
　　Let it be.「それをそのままあらしめよ。」（ザ・ビートルズ）
　　Let it go.「それを行かせよ。」（『アナと雪の女王』）ありのまま。

7.1.3　期末試験・授業態度と心の構造モデル

　森谷（1991）はこのモデルの説明として次のように工夫した（**図 7.3**）。
　「明日から試験が始まる」としよう。私（自我）は大変ストレスを受ける。これは「現実からの圧力」（**図 7.3b**）である。これ以外に別のストレスもある。

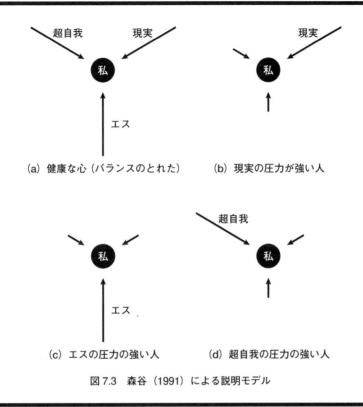

図 7.3　森谷（1991）による説明モデル

それは「エス（無意識）」の衝動（**図 7.3c**），「上からの私（超自我）の圧力」（**図 7.3d**）である。

　この 3 つのストレスは人によって受け止め方が違う。

1. 試験勉強（現実の力）に従う。そのとき，60 点をとることで合格を目指し，それだけの勉強をする（現実重視。**図 7.3b**）。
2. なぜか分からないが，勉強する気にならず，ゲームなどの好きなことをしてしまう。自分でもどうしようもない（エス，衝動的，欲望重視。**図 7.3c**）。
3. 試験の何カ月も前から心配し，100 点満点でないと気が済まない（上からの私，超自我，理想重視。**図 7.3d**）。

　このような態度の違いは，心の構造が違うとして理解する。モデルを使うと，

それぞれの人の行動パターンと性格，さらに過去，現在の親子関係までがある程度推測可能となる。

別の応用として，講義中の学生の態度から，それぞれの学生の心の構造を推測してみよう。
- 最前列でとても熱心に聞く学生。
- 後ろで雑談，飲み食いなどを平気でする学生。
- 6割出席すればよいと，適当に聞いている学生。

また，
- 教員に注意されて，すごくショックを受ける学生。
- 教員に注意されても，平気な学生。

このモデルから，学生と教員と親の関係，衝動の統制力なども考えてみよう。

7.1.4 心の構造モデルと治療論

このモデルは治療理論を含んでいる。心の健康な人は，この3つの力のバランスがとれている（図7.3a）。すなわち，必要に応じて現実的に仕事や勉強をこなし，かつできるだけ理想を目指し，道徳を守り，また，適当に自分を解放し，遊びを楽しむことができる。ノイローゼ状態はこのバランスが偏っているのが原因で，心理療法でそのバランスを回復させること，すなわち健康な心の構造の構築を目指す。

フロイトのモデルは演繹法によって広く応用され，いろいろな分野に影響を与えてきた。

7.2　エゴグラム（Egogram）

アメリカの精神科医バーン（Berne, E.）が1950年代後半から，フロイトの心の構造モデルを応用する試みを始め，1975年に交流分析（Transactional Analysis；TA）を発表した。その後，バーンの弟子のデュセイ（Dusay, J. M.）がエゴグラムを考案し，フロイトのモデルの，超自我，自我，エスをそれぞれ親の自我状態（P），大人の自我状態（A），子どもの自我状態（C）と言い換え

7.2 エゴグラム（Egogram）

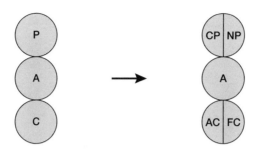

図 7.4　デュセイの心の構造モデル

た（**図 7.4**）。ここではフロイトの超自我の性質が 2 つに分けられた。理想，良心，責任などに厳しく批判的な親（父親的）（Critical Parent；CP）と，共感，思いやり，保護，受容的でやさしく養育的な親（母親的）（Nurturing Parent；NP）の 2 つである。これに相応して，フロイトのエスの性質も 2 つに分けられた。親の圧力に屈し，親の顔色をうかがい，親の期待に添い，自由な感情を抑えた子ども（Adapted Child；AC）と，衝動のまま，天真爛漫，自由奔放，豊かな表現力をもつ子ども（Free Child；FC）の 2 つである。

A は精神的に成熟した大人の自我状態（Adult）を意味する。つまり現実を冷静，客観的に観察し，さまざまな状況を十分に見きわめ，さらに自分自身の欲望も統制して，理想に向けて適切な時期に適切な力を行使できる能力を意味している。

それぞれの性質を質問紙法で測定し，棒グラフで表示したのが，**エゴグラム**（自我の状態図）（**図 7.5**）である。日本では 1974 年に杉田，1977 年に岩井ら，1984 年東大式エゴグラム（TEG）として開発されて普及している。

図 7.3（森谷，1991）では自我の状態図をベクトルで表示されているが，エゴグラムは棒グラフとして表示されている。両方とも基本的には同じものであるが，森谷のモデルでは，ベクトルを使うことによって，目的方向とその大きさを表現できるのでその相互関係（力動性）が見て分かるように工夫されている。

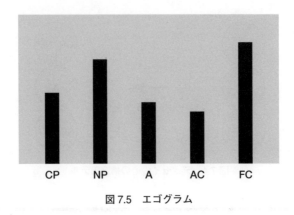
図7.5 エゴグラム

7.3 心身症モデル

　心の構造モデルには，身体との関係も理論に組み込まれている。無意識の底の部分が開放系（**図7.2b**）で，身体および外界につながっている。ボス（Boss, M., 1956）はこれを基礎にして，心身相関を説明した（**図7.6**）。
　矢印とベクトルの違いに注意してほしい。ボスの図は矢印であってベクトルではない。ボスの矢印は，単に向きを示すだけで，その長さは量の大きさを表示していない。ボスの場合，量は矢印の長さではなく，線の太さで示されている。

「身体・無意識に由来するエネルギー」＝
　　　　「外界へ向かうエネルギー」＋「身体へのエネルギー（身体症状）」

ここに「エネルギー保存則（第1法則）」が使用されている。
　身体，無意識からのエネルギーが外へ向かって放出されるが，途中で妨害される。どこでエネルギーが封じ込められるのかによって，現実神経症，精神神経症，身体疾患の神経症化に分類される。
　現実神経症とは，たとえば地震，事故などのような外界のストレスで自由が

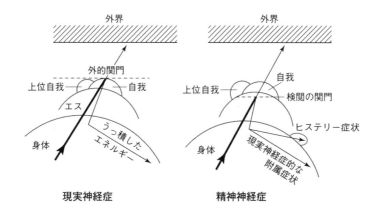

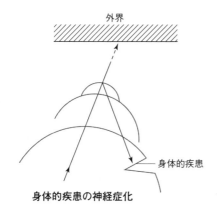

図7.6　ボスによる心身症モデル（Boss, 1956）

奪われ，正常なエネルギーが妨害され，心身に障害が出てくるような場合である。外的障害が解消し，ストレス状態から解放されると健康も回復する。

　現実神経症とは異なり，患者自身の心の内部，すなわち上位自我（超自我）のストレスによってエネルギーの流れが妨害され，封じ込められる（抑圧）。その結果，封じ込まれたエネルギーの一部は，身体に移動（転換）する。これがヒステリーの身体症状（アンナ・Oの事例（p.55）など）の説明である。こ

の場合,心の内部に障害があるので,たとえ,環境を変えても解決にはならない。たとえば,いじめっ子が卒業していなくなる,また不登校生が転校など外部環境の変化によって回復する場合は,現実神経症と考えられ,基本的に心理療法は不要である。しかし,環境を変えても同じような場合は,精神神経症と想定される。この場合,心の内部に問題があるので,心理療法が有効と考えられる。

身体疾患の神経症化とは,実際に身体に器質的な障害がある場合である。誰でもそれぞれ身体に弱い部位がある。悩みごとが出てくると,その弱い身体部分と悩みとが結びつく。たとえば事故で実際に身体などに障害が生じた。やがて傷が癒えたにもかかわらず,身体の障害を理由にして,いつまでも仕事ができないと訴える。この場合,身体的治療と心理療法の2つの方向から対応する必要がある。このモデルは,アドラーの器官劣等性の考え方が影響しているととらえることができよう。

コラム7.2　熱力学の第1法則——エネルギー保存則

熱力学の法則は精神力動論の中核をなす基礎理論である。

ラグランジュ(第3章コラム3.2「近代化学の父,ラボアジェ」参照)は18世紀末に実質的に「力学的エネルギーの保存」にあたる法則を,解析力学の計算から導き出している。19世紀の中頃からマイヤー,ジュール,ヘルムホルツらによって熱力学の法則が確立されるようになった。フロイトが精神分析を確立する上で大きな影響を与えた。

第1法則は,**エネルギー保存則**と呼ばれ,エネルギーは物体から物体へ移動したり,また,形が変わったとしてもその総量は変化しないというものである。この原理を心的エネルギー(フロイトは特に性的エネルギーの意味で「リビドー」という言葉を使用している)に応用した。フロイトの精神力動論,とりわけ防衛機制理論(後述)は,まさにエネルギー保存則なくしては出現しなかった。無意識に由来するエネルギーは意識によって抑えつけられても,もともとの量は絶えず保存され,一部は別の所(身体など)に移動すると考えられている。「昇華」の概念も同じである。たとえ攻撃衝動がスポーツに形に変え(昇華)ても,もともとのエネルギー量は同じであると仮定されている。

7.3 心身症モデル

エネルギー保存則の創始者であるマイヤー（Mayer, J. R. von；1814-1878）には面白いエピソードが残っている。マイヤーはドイツの医者で，躁うつ病を患っていた。1840年オランダ東インド会社の船医になり，旅行中にエネルギー保存則を着想した。この躁うつ病とエネルギー保存則の着想の関係がマイヤー，C. A.（1968）によって論じられている。

質量保存の法則はラボアジェによって確立された。この法則は一般の化学変化においては正しいが，原子核反応では正しくないことが分かった。原子核反応では，物質の一部がエネルギーに変わるためである。1905年にアインシュタインが，質量とエネルギーが同等であることを示した（$E=mc^2$，E：エネルギー，m：質量，c：光速度）。そこで質量保存の法則とエネルギー保存の法則という別の法則は，質量とエネルギーの総量の保存法則としてより一般化された形で表されるようになった。

コラム7.3　熱力学の第2法則——エントロピーの法則

熱力学の第1法則は，たとえ状態が変わってもそのエネルギー総量は以前と変わらず保存されているというもので，直観的にも分かりやすく比較的よく知られている。それに比べ第2法則のほうはあまり知られていない。「第2法則を知らないのは，シェイクスピアの作品を読んだことがないに等しい」と言った人（スノー，C. P.）がいる。

第2法則は「**エントロピー増大の法則**」ともいわれ，状態の変化がどの方向へ起こるのかを示す法則である。エントロピー（entropy）は変化を意味するギリシャ語で，1865年クラウジウスによって命名された。これはエネルギーの「量」ではなく，「質」を問題にしている。

熱湯は，自然状態で周りの空気を暖めながら冷え，やがて室温と同じになる。エネルギー総量は気温の上昇分を考慮すると，最初と同じ（エネルギー保存の法則）である。しかし，自然状態では，その逆，コップの水が周囲の空気から熱を吸収し，やがて沸騰するということは決してない。すなわち，エネルギーの高いほう（熱湯）から低いほう（冷水）へと変化するが，その逆は絶対に起こらない（不可逆）。

この法則は広く自然界の秩序を問題にする。「覆水盆に返らず」のように，コップの水は簡単にこぼれるが，こぼれた水をもとのコップに戻すのは非常に

やっかいである（エネルギーが必要）。自然状態では秩序あるもの（エントロピー小）は必ず無秩序（エントロピー大）になる（「エントロピー増大の法則」）。形あるものは必ず壊れる。エネルギーは保存されるが，その質が低下していく。

熱エネルギー論は，臨床心理学では次のように利用されている。

抑圧理論はエネルギーの第1法則である。抑圧されたエネルギーは身体のほうに供給（備給）され，身体症状のエネルギーとなる。しかし，その総和は一定である（「**図7.6** ボスによる心身症モデル」参照）。

第2法則は，「昇華」の概念に見られる。たとえば，喧嘩のエネルギーとスポーツのエネルギーは同じと考えるが，そのエネルギーの質が違う。スポーツのエネルギーのほうがより効率的で生産的である。同じく悲嘆のエネルギーを文学，芸術，宗教のエネルギーに変えたほうがより創造的である。芸術療法はこの考え方に基づく。怒りで周囲にあたり散らすのではなく，その感情を絵で表現してもらう。

先の**図5.3a**はユングが精神的混乱状態になった初期に描いたもので，炎が勢いよく吹き出ている。エネルギーは大きいが，無秩序で，生産的に使うことはできないだろう（エントロピー大）。**図5.3b**は，ユングが精神的混乱の治まった頃に描いたマンダラである。マンダラは結晶構造で，非常に秩序的な構造（エントロピー小）となっている。この2つの状態は，エネルギー量は同じと考えると，一方は無秩序で，エネルギーの質がよくない。他方は秩序的であり，このエネルギーは効率よく，生産的な活動に使える。

石炭は炭素の塊——秩序的構造（エントロピー小）——で，燃やすとエネルギーが発生し，それを有効に使える。最後は，炭酸ガスとなり空間にバラバラに拡散する（エントロピー大）。そのエネルギー総和はもとの石炭のもっていたエネルギーと同じ（保存則）であるが，バラバラの炭酸ガスはエントロピー最大で，もはや生産的に使うことはできない。

【2つの治療モデル——「熱エネルギーの法則」から】

熱エネルギーの2法則に例えれば，心理療法には2つの治療方略があるといえるだろう。まず，抑圧理論は，言いたいことを言うことで抑圧を解き，エネルギーを解放する。その結果，身体症状に使われていたエネルギーが本来の目的で使えるようになり，活力が回復する。これは「エネルギー第1法則」から発想する治療法である。躁うつ病も保存則で説明できる。うつ状態ではエネル

7.3 心身症モデル

ギーがどこかに消え失せているが，なくなったわけではなく，その分が躁状態で出現する。全体としてエネルギーは一定ということができる。

他方，統合失調症のような場合，ヒステリーのような抑圧ではなく，心がバラバラに混乱し，無秩序状態にある。すなわち，心の要素がそれぞれ勝手なベクトルで動き，まとまりがつかない（統合失調）。エネルギーはあっても一定の方向に向けた活動に使うことができない。

「**マクスウェルの悪魔**（デーモン）」（**図 7.7**；都筑，2002）は，見かけは別のもののように見える電気，磁気，光の現象を 1 つの単純な方程式にまとめることに成功したことで有名なマクスウェルが「永久機関」のアイデアとして考え出したものである。空中（水中）には分子が無秩序で，いろいろな方向と速度で（ベクトルがバラバラ）飛び回っている。そこでデーモンが一方通行の弁を取り付け，左から速い分子が来たときにだけ，その力を利用して押し開けることができるようにする。こうして速い分子（高エネルギー）と遅い分子（低エネルギー）が選り分けられる。右側には高エネルギー分子が集まり高い温度となり，逆に左側は冷たくなる。エネルギーを使わず効率よく冷暖房装置ができる。

これを治療の比喩として使うと，心が混乱してバラバラな状態のクライエン

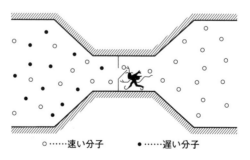

図 7.7 マックスウェルの悪魔（都筑，2002）
エントロピーを回復——分けて，秩序化する——という比喩。

ト（たとえば，統合失調症）の話を，セラピストが，「はい，いいえ」と反応して心を整理する。自我のものは自我に，無意識のものは無意識に秩序よく分ける。その結果，クライエントの心は整理され，すなわち，エントロピーが回復——質のよいエネルギー——し，生産活動に使うことができるようになる。これはまるで奇跡を起こすデーモンのような働きである。

　しかし，実際にはこのようなデーモンは存在しない（このような都合のよい弁が作ることができない。すなわち，永久機関は作れない）。セラピストは，結局クライエントの無秩序を回復させるために，自分のエネルギーを使わざるを得ない。セラピストはクライエントの悩みを聞き，整理していくことで自分も悩み，動揺し，混乱し，疲れる。クライエントの心が整理され，エントロピーが小さくなるが，セラピストのほうはその分，エネルギーを消費し，エントロピーは増大していく。

7.4 心理テストへの応用

　フロイトの心の構造モデルは，その他にもいろいろ応用されている。たとえば，投映法検査である **P-F スタディ**（**絵画欲求不満検査**；Picture Frustration Study）もこのモデルに基づいている。たとえば，「この仕事のやり方は何だ！」と他者から非難されている絵を見せられたとき，どう反応するのかをみる。これは超自我の圧力に対して，自我がどのように反応するのかをみるのである。

　箱庭療法で作品を読み取る場合でも，このモデルを参考にしていることが多い。無意識はしばしば猛獣や，深い森，自然で表現される。自我は，自分らしい人物や日常のなじみの領域（たとえば，自分の家，町）で表現される。また，超自我は，警察や教会などの形で表現される。

7.5 マイヤー（1968）の心の構造モデル——サーチライト・モデル

　ユング派のマイヤー（Meier, C. A.）の**サーチライト・モデル**（図 7.8a）は，意識を光に，無意識を闇にたとえている。意識はサーチライトのように，強い方向性をもっている（現象学では「指向性」と呼ぶ。第 9 章 9.1.1 参照）。光が

7.5 マイヤー（1968）の心の構造モデル

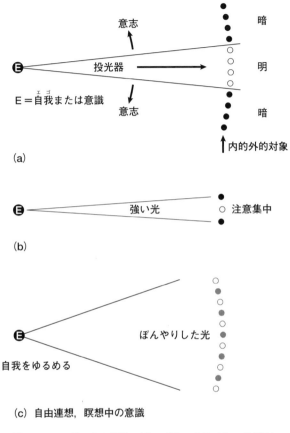

図 7.8 ユングの心の構造モデル（サーチライト・モデル）
（マイヤー，1975，(b)，(c) は森谷による加筆）

届く部分だけは見える，すなわち意識できる。自我（E）はサーチライトをあちこちに動かし，目的を照らす（意識化）。しかしながら，時にはどうしても必要な場所にうまく光を当てることができない（物忘れなど）。自我が硬直した場合（頑固な人），方向を自由に変えることができない。結果，同じことばかり繰り返して，くどくなってしまう。

注意してよく見るときは、焦点を絞ってより強い光となるが、しかし、狭い範囲の対象しか見ることができない（図7.8b）。ユングは、近代人は未開人に比べ意識の力が強すぎて狭い範囲しか見ることができないために、神経症に陥ると主張する。

これはヒステリーの視野狭窄の説明にも適用できるだろう。たとえば、アンナ・Oは、あるとき、目の前にいる医師（クラフト・エービング教授）はまったく見えず、ブロイアー先生しか見ることができない時期があった。そこでエービング教授は、アンナに突然タバコの煙を吹きかけた。はっと我に返ったアンナは目の前に教授が見えてびっくりした、というエピソードがある（第4章 p.59 事例6、ベルネームによる陰性幻覚のエピソードも視野狭窄で説明できるだろう）。

一般に患者は頑なで、狭い考え方の世界で生きている。心理療法はそのような頑なな、狭い意識をより柔軟にし、世界をより広げる試みである。そのためには、自我（E）の力を少し緩め、焦点をぼかせ、光の届く範囲を広げるようにする（図7.8c）。また、セラピストがあれこれ質問などをすることは、サーチライトを別の方向に向け、より自由に動かすことになる。それまでは見たこともないような、思いがけない領域（無意識）にまで光を広げる（無意識を意識化）。こうしてこれまで見えなかった貴重な情報が得られる。

これは創造性開発法のやり方でもある。座禅を組んで瞑想し、とらわれた心の状態から抜け出すために、力を抜き、目を半眼にし、ぼんやりといた状態で無念無想状態を作り出す。そして、創造的なアイデアを得るのである。

7.6 自我防衛理論——自我と無意識の力動的関係

1920年以前においては、エス（無意識）を明らかにすることが精神分析の課題であったが、それ以後には自我の構造を明らかにし、自我を中心にエスと超自我の関係を「**自我防衛理論**」として研究するようになった（『自我と防衛』アンナ・フロイト、1936）。前者を「**深層心理学**」、後者を「**自我心理学**」と呼ぶ。

フロイトは不安や危険から何とか身をかわそうとする無意識の働きについて、

ドイツ語のAbwehr（身をかわす，避けること）という意味の日常語を使った。しかし，英語では防衛（defense）と訳され，外的なものから自分の身を守るという意味に変わってしまった。

心的装置のモデル（**図 7.2b**）には，自我と無意識の間に破線の境界がある。これは，無意識内容が自我領域にすぐに入らないようにする関門を示している。

ヒステリー，強迫神経症，精神病などの精神障害は，危険から身をかわし，心を守ろうとしているととらえることができる。その仕方にはいろいろな種類があり，症状によって特有の防衛機制があることが分かった。

コラム 7.4　主な防衛機制

抑圧（Verdrängung（独語），repression（英語））……撃退，撃退すること。追い出したり，押しのけたりすること。不快なことを無意識の中に封じ込めること。ヒステリーにみられる（アンナの事例（p.55）参照。嫌悪感情を押し込めていたが，催眠中に思い出し，鬱憤を晴らすと身体症状が消えた）。

感情の分離（isolation）……不快な出来事＝事実＋不快感情。事実と感情を切り離すこと。いやなできごとの事実関係はヒステリーとは違い，思い出すこと（意識化）はできるが，そのときの感情が伴わない。時にはその感情は別の対象に結びついてしまう。ゴキブリ恐怖は，本来ゴキブリ自身が怖いわけではなく，別の恐怖とゴキブリとが結びついたものである。強迫神経症に見られる。

反動形成（reaction-formation）……シーソーのように一方を下げると，片一方が上がること。反対の感情を強調するやり方。相手に不快な感情を抱いても，それを表に出さず押し下げる。すると，逆にその分，ていねい，親しげな態度がより表に強調される。強迫神経症などに見られる。

打ち消し（undoing）……不安なことを，都合の悪いことを思ったり，行ったりした後，それをなかったことにする行動。お葬式に出たあと，不安，不吉な思いを打ち消す行動（手を洗う，塩をまくなど）をとる。汚いと感じた後，何度も手を洗う場合など。

否認（denial）……外界で起こった苦痛な体験をそれがなかったことにする。癌の宣告を受けても「それは何かの間違い」として認めない。子どもの死を認めない親の場合など。期末試験で不合格であっても，それは何かの間違いとして認めない。

投映（投影）（projection）……自分が（無意識に）感じていることを，自分ではなく，相手がそう感じているとする態度。自分は攻撃するつもりはない，相手こそが攻めてくると思う。個人間だけでなく，民族，国家間でもしばしば起こる。被害妄想，また，誤解，いじめでもしばしばみられる。

知性化（intellectualization）……不安を起こすような感情を体験する代わりに，知的過程に置き換える。知的能力として社会的に評価されることが多い。人体解剖学など。

昇華（sublimation）……性，攻撃，苦悩体験を抑圧したり，分離などの防衛機制を使わないで，その本質を損なわない形でそのままより価値の高い形へと変容させる。攻撃本能をスポーツ，苦悩を芸術や宗教のような普遍的価値をもったものへと高めていく。怒りにまかせて暴力を振るう代わりに，描画，箱庭，コラージュなどで表現する。

以上の防衛機制には，治療理論も組み込まれている。たとえば，抑圧の場合は，アンナの事例のようにおしゃべりをしているうちに忘れていた不快なできごとを思い出し（意識化），不満を打ち明けることで解消する。しかし，感情の分離は抑圧とは異なり，出来事自身はよく覚えていて，そこにあるはずの不安な感情は見られない。不安な感情は別の，一見すると無関係な対象に結びついている。その2つの関係を再統合することが必要になる。

投映（投影）の場合，誤解が原因にあるので，直接，事実を互いに確かめると解消する。しかし，多くの場合，身近であるが，話し合うことができない関係にあり，確かめることができない。外界に原因を見つけるだけでなく，自分自身の内面にも目を向けることが必要である。相手が悪い，と思っていたことが，実は自分自身の心の中にある感情であることに気づく。これを「投映の引き戻し」という。

7.7　緩和ケア（ターミナルケア）と防衛機制

『死ぬ瞬間』で有名な精神科医キューブラー゠ロス（Kübler-Ross, E.）の理論には自我防衛理論が背景にある。

悪性疾患の告知を受けた患者は，最初「そんなはずはない，何かのまちがいだ」と現実に生じたことを否認する。これはショックから自分自身の心を守る

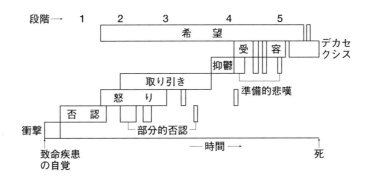

図 7.9 死にゆく過程のチャート (Kübler-Ross, 1969)

働き（防衛機制）として理解できる。人は「死」の不安とどう向き合い，どのように受け入れていくのか。その心のプロセスが「死にゆく過程のチャート」（図 7.9）である。

7.8 心の構造モデルとノイローゼの治療法

心の構造モデルは，ノイローゼと精神病との区別，さらにノイローゼの種類と治療法までも説明しようとする。以下に，河合（1971）の巧みな比喩を紹介する。河合はユング心理学の影響が強いので，フロイトのモデルとはややニュアンスが違うが，基本的には同じことを指している。ここでいうコンプレックスとは無意識的エネルギーのかたまりのことで，そのエネルギーを自我に取り入れ，心の活力源にすることが治療目標となる。

コラム 7.5 『コンプレックス』（河合隼雄（著）1971 年，岩波書店　p.96〜）
　遠洋航海がまだ発達していない頃，船をどこかの原住民の港につけて貿易をする。コンプレックス（無意識）との交渉をうまくやりとげ，船に相応した積み荷を得て出帆するのが目的。

船長……自我の中心，主体性，判断力。
船……自我の全体の能力，統合の可能性。
原住民との接触（交渉）係……自我防衛の機能。
原住民および貿易品がコンプレックス（無意識のエネルギー）。

「ヒステリー」

　原住民との交渉係がこんな品は船に乗せられぬと勝手に判断し，捨て去ったものが船のスクリューに引っかかった。交渉係（自我防衛）の強さと，船長の連絡不十分な点が問題。船長は何が起こったのか，解らずに船の動かないのを不思議がっている。

「抑うつ症」

　交渉係は多くの貿易品を得たり，押しつけられてきた。船長は，すべて乗せるには船が小さい，荷物を残すのは惜しいと思う。原住民のほうはどんどん荷物を売りに来る。交渉係（自我防衛）も必死，船長も必死であるが，優柔不断。せっかくの荷物を積み残すのは申し訳ない。困り果てた船長はついに海中に身を投げて自殺する危険性も高い。この場合，船の改造に成功し，その積荷に成功した場合は，万々歳。

　船長が思い切って積荷を残して出発すると，船は「正常に」運行する。ところが往々にして，船長は残した積み荷が気になり帰ってくる。抑うつ症状は繰り返される。

「不安神経症」

　船長が「ドーン」という不気味な音を聞いた状態。それは何か解らない。船の故障か，原住民間の争いか，大きい荷物を急に乗せたのか，恐ろしい火山の爆発か不明。船長としてはできるだけ身の危険を守ろうと考える以外に方法がない。しかし，不安のもとが何かを知ることが必要。

「恐怖症，強迫神経症」

　原住民の力が強く，いろいろな品物を押し売りにやってきた。あるいは，交渉係の判断が甘く，いろいろのものを買い込みすぎた場合。船長はその整理に混乱をきたしている。

「精神病」

　たとえの範囲を越える。暴風雨が起こって，船長，船，原住民までも損害を受けた状態。損害の程度に差があり，修復の可能性も少しはあるが，破壊の性質が今まで述べたノイローゼとは異なる。

ノイローゼが生じるのは，船長，船，交渉係，原住民などとの相対関係であり，必ずしも船長が弱いとか，原住民が強いとかいえない。

7.9 無意識仮説と対人関係モデル

　臨床心理学の理論には基本的な2つの柱がある。無意識仮説と対人関係理論である。物理学は，物と物の関係で，互いに意志・感情がない。しかし，臨床心理学は双方に意志があり，相互依存しながら，かつ独立していて，互いにそれを予測できないという関係にある。物と物の関係よりもはるかに複雑である。その場合でも，忘れがちであるが，物と物の関係の基本原理を前提としておくと理解の助けになる。

　無意識仮説がない場合，対人関係モデルは図7.10aのように，平板なものとなる。一般社会の対人関係は今でもこのモデルである。しかし，無意識仮説を入れると図7.10bとなる。この図は，いじめをはじめとする複雑な人間関係，および心理療法を説明する基本的枠組みを提供する。

　2人の交流は意識と意識の交流（①）だけではない。自分（A）は気づいているが他人（B）は気づかない部分（②），自分は気づかないが，相手は気づいている私の部分（③），2人ともまったく気づかないが影響を与え合っている部分（④）である。

　この②，③，④がいじめ，誤解などもめごとに関係している。

　いじめで，AがBに「汚い」と叫んだとする。Bが実際に泥などを手にして向かって来る場合，これは①である。互いに「汚い」事実に気づいている。しかし，Bが泥などを持っていない場合，なぜBはAから「汚い」と言われるのか分からない（②）。Bには気づかない，無意識領域のことが問題（②）になっている。

　①の場合の問題解決は比較的やさしい。なぜなら，互いに事実認識では一致しているからである。しかし，②の場合は，一方には気づかないこと（無意識）が含まれている。事実認識が異なるために，根本部分で食い違い，先に進めず，簡単には解決できない。このように②，③，④は誤解などのもめごとに

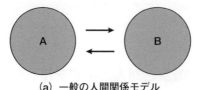

(a) 一般の人間関係モデル

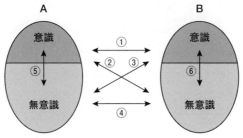

(b) 無意識仮説のある対人関係モデル

図 7.10　対人関係のモデル

関係している。

　もめごとの解決の鍵になるのが⑤と⑥の軸である。Aは「なぜ，〈汚い〉などと言うのだろうか？」（⑤），Bは「なぜ，〈汚い〉と言われるのだろうか？」（⑥）という自分自身への問いかけが解決への糸口となる。A，Bも自分の気づかない内面と向き合う。すなわち，無意識の探究が始まる。⑤，⑥は自己洞察と問題解決の軸となる。投影の引き戻しの場合も，⑤，⑥が鍵を握っている。

7.9.1　治療的人間関係

　図 7.10b は**治療的人間関係**を示す図（ヤコービ，1984）でもある。すなわち，Aがセラピストで B がクライエントとする。クライエントはいろいろな悩みがあり，その苦痛を訴える（①）。しかし，自分でも原因がなぜか分からないし（無意識），自分一人ではどうすることもできない。無意識は自分の心の内面にあるとしても，それを自分一人では取り出すことができないという性質を

7.9 無意識仮説と対人関係モデル

もっている。誰か他の相手（セラピスト）が必要である。そのとき，セラピストはいろいろな話を聞いたり，質問したりすることで，クライエントが自分の内面（無意識）を探究できるように援助する。

セラピストがそうできるには，セラピストは，最初にまず，自分の無意識に気づく訓練を積んでいなければならない。すなわち，セラピストになるためには，⑤の訓練が必要である。セラピストは自分の内面とコミュニケーションする能力を使って，次にクライエントに対応することができる。

セラピストの②は，たとえば，「そのような苦しみについて思いつくようなことを何でも自由に話してください」と語りかける。その問いかけによって，Bは自分の心と向き合い，いろいろ思いあたることを思い出していく（⑥）。そのような対話によって，自分自身の洞察が進んでいく。Bの⑥に対して，セラピストAは共感して対応する。この共感能力は⑤である。Bが内面を探索しているとき，Aもそれに添って，自分の内面に入っていく。Bがいじめられた悔しさを口にすると，Aもまた，過去の自分の似た悔しい体験を思い出している。受容と共感は，⑤と⑥の世界である。

一方，③は，クライエントBが気づいているが，セラピストAは気づかない部分である。セラピスト自身もクライエントから教わり，自己洞察を深める。すなわち，セラピストとクライエントはお互いに探究し，成長する。転移・逆転移という概念もここにある。

④は2人とも気づかない（無意識同士の）コミュニケーションである。なぜか知らないが2人は馬が合う，虫が好かないといったような場合がある。互いに気づかない場合，第三者のまなざしが必要である。それがスーパーヴィジョンである。スーパーヴァイザーは，セラピストとクライエントのやり取りを聞き，セラピストの気づいていない問題（③，④）を指摘し，セラピストの洞察⑤を促進する。初心者が（ベテランでも同じ）心理療法を担当するには，このような指導者（第三者的立場の人）が必須である。これがスーパーヴィジョンや事例検討会の制度である（9.5.4参照）。

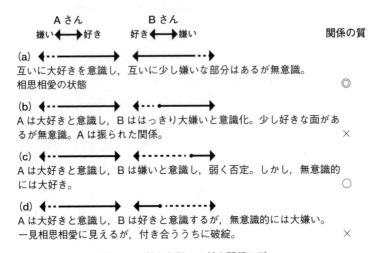

図7.11　好きと嫌いの対人関係モデル

以上の基本パターン以外にも，演繹的にいろいろなパターンが考えられるだろう。それを導き出し，実際の恋愛関係をうまく説明できるかどうかを考えてみよう。

7.9.2　不登校モデルの対人関係への応用

　第6章の不登校のモデル（図6.3）では，不登校生徒と学校（物的対象）の関係を表現した。しかし，これが共に意志をもつ人間同士の場合，非常に複雑なやり取りとなる。意識-無意識，好き-嫌いの方向とその量（大きさ）を考慮してそれを少し想像してみよう（図7.11）。

7.9.3　心の構造モデルと対人関係モデル

　フロイトは心の構造（心的装置）のモデルを単独のままの形で提示し，それを対人関係モデルにまでは拡張しなかった。筆者はそれを対人関係モデルとして，直感的に理解できるようにした（森谷と田中編，2000）（図7.12）。

　（a）現実を重視する人と，エスからの衝動に駆り立てられている人との出会いである。たとえば，現実の課題として仕事に追われている人と，現実感がなく，規律もなく好きなように遊んでいる人――アリとキリギリス――のような

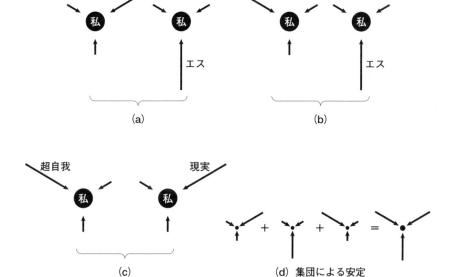

図7.12 フロイトの心的装置の森谷による対人関係の説明モデル（対立関係か，それとも相補的関係か？）（森谷と田中編，2002）

関係であろう。当然，2人はうまくいかない。

（b）超自我が優位な人（たとえば超まじめな教師）とエスの優位な人（たとえば非行少年）の出会いのような場合。まったく正反対の価値観で，お互いが理解できないであろう。

（c）現実優位の人と超自我優位な人との出会いである。前者は現実的な意見を主張し，一方は理想論，道徳を説くであろう。

この3つの出会いの中で，一番緊迫したむずかしい関係は（b）である。エスと超自我は一番対立関係にある。それよりも（a）や（c）の関係は，まだ，妥協できる。なぜなら，現実優位の人は，その場で相手に合わせるという現実的な判断をする力があるからである。

これらはお互いに自分とは異なる力に動かされているので，協調することが

できない関係にある。しかし，互いにないものをもっていると考え，相手を見ならう気持ちになると，補い合う関係（相補性）で，より豊かな人間関係を築くことができる。グループはいろいろなタイプの人間がいることにより，全体としてより安定した集団を形成することができる（d＝a＋b＋c）（**図7.12d**）。

7.9.4 交流分析

　図7.13で示したのは**交流分析**（バーン，1970）のモデルである。エゴグラムと同じように人はみなP，A，Cの3つの心の領域をもっている。その2人が出会うと何が生じるのか。それを想定すると，**図7.10b**の意識─無意識の2層モデルよりも，もっと複雑な9種類の人間関係を表現し分けることができる（**図7.13a**）。ダイヤグラムの1，5，9の交流は「対称的関係」（**図7.13b**）と呼ばれ，この場合各人の自我は同じ状態にある。2人は同じ基盤に立ち，相互に互恵的な関係にある。一方，斜めの線で示される関係（2，3，4，6，7，8）は「非対称的関係」（**図7.13c**）と呼ばれ，2人の自我状態が異なる。2人は同じ基盤にはないので，コミュニケーションを取ることがむずかしくなる。

　たとえば，A←→Aのコミュニケーションは現実の事実確認のようなやり取りである。「明日，テストがあります」と言えば，「何時からですか。試験の範囲はどこですか」。

　P←→Pのやり取りは理想の共有である。「みんなで良い成績を達成しましょう」と言えば，同じく「100点に向けて，すぐに勉強会を始めましょう」。

　C←→Cのやり取りは，お互い子どもっぽい気持ちでのやり取りである。「何かおもしろいことないかな」と誘うと，「おもしろいゲームがある。いっしょにやろう」。

　以上は，同じレベル（対称的関係）なので，違和感がない。しかし，斜めの関係の場合ではぎくしゃくする。これらは上から目線，高圧的態度とか，下手に出るとか，甘える，目上に逆らうなどのコミュニケーションとして知られている。

　P→Cの関係では「授業中はしゃべるものではない」（上から目線で理想をいう）。C→P「すみません（従順），うるさいな（反抗）」。

7.9 無意識仮説と対人関係モデル

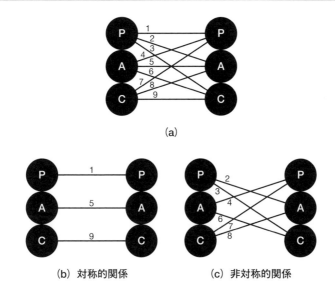

図7.13 交流分析による対人関係ダイヤグラム（粒子モデル）（バーン，1970）

A→Cの関係では，「ここは大事だからよく聞きましょう」（大人が子どもに現実を説くような関係），C→A「はーい，もっと教えて（甘え）」。

以上のように，コミュニケーションの在り方が，それぞれの人のどのような人格レベルでなされているのかに気づくことができる。すなわち，人間関係の質が問題になっている。

7.9.5 ユング派の対人関係モデル

以上はフロイトの心の構造モデルを主として考えていたが，ここでユング派にも触れておきたい。ユング派の河合（1967）は，治療者と患者の出会いは，相互に非常に深い影響を与えると考えている。出会いにおいて，共通の無意識の場に元型的な布置（基本的な心の構造）が形成される（図7.14）。このとき，治療者と患者の人格の境界がはっきりしなくなることがある。セラピストは人間関係を解釈するのではなく，その中を生きることが要請される。

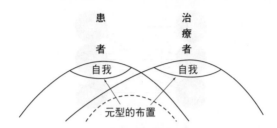

図7.14 ユング派の治療関係（波動モデル）（河合，1967）

　交流分析のモデル図では，A, P, C は塊のようなイメージで表現されているが，このユング派の対人関係モデルでは，波のイメージで表現されているということができるだろう。心は粒子モデルか，波動モデルか，どちらがよりふさわしいのであろうか。関係性を表すときに使われる「共鳴する，波長が合う，共振する，気分に波がある，心が震える」などの言葉は，波動モデルといえよう。

　現代物理学では，光は波でもあるし，粒子でもあると考えられている。これを相補性の原理と呼ぶ。光は，粒子として想定して測定すれば粒子という結果が得られるし，波動として想定して測定すれば，波動としての結果が得られる。波動と粒子を同時に測定できる観測装置は今もないためである（コラム9.3参照）。

7.10　その他のモデル

　以上は，フロイトの心の構造モデルをもとに，その応用，発展の歩みを辿ってきたが，これらとは違う考え方も紹介しておきたい。

7.10.1　性格類型モデル

　人の性格はさまざまで，判断するには，何か手がかりが必要になる。その方法については，古代よりいろいろ工夫されてきた。有名な例としては，ガレノ

スの体液による分類がある。ヒポクラテス（Hippocrates）以来，4種類の体液があると考えられ，その体液の成分の割合が異なることによって，病気になったり，性格に違いができると考えられた。

血液が多い人は「多血質」で快活で気分屋の性格となる。短気で気が強い「胆汁質」，苦労性で，憂鬱な「黒胆汁質」，鈍重で陰気な「粘液質」という性格分類ができあがる。今日では，体液説の分類法は誰も信じていない。しかし，4つの基本型に分ける発想は今でも廃れていない。現代も流行している血液型（A，B，AB，O型）による性格診断の4分類も似た発想であろう。

近代になり，精神病の類型学が進むにつれて，クレッチマー（Kretschmer, E.）による精神病をモデルとする性格類型が誕生した。統合失調症（精神分裂病）をモデルにした分裂気質は，「非社交的，静か，控え目，まじめ，ユーモアを解さない，変人，敏感，感じやすい」などの性格傾向を示す。躁うつ気質（循環気質）は，「社交的，善良，親切，明朗，ユーモアがある，活発，激しやすい，寡黙，陰鬱，気が弱い」など相反する性格傾向を合わせもっている。てんかん気質は，粘着気質とも呼ばれ，「粘っこく，静かで控えめな面がありながら，一方，爆発的な一面がある」。

この精神病モデルは，体型による分類と結びついた。すなわち，細長型の分裂気質，肥満型の躁うつ気質，筋骨型のてんかん気質という分類になる。

7.10.2　フロイトの性格分類

フロイトは性格について異なった発想で考えた。ガレノスやクレッチマーの性格類型には，人格が変化，発達，成熟するという視点がない。すなわち，時間軸が理論の中に入っていない。フロイトは，ノイローゼが治るということは，人格が変容し，より成熟すること，つまり，自分自身で問題解決できる能力（大人の自我）が身につくと考えた。ここには成熟という時間軸が入っている。

フロイトの性格分類は，同時に心理発達理論でもある（**表 7.2** の「A．心理・性的な段階と様式」を参照）。性格特徴を身体の部位（口，肛門，男性器，男女性器）に注目し，それを術語化した。これは各々の身体部位であるが，同時に人と人が出会う部位でもある。

たとえば、赤ちゃんのとき、口は母親の乳房と結びつくものであり、肛門は排泄器官としてしつけの問題（親子関係）と、男根、性器は異性関係と結びついている。また、この4つの身体器官は、発達の時間的順序が含まれている。口→肛門→男根→性器（両性）の順で、成長とともに身体部位の意味づけが異なってくる。

しかし、人間は必ずしも順序通りに発達するのではなく、段階の途中で止まってしまったり（固着）、発達を飛び越えたり、逆に赤ちゃん返り（退行）をしたりする。フロイトはそれらも含めて術語化した。たとえば「口愛性格」とは、口愛期にそのまま留まり（固着）、そこから発達が進んでいないという意味が含まれている。その固着を解き、より成熟した人格発達を目指すべきであると考える（「**表7.2** エリクソンの心理発達モデル」を参照）。

口愛性格（oral character）……依存的、寂しがり、人からいつも愛されることを求める。

肛門愛性格（anal character）……几帳面、潔癖、倫理的、倹約家、礼儀正しい。

男根愛性格（phallic-narcissistic character）……自己の力を誇示し続ける性格。傲慢、自己主張的。他人のことを考えることができない。

性器愛性格（genital character）……健康で成熟した大人の人格。自分だけではなく、相手（異性）の立場をも考えることができ、他人を充分に愛する能力をもつ。

7.10.3 ユングの性格分類

今では内向的、外向的という言葉は日常語として使われているが、これらはユングに由来する。ユングがこのタイプ論を考えたのは、フロイトとアドラーの対立からといわれている。

図7.15aをみると、4種類の判断軸がある。最初に「意識の向き」を考える。心的エネルギーが自分に向く人と外界に向く人がいる。前者が内向性で、「引っ込み思案、新しい状況になじみにくい、人とは少し違う独自の見方を持つ」な

7.10 その他のモデル 143

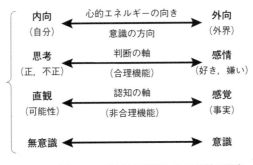

図 7.15 (a) ユングの性格類型における軸の設定

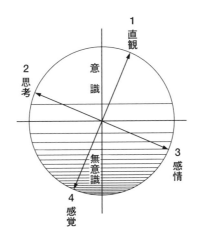

図 7.15 (b) ユングのタイプ論における河合 (1967) の説明モデル

どの性格傾向を示す。後者は外向性で,「社交的,新しい状況にすぐになじむ,流行に敏感,人と同調しやすく独自のものを持ちにくい」という性格傾向を示す。

次に「判断(合理機能)」と「認知(非合理機能)」の軸を考える。ものごとを「正,不正」で判断する人を,思考タイプと呼び,他方,「好き,嫌い」で判断する人を感情タイプと呼ぶ。思考-感情の軸を合理機能と呼ぶ。

さらに事実を認識する仕方，すなわち「認知の軸」として，事実そのものに接近し細かく観察することを得意な人を感覚タイプと呼び，逆に事実から離れて全体を俯瞰することを好み，ふつうは見えない「可能性」を知ろうとするタイプを「直観タイプ」と呼ぶ。

これによって外向-思考，外向-感情，外向-感覚，外向-直観と内向-思考，内向-感情，内向-感覚，内向-直観の8つのタイプができあがる。

さらに無意識仮説が導入され，「主機能」と「劣等機能」に区別される（図7.15b）。主機能とは十分意識化され，洗練されたもので，劣等機能とは，未開発，すなわち無意識のまま未分化で，粗野な機能となっている。

図7.15bの場合でいうと，タイプは，主機能は直観で，もっとも意識化されている。劣等機能は感覚で，もっとも無意識に沈んでいる。そして補助機能は思考で，少し意識化されている。

それぞれが自分の主機能をさらに伸ばし，無意識のままとなっている劣等機能を開発することによって，人格が完全なかたちに成熟する。

テイヤール（Teillard, A.）は，ユングの「8つのタイプが一同に集まって晩餐会を催す」場合を巧みな比喩で描いている（エレンベルガー，1970）。

「招いたのは愛敬があり，誰にでも好かれる完璧なホステス役の主婦（外向的感情型）とその夫（内向的感覚型）。夫はひっそりとした紳士で，美術品の収集家で，古代美術の権威者。

最初に来た客は才能あふれる弁護士（外向的思考型）。

次に来る客は有名な実業家（外向的感覚型）と，無口で謎めいた音楽家の夫人（内向的感情型）。

次の客は独創的，傑出した学者（内向的思考型）。彼は夫人を同伴していない。夫人の前身は料理女（外向的感情型）。

その次は鋭いアイデアの持ち主の技術者（外向的直観型）。

最後の客は待っても無駄。彼は神秘的な詩人（内向的直観型），現実感覚が乏しく，招待されていたのを忘れていた。」

（それぞれのタイプがうまく表現されている。この夫婦の組合せ，職業選択にはどういう意味があるのか，また，なぜこの訪問の順番となるのか，を考えて

みよう。)

プロゴフ (1956) によると、フロイトは「超然とし、引っ込み思案、禁欲的、孤独に耐える」など内向的タイプであった。他方、アドラーはウィーン人的な社交性があり、外向的タイプであった。しかし、その理論は逆で、フロイトは、患者を外向的なまなざし——たとえば、患者と親との関係の問題——で見ているが、アドラーは逆に内向的まなざし——たとえば、自分の劣等感をもとにして自分を確立する——で見ていた。フロイトとアドラーはタイプの違いから、同じ問題を異なる視点から見たために、不必要な対立に陥ったとユングは指摘している。

もし、フロイトやアドラーがそれぞれタイプの違いに気づいていたら、精神分析の歴史は違っていたかもしれない。

コラム 7.6　判 断 軸

ユングのタイプ論はただ性格類型論の一つの考え方として受け取るだけではもったいない。ユングは複雑極まりない人間を判断するのに対立概念をもってきて、それを軸として量を測ったのである。容易に測定できない状況にあるときに、この考え方は応用できる。たとえば、河合は、文化差を判断するのに図 7.16 のような図を提出している。これは外向—内向と父性—母性という2つの**判断軸**を組み合わせている。

この図はさらに応用できる。筆者はかつてコラージュ療法のアセスメントを論じたときにこの考え方が参考になった (森谷, 2012)。箱庭作品やコラージュ作品のように雑多なイメージの寄せ集めについて評価をする場合、きちんとした解釈基準を作ることは非常にむずかしい。そのようなときに対立する対

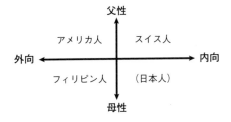

図 7.16　父性—母性と国民性 (河合, 1994)

概念を両極においた軸を物差しとして使用すると都合がよい。臨床心理学は対概念が多い。理論的に洗練されたものであろうと，まだ洗練されていないものであろうと，さしあたり構わずに軸を作ってみることを勧める。

たとえば，時間軸として過去—現在—未来，空間軸として左—右，上—下，内—外，前—後，あるいは，明るい—暗い，エネルギーが大きい—小さい，など，思いついたものから考えてみるとよいだろう。

臨床心理学では，意識—無意識，男性—女性，生の本能—死の本能など多くの軸が考えられている。これらはすべて判断軸として設定することができるはずである。それによって頭の中がかなり整理されるだろう。ちなみに，本書では，意識—無意識を主軸とし，対人関係の軸を副軸として論を進めていることはお分かりのことと思う。

7.11 神話モデル（コンプレックス・モデル）

臨床心理学の理論構成は大きく2つに分かれる。自然科学モデルと**神話モデル**である。多くの人は自然科学モデルか神話モデルか，どちらかをより好きになるようである。

図7.17はノイマンによる母親（太母，グレートマザー）コンプレックスのモデルである。ここでは母親にまつわるさまざまな感情（愛着，怖れなど）をすべて入れ込んでいる。科学モデル（たとえば，心の構造モデル）と比較して見ると，その違いがよく分かるだろう。科学用語においては，ふつう感情はそぎ落とされ，本質だけになっている。他方，コンプレックス・モデルでは何もかも入れ込んでいる。

コンプレックス・モデルで一番有名なものは，フロイトが提唱した「**エディプス・コンプレックス**」である。これは古代ギリシャのソフォクレス作の一連の悲劇「エディプス王」に由来する。ここには父と母，息子の葛藤が描かれており，人々に強い感情を呼び起こす。

7.11 神話モデル（コンプレックス・モデル）

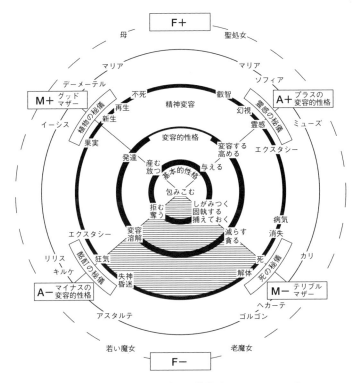

図7.17 グレート・マザーの構造（ノイマン，1955）

コラム 7.7 ギリシャ悲劇『エディプス王』（ソフォクレス（Sophokles；前496-406）作）

テーバイの町に災難が降り懸かる。「この地の実りのつぼみは枯れ，……町は滅びつつある」。

王のエディプスがその災いの原因を探るために，アポロン神のお告げを受ける。「かつてこの国の王であったライオスが殺された。その下手人を捜しだし，罰すると災いが消える」。エディプスは犯人を捜す決心をする。噂では，ライオス王は三筋の道の合流点で，複数の旅人（盗賊）の手にかかって殺された。

盲目の予言者が連れてこられるが，何も言いたくないという。エディプスが無理に答えさせる。「犯人はエディプスその人」と告げる。

エディプスは，ライオス王とその妃イオカステとの間に生まれた。そのとき，「生まれてくる子は将来父親を殺すだろう」という神託を受ける。そのためにライオス王は，生後3日とたたないうちに，子どもの両くるぶしをいっしょに留め金で指し貫き，家来に山中に捨てるように命じた（Oidi-pus は「腫れた足をもてる」の意）。家来はエディプスを殺さず，隣国のコリント人に預けた。

エディプスは国王の子どもとして育てられ，立派な若者として成長する。ある男が酒に酔って「エディプスはコリント王の実子ではない」と告げた。エディプスは，父母（コリント王）に内緒でデルポイに行く。そこで恐ろしい不幸なお告げ（「母親と交わり，父親を殺すだろう」）を受け，不幸を避けるために，コリントから遠く離れようと旅に出て，三重の道でライオス王の一行に出会う。先導者と老人（ライオス）が力ずくでエディプスを道から追いのけようと，ライオスがエディプスをめがけて頭の上から打ち下ろそうとしたがエディプスは逆襲し，ライオスを殺した。

その後，エディプスはテーバイの町に入り，そこでスフィンクスに会い，謎をかけられる。スフィンクスは体の上半分が豊満な胸の女性で，下半分が獰猛な動物（ライオン）の姿をしており，恐ろしい爪をもつ。

スフィンクス：「朝は4本足，昼は2本足，夕方は3本足で進むものは何か」「足の数がもっとも多いときには，速度も体力も衰弱をきわめたときだ」。

エディプス：「人間」。

謎を解いてスフィンクスを退治したことでエディプスは英雄となり，ライオス王の未亡人（実母）と結婚し，二男二女をもうける。

過去の真実が明らかになったとき，実母イオカステは気が狂い，首を吊る。エディプスはそれを発見し，首の紐を解き，亡骸を地上に横たえ，妻（実母）のアクセサリー（黄金の留針）を着物から抜き，自分の目を突き刺した。

7.12 ユングの術語

ユングのタイプ論（内向性-外向性）は自然科学モデルといえよう。ユングはそれ以外に神話，おとぎ話などのジャンルから多くの術語を採用した。

グレート・マザー（太母，図7.17参照），グレート・ファーザー，ペルソナ（仮面，社会に向ける自己像），**影**（シャドー，社会には見せることのできない，隠された自己），**トリックスター**（いたずらっ子，破壊と創造），**アニマ**（男性の心の中の女性イメージ），**アニムス**（女性の心の中の男性イメージ），**自己**（セルフ，心の全体を統合するシンボル）などが知られている。

表7.1 に父性原理，母性原理のモデルを示した（河合，1995）。これらのイメージはすべての人の心の奥底（無意識）に普遍的に存在する基本的なパターンであり，ユングはそれらを**元型**と名づけた。

世界各地で見られる英雄神話の基本構造（元型）は非常によく似ている。ヘンダーソンは英雄神話の基本構造として以下のように述べている（『人間と象徴』p.111）。これは先に紹介したエディプス王の物語にも当てはまるであろう。

1. 奇跡的な，しかも人に知られぬ誕生。
2. 人生初期にみせる超人的な力の証明。
3. 偉力の急激な上昇。

表7.1 父性原理・母性原理のモデル（河合，1995）

	父性原理	母性原理
機　　能	切　る	包　む
目　　標	個人の確立	場への所属（おまかせ）
	個人の成長	場の平衡状態の維持
人間観	個人差（能力差）の肯定	絶対的平等感
序　　列	機能的序列	一様序列性
人間関係	契約関係	一体感（共生感）
コミュニケーション	言語的	非言語的
変　　化	進歩による変化	再生による変化
責　　任	個人の責任	場の責任
長	指導者	調整役
時　　間	直線的	円環的

4. 悪の力との戦いにおける勝利，いろいろな怪物や悪の力に直面し，それを克服。
5. 高慢という罪に対する弱さ。
6. 裏切りないし，「英雄的な」犠牲行為によって没落，死去。

7.13 心理発達モデル──心の成長とは

　精神分析理論は心理発達理論そのものである。ノイローゼが治るのは，結局のところ，心が成長し，自分で課題を乗り越える能力が身についた結果だと考えられた。小さい頃，お母さんから離れるとパニックになっていたのに，大人になると平気である。それは心が成熟したためである。

　エリクソン（Erikson, E. H.；1902-94）はフロイトの発達理論をもとにしながら，**表**7.2のように発達理論をまとめた。

　彼は人の発達を8つの発達段階に分け，それを人生周期（ライフサイクル）と呼んだ。赤ちゃんが生まれて，次々に周りの人とかかわりをもっていくその発達過程を一覧表にした。

　Ⅰ．母親（唯一の人）→Ⅱ．親的人物（養育者複数）→Ⅲ．基本家族（父，母，子の役割の明確化）→Ⅳ．近隣，学校（友人，教師，近所の人たち）→Ⅴ．仲間集団（気の合う主に同性仲間）→Ⅵ．パートナー（人生をともに生きる異性，性格を異にする知人）→Ⅶ．家族（親としての子育て，後継者養成）→Ⅷ．人類（個人を超える普遍性）。

　赤ちゃんにとって一番重要な人は母親（Ⅰ）で唯一の人である。それが次には，母親を含めた養育者（Ⅱ）であり，次には父母と子どもの三者関係（基本家族，Ⅲ）が重要となる。Ⅲ段階で母親と父親の性格や役割の違い，大人と子どもの立場の違いが認識されるようになる。

　以上のように次々に対人関係の在り方が変わっていくさまが図式化されている。

　この発達図式はあくまでモデルであり，必ずしもこの順序で進むとか，「なければならない」「絶対にこうなる」というものでもない。しかし，発達モデ

7.13 心理発達モデル

表 7.2 エリクソンの心理発達モデル (Erikson, 1982)

発達段階	A 心理・性的な段階と様式	B 心理・社会的危機	C 重要な関係の範囲	D 基本的強さ	E 中核的病理 基本的な不協和傾向	F 関連する社会秩序の原理	G 統合的儀式化	H 儀式主義
I 乳児期	口唇—呼吸器的, 感覚—筋肉運動的 (取り入れ的)	基本的信頼 対 基本的不信	母親的人物	希望	引きこもり	宇宙的秩序	ヌミノース的	偶像崇拝
II 幼児期初期	肛門—尿道的, 筋肉的 (把持—排泄的)	自律性 対 恥, 疑惑	親的人物	意志	強迫	「法と秩序」	分別的 (裁判的)	法律至上主義
III 遊戯期	幼児—性器的, 移動的 (侵入的, 包含的)	自主性 対 罪悪感	基本家族	目的	制止	理想の原型	演劇的	道徳主義
IV 学童期	「潜伏期」	勤勉性 対 劣等感	「近隣」, 学校	適格	不活発	技術的秩序	形式的	形式主義
V 青年期	思春期	同一性 対 同一性の混乱	仲間集団と外集団: リーダーシップの諸モデル	忠誠	役割拒否	イデオロギー的世界観	イデオロギー的	トータリズム
VI 前成人期	性器期	親密 対 孤立	友情, 性愛, 競争, 協力の関係におけるパートナー	愛	排他性	協力と競争のパターン	提携的	エリート意識
VII 成人期	(子孫を生み出す)	生殖性 対 停滞性	(分担する) 労働と (共有する) 家庭	世話	拒否性	教育と伝統の思潮	世界継承的	権威至上主義
VIII 老年期	(感性的モードの普遍化)	統合 対 絶望	「人類」「私の種族」	英知	侮蔑	英知	哲学的	ドグマティズム

ルをもとにすれば，説明しやすいことがある。

不登校は，第6章（6.10.3）のようにとらえることもできる。ここでは主として空間軸で説明している。しかし，不登校は同時に発達段階の問題でもある。すなわち，時間軸の観点からも考えることができる。

不登校は，発達段階Ⅳ（学童期）のできごとである。子どもはそれまでの家庭から出て，より広い近隣，学校の中で生きなければならない。それには学校生活に適応する心の準備ができていることが条件である。親に代わって教師，友だちとかかわりをもつ。そのためには，それに先立つⅠ，Ⅱ，Ⅲ段階がクリアされていることが必要である。まず母親と本当に信頼できる関係（基本的信頼；Ⅰ段階）をもつことが大事である。本当にくつろげる関係がなければ，学校の先生なども信頼できないであろう。さらに父親らとのよい関係を築き（Ⅱ段階），そして親からある程度，独立することが必要である。親から離れることができなければ，学校へは行けない。また，自分の身体，身の回りのことは自分でできること（しつけ，自律性）が必要である（Ⅱ段階）。その上で教師や友だちとの中での自分の役割（子どもと大人の役割分担，性役割など）をとることができる（Ⅲ段階）。これらの発達課題が達成されていない場合，学校の中で教師や友人とうまくつきあうことがむずかしいであろう。すなわち，不登校の心理療法とは，これらの発達課題をどのように育て，克服し，実現させていくのかが目標となる。

大学生はⅤ，Ⅵの発達段階である。すなわち，この段階は「自分とは何者か」（同一性，アイデンティティ）をはっきりさせるのが課題である。具体的には職業を選ぶこと，パートナー（結婚や仕事仲間，一緒に人生を歩む相手）を見つけ，よい関係を築くことである。そのためには，それに先立つ発達課題（Ⅰ，Ⅱ，Ⅲ，Ⅳ）の乗り越えが課題となる。発達課題とその乗り越えの困難さ（クライシス，危機）の有様をこの表は示唆している。

コラム7.8　身体器官と術語

フロイトは神話からヒントを得て術語にした以外にも，身体の器官を術語として採用した（「**表7.2　エリクソンの心理発達モデル**」A欄を参照）。それは

「口，肛門，男根，性器」である。これは，精神分析独特の用法で，なかなか馴染みにくい印象を与える。これらは私たちが生きていく上で切っては切れない大切な身体部分であり，とりわけ，そこにはさまざまな感情がまつわりついている。フロイトはこの4つの器官を取り上げたが，これ以外にも，たとえば，「目，頭，指，手，足」などを術語として作れないわけではない。しかし，この4つ以上にふさわしいものは考えにくい。この4つの器官は，対人関係と直接的に結びついているからである。先にも述べたように，赤ちゃんのときは，口は母親の乳房と結びつくものであり，肛門は排泄器官として，しつけの問題と，男根，性器は異性と直接結びついている。また，この4つの身体器官は，発達の順序，すなわち，時間次元も含まれている。最初は，口が，大人になるにつれて性器が重要になる。

　フロイトはこれらの身体の生理学的意味を重視していた。すなわち，「口，肛門，男根，性器」などは性的快感を得る身体部位を意味している。しかし，エリクソンは，それよりも広く心理・社会的意味に解釈し直している。たとえば，口はフロイトでは快感部位であるが，エリクソンでは，「受け取る，受け入れる」という関係様式を表す。

[参考図書]

　フロイト派関係としては，
土居健郎（1988）．精神分析　講談社
が，精神分析全般について分かりやすく解説している。
　ユング派関係としては，
河合隼雄（1971）．コンプレックス　岩波書店
河合隼雄（1977）．無意識の構造　中央公論社
が，ユング心理学について分かりやすく解説されている。また，『河合隼雄著作集』（全12巻）が岩波書店から刊行されている。深く学びたい人には一読を勧める。
小此木啓吾（1979）．対象喪失——悲しむということ——　中央公論社
　愛情・依存の対象を失うときの心の問題を分かりやすく取り上げている。死別，失恋，出立，臓器移植，災害など広い分野と関係が深い。
鑪　幹八郎（1990）．アイデンティティの心理学　講談社
　青年期の問題を考える手がかりとして分かりやすい。
　神話・おとぎ話関係としては以下がある。
ベッテルハイム，B.　波多野完治・乾　侑美子（訳）（1978）．昔話の魔力　評論社
河合隼雄（1982）．昔話と日本人の心　岩波書店
　ベッテルハイムはフロイト派の観点から，河合はユング派の視点から考察しているので読み比べるとおもしろいだろう。

心理療法
さまざまなアプローチ

　人間の心は複雑で多様である。そのために心へアプローチする方法も複雑で多様になる。それを少し整理してみよう。第1章でも述べたが，フロイトは『精神分析入門』の第1講で，精神分析療法（心理療法）の定義として次のように述べている。

　「精神分析では①医師と患者の間に②言葉のやり取りがあるだけ。患者は③過去の経験と④現在の印象について語り，嘆き，その願望や感情の動きを打ち明ける。医師はこれに耳を傾け，患者の思考の動きを⑤指導しようと試み，励まし，その⑥注意を特定の方向へと向かわせ，そしていろいろと説明してやり，その時に患者が医師の言うことを了解するか，あるいは拒否するのか，という反応を観察する。」

　その後の人たちは，フロイトの方法に対して修正，追加をした。どこをどう修正，追加したのか，本章ではそれについてみていくことにする（表8.1）。

● 京都文教大学の遊戯室（著者撮影）
言葉の不自由な子どものための心理療法として遊戯療法が開発された。

表 8.1 心理療法のさまざまな試み（森谷，2005 を加筆修正）

フロイトの方法	修正，改善点	新しい試み
1. 医師と患者の間	→グループ間	→エンカウンター，家族療法，
2. 言葉のやり取り	→非言語的やり取り	→絵画，箱庭，コラージュ，音楽などの芸術療法
	→身体的表現のやり取り	→遊戯療法，ダンス，動作療法
	→言葉のやり取りの洗練，工夫	→物語，詩作，俳句，連句療法など
	→打ち明けない，そのまま納める	→収納イメージ法
3. 過去の経験重視	→症状の意味，目的，未来の重視	→アドラー，ユングなど
4. 現在の印象	→「いま，ここ here-and-now」をより重視	→ロジャーズ，ジェンドリン，認知療法
	→心の内的イメージをより重視	→夢分析（ユング），対象関係学派（クライン）
	→治療時間の短縮	→時間制限心理療法（短期精神療法）
5. 患者の思考の動きを指導する	→指導しない	→非指示的方法（ロジャーズ）
	→認知の修正	→認知療法，論理療法
	→行動の修正	→行動療法
	→家族問題の重視	→内観療法，家族療法
6. 注意を特定の方向へと向かわせる	→身体への焦点づけ	→フォーカシング（ジェンドリン）
7. フロイトとは関係なしに成立	→東洋的方法	→森田療法，マインドフルネス

8.1 心理療法における2つのアプローチ——意識か，無意識か

不登校のモデル（図 6.3c）で分かるように，不登校には学校に行きたい「意識」と，なぜか行けない「無意識」の2つの気持ちがかかわっている。この2

8.1 心理療法における2つのアプローチ

つはまったく性格が異なる。心理療法ではいつもこの性格の異なる2つの力を扱う必要がある。「無意識」を重視するか，それとも「意識」を重視するのかで大きく分けられるのである。しかし，「無意識」だけ，「意識」だけにアプローチすることはまずありえない。たとえば，夢を取り上げることは，主として無意識へのアプローチということができる。しかし，夢内容を記憶し，その意味を理解していく作業は意識の働きである。意識と無意識が双方相まって，新しい人格変容が生じる。両方が必要であるが，どちらかのほうにより重点がある。

主として無意識へアプローチする方法には，自由連想法，夢分析，遊戯療法，芸術療法，内観療法などがある。一方，意識へのアプローチを主とするものには，クライエント中心療法，フォーカシング，行動療法，認知療法などがある。

これらの歴史を見ると，
1. 自由連想法（1890年代～）
2. 夢分析（フロイト，1900年『夢判断』～）
3. 遊戯療法（1920年代～）
4. 世界技法（箱庭療法）（1920年代～）
5. 森田療法（1920年代～），
6. クライエント中心療法（1940，50年代～）
7. 行動療法（1950，60年代～）
8. フォーカシング（1950年代～）
9. 内観療法（1950年代～）
10. 認知・行動療法（1970，80年代～）

こうして見ると，無意識へのアプローチが最初にあって，その後に意識的アプローチが台頭する傾向がある。精神分析でも，初期は「深層心理学」と呼ばれていたが，1920年代以後，「無意識」よりも「自我（意識）」の働きに注目が集まるようになり，「自我心理学」の時代と呼ばれるようになった。

日本では1980年代まではフロイトやユング心理学など深層への関心が強かった。しかし，90年代以降は，認知行動療法に代表されるように，流れが変わりだし，無意識よりも意識が重視されるようになっている。時代によって，

振り子の運動のように深層の方向に振れたり，表層に振れたりする。別の言い方をすれば，深層に"注目"することは，そこが"意識"になる。すると，それまで意識であった部分は，注目されなくなる。つまり，今後はそこが盲点（無意識）になる。ちょうどコインの裏表のような関係となる。歴史において，催眠は何度も発見され，そして，忘却された。これと同じであろう。「無意識」はいつか忘れられ，また，発見される運命にある。

8.2 無意識へのアプローチを主とするもの
8.2.1 夢分析

　誰もが経験し，興味深いが理解できない現象に「夢」がある。現代社会では夢は迷信，非科学的として無視されてきた。しかし，古代では夢に大きな意義が与えられ，実生活に応用されていた。アレキサンドロス大王の遠征には，いつも夢占い師が同行していた。しかし，占いは一度失敗すると途端に信用を失う。そこで夢はしだいに信用を失っていった。それを現代の心理療法としてよみがえらせたのがフロイトである。フロイトのきっかけは，「ブロイアーの患者が症状の代わりに夢の話をした，そこで夢にも意味があるのではないか」（『精神分析入門』第5講）と考えたからである。フロイトは，夢は無意識へ近づくための王道と考えた。

　筆者自身も夢は非常に重要なものと考え，実践で常に使ってきた。ストー（1979）は次のように述べているが，筆者はまったく同感である。

　「心理臨床家は夢の内容を聞いて，それにコメントできるよう準備をしなければならない。夢の解釈は，経験豊富で，分析訓練を十分に受けた者だけが許される秘儀の技術の1つといまだにみなされがち。初心者は，夢の解釈を自分の手に負えないものと遠慮してしまう。それはとても残念なこと。もし，治療者が夢と取り組む準備ができていなければ，何か貴重なことが治療者からも奪われることになる。」

　「患者と初めて会う際に，病歴や生育歴を聞き取る。それはまた，患者が夢の内容を覚えているか，夢に何らかの意味を見出しているかを見定めるよい機

会。」

「患者は，しばしば診察の前夜に夢をみる。それ故に，初めて会った際，ふだんから夢を見るか，昨晩は夢を見たのか尋ねる価値がある。」

1. フロイトの夢分析の基本

フロイトは夢分析の基本を次のように考えた。

(1)（夢の記憶のあいまいさ，再生の不足も含めて）夢見た人が語るまま，それをその人の見た夢と見なす。

(2) 夢はたんに刺激（昼間の出来事，身体刺激など）を再現するものではなく，これを加工し，刺激をほのめかし，ある連関の中にはめ込み，その刺激を他の何ものかで代理する（たとえば，**図 8.1** 参照）。

(3) 夢は身体的現象ではなく，心的な現象である。

(4) 夢は夢見ている人の作品で，自己表現である。しかし，それはわれわれの〈理解できるようなものを何一つ語ろうとしない〉作品である。

(5) 夢見た人自身は夢が何を意味しているのかを知っている。ただ自分が夢の意味を〈知っているということを知らない〉。自分は夢の意味を〈知らないと信じている〉だけである。

(6) 夢分析は，夢主にどうしてそんな夢を見るようになったのかと尋ね，夢主がその場で言うことをその説明として受け取る。

古代の夢分析とフロイトの夢分析とで決定的な違いがある。古代の考えは，「夢占い師のほうは夢の意味を知っているが，夢主自身はそれを知らない」。フロイトはその考えを180度逆転（コペルニクス的転回）させ，「夢主自身が夢の意味を知っている。しかし，セラピストのほうはそれを知らない」とした。この逆転を可能にしたのが，「無意識仮説」である。

しかし，上述のフロイトの主張 (1)〜(6) には，「無意識」という言葉は意図的に使われていない。筆者が〈　〉と下線を付けた部分はすべて「無意識」を指している。無意識仮説があることで，夢分析が可能になったといえる。

患者は夢の意味を無意識に知っている。しかしながら，自分一人では自分の夢の意味を知ることができない。手助けが必要で，それがセラピストである。その役割は，患者に教えるのではなく，夢についてあれこれ適切な質問をする

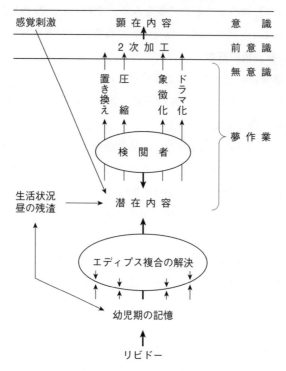

図8.1 フロイトの夢分析（エレンベルガー（下），p.85）

ことである。患者は質問に答えていくと，自分の夢に気づく（意識化）ようになる。

2. 夢に対する2つのアプローチ
(1) 古代の夢占いの方法

　夢主「私の見た夢は何を意味していますか？　教えて下さい」（夢主は何も知らない）。

　夢占い師「この夢は〜ということを教えています」（占い師は何もかもお見通し）。

(2) 現代の夢分析

セラピスト「あなたの見た夢を説明して下さい。夢から何でも思いつくことを話して下さい」（セラピストは何も知らない。説明されて、はじめて理解できる）。

夢主「そういえば、こういうことを思い出しました。……」（質問されたら思い出し、答える。夢主は意味を無意識で知っている）。

やがてフロイトは夢を潜在内容（無意識）と顕在内容（見た夢内容、意識）に分け、夢がいかに本来の起源（潜在内容）から歪められたのかを理論化した（図 8.1）。

3. ユングの夢分析の考え方

ユングは、フロイトの基本をそのまま受け継ぎ、フロイト以上に夢を重視した。しかし、フロイトのようには体系的（図 8.1）に考察をしなかった。

(1) 夢は一つの事実として扱われるべきである。夢はともかくも意味をもっているという以外に、何も前提をもってはならない。

(2) 夢は無意識の一つの固有な表現である。

ユングは「これ以上謙虚な原理の提出の仕方は考えられない。無意識について、どれほど低く評価する人でも、それが、ともかく研究に値するものである、ということについては、同意するに違いない」と述べている（『人間と象徴』p.28）。

フロイトとは違い、ユングは「無意識」という言葉を使っていることに注目してほしい。フロイトは意図的に「無意識」という言葉を使わないためにまわりくどい表現となっているが、ユングのように使えば、簡潔ですっきりした公式的表現が可能となる。

ユングは「『これと関連してどんなことがあなたに起こりましたか』、『それはどんなことを意味していますか、それはどこから生じてきたのですか、それについてあなたはどう考えますか』などと質問をするだけ。解釈は患者の応答や連想によって、ひとりでに進んでいくようであった。私は理論的な観点はすべて避け、患者が夢のイメージを自分自身で理解するのを助けようとし、規則や理論の適用を避けた」（『ユング自伝 (1)』p.244）と述べている。

フロイトとユングの意見が異なるのは、フロイトが夢内容を「性」の代理と

考えたからであった。ユングは，もし夢があるものの「代理」であるとすると，夢よりもその代理されたもの（潜在内容）のほうが重要ということになる，としてフロイトに反対した。フロイトは自由連想法を重視し，夢分析をあまり行わなくなった。ユングは夢自身のもとにとどまる決心をし，その結果，フロイト以上に夢を大事にすることになる。

4．イルマの夢

　フロイト自身が1895年7月23日から24日（39歳のとき）にベルヴューで見た「**イルマの夢**」と呼ばれる有名な例を紹介しておこう。これはフロイトが自由連想という新しい技法で分析した最初の夢であり，精神分析の原型となった記念すべき夢である。この年は，『ヒステリー研究』を出版した年で，フロイトの「創造の病」の時期にあたる。

　フリース宛の手紙（1900年6月12日）の手紙でフロイトは次のように述べている。

　「ほんとうのところどう思いますか。いつかこんなふうに書かれた大理石がこの家（ベルヴュー）に掲げられることがあるでしょうか。

　ここで1895年7月24日にジークムント・フロイト博士に

　夢の秘密が明かされた。

　今のところどうも見込み薄ですけれどね。」

　この手紙は，フロイトが，夢の解釈法は人類の精神史上画期的な発見である，という強い自負心をもっていたことを示している（佐々木，2002参照）。

【**イルマの夢**】（最初の夢分析例――フロイト自身の夢『夢判断』p.92-93)

　大きなホール――われわれはたくさんの客を迎えつつある――中にイルマがいるので，私はすぐさまイルマをわきの方へ連れて行く。いわば彼女の手紙に対して返事をし，また，イルマが例の「解決方法」をまだ受け入れようとしないのを非難するためである。私はこういう，「まだ痛むといったって，それは実際に君自身の咎なのだ」――イルマが答える，「わたしがどれほど痛がっているか，頸，胃，お腹なんかがどんなに痛いか，おわかりかしら。まるで締めつけられるようなんです」。私はびっくりして，イルマを凝視する。蒼白く，

8.2 無意識へのアプローチを主とするもの

むくんでいる。なるほど，どうもこれは何か内臓器関係のことを見落としていたかなと思う。窓際へ連れて行って，喉を診る。すると，入歯をしている婦人たちがよくやるようにイルマはちょっといやがる。いやがることはないのに（そんな必要はないのに）と私は思う。——しかしやがて口を大きく開いた。右側に大きな斑点が見つかる。別の場所にははっきりと，鼻甲介状をした，妙な，縮れた形のもの，広く伸びた白灰色の結痂が見られる。——私は急いでドクター・Mを呼んでくる。Mは私と同じようにもう一度診察して，間違いないという。……ドクター・Mはいつもと様子が全然違う。まっ青な顔色で，足をひきずっていて，顎にひげがない。……友人のオットーもイルマのそばに立っている。それから同じく友人のオットーもイルマのそばに立っている。それから同じく友人のレーオポルトがイルマの小さな身体を打診して，左下に濁音があるといい，左肩に皮膚の浸潤部を指摘する（これは私も彼と同じように着物の上からそれとわかった）。……Mがいう，「これは伝染病だが，しかし全然問題にならない。その上，赤痢になると思うが，毒物は排泄されるだろう」……どこからこの伝染病がきたかも，われわれには直接わかっている。オットーが，イルマが病気になって間もない頃にプロピュール製剤を注射したのだ……プロピレン……プロピオン酸……トリメチラミン（この化学方程式はゴシック体で印刷されて私の前に見えた）……この注射はそう簡単にはやらないものなのだが……おそらく注射器の消毒も不完全だったのだろう。」

フロイトはそれぞれの夢の要素（下線部分）について自由連想を行うことで分析した。たとえば，夢の要素〈まだ痛むといったって，それは実際に君自身の咎なのだ〉に対するフロイトの連想である。

「これは覚醒時であっても彼女に言いかねない。あるいはそう実際に言った。当時の私は，症状に潜む意味を患者に告げれば，それで私の使命は果たされたと考えていた。（のちにこれは誤りだと気づいた。）治療成果は，患者がその後その解き明かしを受け入れるどうかにかかっているのだが，しかし，そこまで私の責任は及ばないと考えていたのだった。こうした認識不足を避けぬままに治療成果をあげねばならなかったあの頃，今はうまく克服できたこの誤りのお

5. ユングの反復夢

ユングの**反復夢**（何度も繰返し見るぐらい重要な夢）を紹介する。

この夢は，両親と自分の関係，受け継いだもの（遺産相続），そして自分自身の独自の生き方を発見する内容である。ユングが個人を超えた無意識の世界，人類共通の遺産（普遍的無意識，元型的イメージ）を発見した過程がよく示されている。

現実の人物と夢の中の人物が微妙に違う。ユングの父親は牧師であったが，夢では魚の比較解剖学研究者となっている。それは「父親イメージ」として理解する。すなわち，「お父さんは，牧師というよりもまるで魚の比較解剖研究者」，「お母さんは幽霊のようなお客を相手にホテルを経営するようなイメージの人だ」という意味となる。

【ユングの反復夢】（『人間と象徴』p.53）

私は数年にわたって，一つの主題を夢に見つづけた。

「私はいつも，自分の家に，今までそんな場所があるとは知らなかった部分を"発見する"。ときとしてその部分は，もうずっと以前に死んでしまった両親が住んでいる部屋であり，驚くべきことに，私の父はそこに，魚の比較解剖学的研究の実験室をもっていたり，私の母は，幽霊のような客のためにホテルを経営している。客用の別館は，長く忘れられている古い歴史的な建物であったが，私が相続した財産の一つである。

そこには興味をそそる家具があり，この一連の夢の最後のころでは，自分は未知の本がある古い図書室でみつけた。最後の夢において，私はとうとう一つの本を開け，そのなかにもっともすばらしい象徴的な絵を見出した。目覚めたときに私の心臓は興奮して動悸を打っていた。」

8.2.2 遊戯療法（プレイセラピー）

精神分析は成人を対象として開発され，寝椅子で，言葉によるやり取りが基本である。それは子どもにはむずかしい。クライン（Klein, M.；1882-1960）

8.2 無意識へのアプローチを主とするもの

は自由連想法に代わる手段として遊びに注目し，**遊戯療法**を導入した。

また，フロイトの末娘のアンナ・フロイト（Anna Freud；1895-1982）も児童の心理療法に取り組み，「児童分析」という名前を使っている（アンナ・フロイト，1946）。彼女は子どもに適用するための工夫——たとえば，夢分析や描画などの使用——を行っている。また子どもを対象とする心理療法における教育的アプローチ（意識）の重要性も指摘している。

1. クラインの遊戯療法

クライン（1957）は，『研究自伝』の中で遊戯療法との出会いについて，次のようなことを述べている。

1919年に5歳の男子「フリッツ」の治療を行ったとき，6歳以下の子どもの精神分析はまったく行われていなかった。その頃，精神分析は「潜在期」（**表7.2**参照。「潜伏期」ともいう）以後の子どもにしか適用してはならないとされていた。1920年から23年にかけて遊戯療法を導入することによって，乳幼児期の子どもの症例の経験を積み重ね，対象関係理論を作り上げた。

クラインは当時の必要条件を述べている。現在のそれ（本章扉写真参照）と比較してみると興味深い。

(1) おもちゃは単純なものがよい。遊戯室の備品もまた単純なものでなければならない。精神分析に必要なもの以外は何も備品に含めてはいけない。
(2) 設備は「洗える床，流れる水，一つのテーブルといくつかの椅子，小さなソファーといくつかのクッション，たんす一つそれだけで充分である」。
(3) 子どもがさまざまな体験や空想，現実の状況などを同時に表現することができるためには，おもちゃは単純で小さく機械的でないものがよい。
(4) 小さな人形をいくつももっていること，これが一番大切なこと。人形は機械的なものではないこと。人形の色と大きさだけ，いろいろな種類が揃えられていること，一定の職業的な特徴を示していないこと
(5) 主なおもちゃの種類……いくつかの小さな木製の男と女の人形（通常，大小2つのサイズが必要），自動車，手押し車，ブランコ，汽車，飛行機，動物，木，ブロック，家，塀，紙，ハサミ，ナイフ，鉛筆，チョークや絵の具，のり，ボール，はじき玉，粘土，ひもなど。

(6) おもちゃは，それぞれの子どものために引出しに鍵をかけてしまっておく。おもちゃとおもちゃを使っての遊びは分析者と自分だけしか知らないようにする。

　個人用の引出しこそが，精神分析の感情転移状況の特徴ともいうべき分析者と患者の間の2人だけの緊密な関係を形づくる。

(7) 遊戯療法の技法で大切な問題は，どんな場合でも，**感情転移**を分析することである。

(8) おもちゃは，子どもの空想，願望，体験などとむすびついて，さまざまな象徴的な意味を必ず持ち出すようになる。したがって子どもの無意識への接近は，ちょうどフロイトの夢判断と同様の仕方で，子どもの遊びに近づくことによってはじめて可能になる。

　クラインの方法は，現在の日本で実践されているやり方とは違うところがある。おもちゃの数はかなり増加したし，子ども専用の引出しについては，筆者は聞いたことがない。

　重要なことは「子どものさまざまな体験や空想，願望，現実の状況を表現できること」「夢と同じで，遊びを通して無意識へ接近する」「セラピストと子どもの関係（感情転移）」という点である。日常の遊びとはまったく目指すところが違う。

2. アクスラインの遊戯療法

　日本の遊戯療法に大きな影響を与えたのは，クラインやアンナ・フロイトよりも，むしろロジャーズの非指示的療法に従ったアクスライン（Axline, V. M.）である。とりわけ遊戯療法の8原則が有名である。

> **コラム8.1　遊戯療法におけるアクスラインの8つの原則**
> 1. まず子どもと暖かい（warm），友好的な（friendly）関係——ラポール——を作り上げていかなければならない。
> 2. 子どもをあるがままに受容する。
> 3. 子どもが自分の感情を完全に自由に表現できるように許容的に接する。

4. 子どもの感情を注意深く感じ取り，その感情をセラピストが鏡のように反射し，子どもが洞察できるようにする。
5. 子どもの本来もっている解決能力を信頼すること。
6. 決して子どもの行動や会話を指示しようとはしない（非指示的）。
7. 解決を急がない。
8. 現実を無視するような子どもの行動に対して必要な制限を加える。

　クラインと比較すると，アクスラインは解釈や感情転移の分析よりも，まずともかく子どもに暖かく，友好的，受容的で，感情を解放するように接することが強調されている。また，子どもに指示するのではなく「子どもの心に反射する」ことが強調されている。しかし，何でも受容的に接していると，子どもからの激しい衝動的攻撃に出会うことがしばしばある。そのために「必要な制限を加える」（原則8）必要がある。

　子どもの攻撃性に対してクラインは次のように述べている。

　「自分（クライン）の身体に加えられる攻撃には，自分が耐えられないということについて，うまく子どもに伝えてやることができた。このような態度を取ることは，分析者をまもるためだけではなく，分析そのもののためにも重要なことである。もし，そのような攻撃が一定の範囲内に止めておかれなければ，それは子どもの中に過度の罪悪感と被害的な不安をかきたててしまい，そのために治療はさらに一層の困難さが加わってくることになる。……私に言葉で攻撃するという別の方法で攻撃性を行動化する機会を充分に与えられる。さらに，子どもの攻撃性をそのつど，的確に解釈できるならば，これらの状況ははるかにコントロールしやすくなる。とはいえ，精神病的な子どもの場合には，時には子どもの攻撃性から自分を守ることがむずかしくなることもあった。」

3. アクスラインと無意識

　クラインは，遊びは「無意識」への通路と考えているが，アクスラインは「無意識」という言葉はまったく使っていないことに注目してほしい。しかし，アクスラインの8つの原則を，「意識—無意識」の軸で見ると，興味深いことが分かる。

　すなわち，原則1〜3（ラポール，受容，許容的態度）は，子どもの「無意

識」を解放するためである。原則4（洞察）は子どもの「意識」へのアプローチである。そのためには，セラピストには観察力，感受性，判断力，伝達能力など高度の「意識能力」が必要である。

　原則5～7は子どもの心の無意識への信頼である。無意識には指示することができない（非指示的）。また，意識の時間（日常的時間，たとえば毎日の予定）と無意識の時間（非日常的時間，心の成熟の時間）では進み方が異なる。無意識の時間は急がせることはできないので，待つしかない。

　受容的に接すると，子どもの心は解放され（防衛が解ける），「無意識（衝動）」は活動的，攻撃的になる。その場合，子どもとセラピストの「意識」の統制能力を頼りに制限する必要がある。8つの原則は，意識と無意識の双方へのアプローチがうまく行われている。

8.2.3　芸術療法（アートセラピー）

　1940年代にアメリカでアートセラピーを積極的に推進したナウムブルグ（Naumburg, M.；1890-1983）は「フロイトは現代世界に『無意識はイメージにおいて語る』ことを知らしめたが，彼自身は患者が夢を言葉で語るのではなく，絵に描かせてもらえないだろうか，と言っているのに，それに耳を貸さなかった。ところが芸術療法は，まさに内的体験を絵で表現するようにと勧める方法である」と述べている。フロイトは言葉を過度に重視し，そのために芸術療法を発展させなかった。

　ナウムブルグは「芸術療法では，自由連想という過程を患者の制作した自発的描画に対しても適用する（のが精神分析と違いである）」と述べている。ナウムブルグがフロイト派に対して批判的なのは，彼女が最初は芸術療法に好意的なユング派の分析を受け，2度目にフロイト派の分析を受けていることと関係があるかもしれない。ナウムブルグと同じような立場をとるバーンズ（Burns, R. C.）は，「臨床描画研究」誌創刊号（1986）の序文で「フロイトが言語を重視したために描画研究などを遅らせている」と批判している。

　芸術療法は，自由連想法に匹敵する方法を目指すのであり，ここが美術教育との違いである。ユング自身は混乱状態から回復するときに自ら絵を描いたり，

8.2 無意識へのアプローチを主とするもの

砂遊びをしたり，城を作ったり，石に彫刻をしたりした．すなわち，造形表現の重要性を自ら体験した．ユングはその体験を「超越機能」(1916) で理論化し，心理療法とは乖離した意識と無意識を統合させること（超越機能）であるとした．すなわち，そのためには意識の機能を弱め，無意識的素材を手に入れる．夢，自由連想，空想などはすべて意識を弱めることによって無意識に近づく方法である．そしてこれら以外にも「絵，粘土，ダンス」などの芸術的手段があると述べている．

芸術療法の分野は広く，絵画，箱庭，コラージュ，詩歌，音楽，ダンス，演劇（サイコドラマ）など，あらゆる手段が利用されている．

コラム 8.2　芸術療法とは――ユング

「もろもろの感情をイメージに翻訳すること，すなわち，感情の内に隠されているイメージを見出すことに成功する分だけ，心の平安が訪れた．イメージを感情の中に隠されたままにしていたなら，きっと私は無意識の内容のためにばらばらに引き裂かれていたことだろう．たぶん，その無意識の内容を分裂させることができたであろうが，その場合抗いがたい力で神経症に陥り，ついにはその内容が私を破壊していたにちがいない．実験を通じて私は，感情の背後にあるイメージに気づくことが治療的観点から見ていかに救いになるかを認識した．」（『ユング自伝 (1)』）

「これらの空想を書きとめているとき，私はかつて自分自身に尋ねてみた．『私はいったい何をしているのか．これは確かに科学とは関係がない．しかしそれではいったい何なのか』と．すると，私の中の声が言った．『それは芸術です．』――明らかに，私がしていることは科学ではなかった．――私はこの声に対して，私の空想は芸術とは何の関係もないことを強調した．そして，私は強い内的な抵抗を感じた．しかしながら，何らの声もかえって来ず，私は書き続けた．すると二度目の攻撃があり，再び『それは芸術です』と同じ主張をのべた．」（『ユング自伝 (1)』）

コラム 8.3　芸術療法の実習――なぐり描き法

描画療法として，誰でも簡単に利用できる方法に「**なぐり描き法**」がある．

これはスクリブル（scribble）とか，スクイッグル（squiggle）の訳語で，前者は「気をつけたり注意したり，体裁を整えたりしないで，急いで描く，走り書きする，落書きする」という意味で，後者は「くねった線，のたくる（こと），走り書き（する），もじもじする，もがく」などの意味がある。前者はナウムブルグ（Naumburg, 1966）によって導入され，後者はウィニコット（Winnicott, D. W., 1971）によって考案され，中井（1977）によって「相互なぐり描き法」として日本に紹介された。

　前者は伸び伸びとした線の一筆描きを基本にするのに対して，後者は「目をつむって」比較的短い描線（のたくった線）を描くことに違いがある。しかし，日本ではこの違いが区別されないままに使用されているが，きわめて自由度の高い方法なので，筆者は2人の方法に厳密に従う必要はないと考えている。

　日本でのなぐり描き法の一般的な基本手順は，次の通りである。
1. 「何も考えないで手の動きに任せて紙に自由に線を描く」。
2. 「描かれた線をよく見ると，何か見えてきませんか？」
3. 「何かが見えてきたら，色をつけて，完成させて下さい」。
4. 振り返り「できあがった絵について説明して下さい」。制作者は自分の体験を思い出し，表現する。聞き手は，制作者の発言を正確に理解するように務める。また，適切な質問をして，制作者の体験をより深めていく。

　このやり方は簡単なようであるが，心理療法の原則がよく現れている。すなわち，何も考えないで手を動かすことは，意識の関与を弱くして，偶然性に委ね，無意識が活動しやすくする。あいまいな描線に対して，無意識的内容を**投影（投映）**する。投影によって，無意識的素材が手に入る。丁寧に作品を仕上げるときには，技術能力も必要となる。これらの結果，意識と無意識の統合されたものが作品としてできあがる。

1. 絵画療法

　心理療法の手段として一番よく利用されている。自由画だけでなく，なぐり描き法，人物画，家族画など多くの方法が開発されている。1983年に密教の金剛界マンダラからヒントを得て森谷が開発した方法として，「九分割統合絵画法（Nine-in-One Drawing Method）」がある。これはA4判の画用紙に枠づけをし，その中を3×3の9つの枠を作り，その中に思いついたイメージや文

8.2 無意識へのアプローチを主とするもの

字, 図形などを一定の順番に自由にメモしていく方法である。画面が小さくなるために絵が不得意な人でも描きやすくなる。これは自由連想法を画用紙の9つの枠の中で実践する意味がある（森谷, 1995）。

2. 箱庭療法

人, 動物, 植物, 家屋, 乗り物などのミニチュアを, 砂箱の中に配置して表現する方法である。もともとはロンドンの小児科医ローウェンフェルト (Lowenfeld, M.) が若い頃に読んだ H. G. ウェルズの小説「フロア・ゲーム (床遊び)」を思い出し, 1925年に心理療法に応用し,「世界技法」と名づけたことに始まる。1956年, スイス人のカルフ (Kalff, D. M.) がこれを学び, ユング心理学を適用し,「砂遊び (sandplay)」療法と名づけた。これをユング研究所留学時に河合隼雄が知り,「言語なしで, 直観的に理解できる, 日本人に向いた」方法と洞察し,「箱庭療法」と翻訳して1965年に日本に伝えた。以後, 広く普及し, 子どもから高齢者まであらゆる年齢層の人に適用されている。

3. コラージュ療法

collage とはフランス語で「糊(にかわ)による貼付け」の意味で, 1912年頃にピカソらによって美術界にもたらされた。しかし, 美術のコラージュとコラージュ療法は「切り貼り」という方法だけは同じであるが, その目指すものがまったく違う。美術のコラージュからコラージュ療法が出てきたのではない。

コラージュ療法は1987年, 森谷が偶然の機会に思いついた方法である（森谷, 2012）。きっかけは, 言語表現意欲の乏しい, 絵を描くことも不得意な人たちへの心理療法をどうすればよいのか, ということであった。絵が苦手な人の場合, 箱庭療法が利用される。しかし, 箱庭設備は場所と費用がかかる。そこで, 箱庭設備のない場所でも使えて, 箱庭に匹敵するほど有効で, 簡便, 安価な方法——たとえば,「持ち運べる箱庭」——を探していた。そのとき, 森谷は, 箱庭療法とは, 市販の立体の玩具（レディ・メイド）を砂箱の中で組み合わせて作品を作る方法である, それならば, 平面の絵や写真などの切り貼りでも同じような効果をもつに違いないと発想し, それをコラージュ療法と名づけた。

方法は雑誌やパンフレットなどから,「心が惹かれる」絵や文字を選び, 好

きな形に切り抜き，集め，台紙の上で構成し，貼り付ける。重要なことは，「心が惹かれる」表現をすること，すなわち，切り貼りすることがフロイトの自由連想や夢に匹敵することにある。

これは方法が単純明解で，幼児から高齢者まで，精神病，神経症から健康な人まで幅広く適用でき，また，個人でもグループでも使用できる，かなり安全な技法とされている。

8.2.4 内観療法

内観療法は，もともと浄土真宗の一派に伝わる「身調べ」という方法から，吉本伊信（1916-88）が発展させた方法で，森田療法と並んで日本で開発された方法である。吉本は1953年に奈良県に内観研修所を開設した。日常的生活から離れ，研修所の部屋の隅にある約1メートル四方の屏風で囲まれた中にこもり，母親，父親，配偶者など重要な人物に対して，「してもらったこと，して返したこと，迷惑をかけたこと」を年齢順に具体的な事実を思い起こしていく。指導者は1～2時間ごと，クライエントを訪れて面接する。これを約7日間続ける。

これは，それまで無意識であった過去の親子関係を思い起こし，親に対する感情を整理することが目的といえる。

8.3 意識の働きを重視する心理療法

意識と無意識の両方とも重要であるが，どちらかといえば，意識へのアプローチをより重視する方法として，「クライエント中心療法（ロジャーズ）」「フォーカシング」「行動療法」「認知療法」「認知行動療法」を紹介する。

8.3.1 クライエント中心療法

ロジャーズの心理学は「非指示的療法（non-directive therapy）」「**クライエント**（来談者）**中心療法**（client-centered therapy）」という呼び名で知られている。彼は1957年に「治療において人格変化を引き起こすための必要十分条

表 8.2　治療において人格変化を引き起こすための必要十分条件（ロジャーズ）

次の6条件が存在し，それがかなりの期間継続しさえすれば，それだけで建設的な人格変化が生ずる。他のいかなる条件も必要ではない。
1. 2人の個人が心理的接触（psychological contact）の状態にあること。
2. 第1の個人（この人をクライエントと呼ぶ）は不一致（incongruence）の状態にあり，傷つきやすい，あるいは不安の状態にあること。
3. 第2の個人（この人をセラピストと呼ぶ）はこの関係の中で一致しており（congruent），統合されている（integrated）こと。
4. セラピストはクライエントに対して，無条件の肯定的配慮（unconditional positive regard）を経験しつつあること。
5. セラピストは，クライエントの内的枠組み（internal frame of reference）に共感的理解（empathic understanding）を経験しており，そしてこの経験をクライエントに伝達するように努力しつつあること。
6. セラピストの，共感的理解と無条件の肯定的配慮をクライエントに伝達するということが最低限達成されていること。

件（*The necessary and sufficient conditions of therapeutic personality change*）」を発表した（『ロジャーズ選集（上）』p.265-285）。この6条件（**表 8.2**）はロジャーズの理論の中でもっとも有名で，これが戦後の日本に大きな影響を与えてきた。

河合（1975）はロジャーズのやり方を次のように批判している。

「ロジャーズの言っていることはまちがってはいないが，これだけではどうしていいか分からない。ロジャーズの言っている条件は，「（野球で）ヒットを打つために必要な条件は，確実にミートする，力いっぱい振る，野手のいないところに打つ，の3条件であり，これさえできれば誰でもプロ野球選手になれる」というところにやや近いところがある。」

ロジャーズは，面接相談の逐語記録を詳細に分析し，どのように対応するべきかについて研究してきた。カウンセリングを学び始めた初心者には，大変参考になる。田畑（1990）はロジャーズの応答技法を次のように紹介している。

1. 感情の受容（acceptance of feeling）

「簡単な受容」とも呼ばれる。「うむ」「なるほど」「そうですか」等の応答をしながら，聞き入る。

2. **感情の反映**（reflection of feeling）
　クライエントが表明する話題に含まれた感情をセラピストが映し出して伝える。
3. **繰り返し**（restatement）
　クライエントの表明したことのエッセンスをそのまま言葉で繰り返す。
4. **感情の明確化**（clarification of feeling）
　漠然とした感情を表明したり，もってまわったくどい表明をするような時，その感情を明らかにする。
5. **承認―再保証**（approval-reassurance）
　情緒的な支援，承認，強化を与える。
6. **非指示的リード**（nondirective leads）
　もっと具体的な問題に立ち入って表明してもらったり，説明を求める。「もう少し話してくれませんか」。
7. **フィードバック**（feedback）
　クライエントの行動について，セラピストがどう見ているのかを伝える。
8. **自己開示**（self-disclosure）
　セラピストが自分の感情や考えを適切にクライエントに伝える。

8.3.2　フォーカシング

　ジェンドリン（Gendlin, E. T.；1926-2017）はオーストリアのウィーンで生まれ少年時代にアメリカに移住した。1952年，当時哲学を専攻しているシカゴ大学大学院生としてロジャーズの研究に参加し，影響を受けた。体験過程（experiencing）という概念や**フォーカシング**（focusing）という独自の方法を提案している。これは内的な感覚として感じられる心の動き（無意識に相当する）を体験過程と呼び，それに意識の焦点を合わせ，その体験をより深める方法である。意識の働きのほうを重視しているのである。
　池見（2004）は表8.3のような簡便法を紹介している。

8.3.3　行動療法

　これは，意識，無意識，また対人関係などのあいまいな概念を使用しないで，

表8.3 フォーカシング簡便法（focusing short form）（池見, 2004）

1. 間を置く（clearing a space）
感情と適切な心理的距離を取る。

2. フェルト・センス（felt sense）
気がかりなことがらを想像している時に感じる感覚に注意を向ける。

3. 見出しをつける（find a handle）
フェルト・センスにぴったりと表現できる言葉や身体のポーズ，イメージを表す見出しを付ける。

4. 響鳴させる（resonate）
見出しの言葉がフェルト・センスにピッタリかどうか，自分の中で言葉を響かせてみる。

5. 問いかけ（asking）
見出しを響鳴させてもフェルト・センスが起こらない時，次のように問いかける。
①このことがらの何が見出しみたいなんだろう？
②この見出しの感じは何を必要としているのだろうか？

6. 受容（receive）
新しい気づきが得られたら，それを受容する。

純粋に観察可能な行動に焦点を当て，自然科学的方法に則って客観的に行う立場である。

この方法は1913年のワトソン（Watson, J. B.；1878-1958）の「行動主義宣言」から始まった。これは，「純粋で客観的で実験的な自然科学の一部門」で，目標は「行動の予測とコントロール」にある。そして刺激―反応の関係を厳密な実験を通じて研究し，その成果を障害の改善に利用する。

行動療法には2つの重要な理論的支柱がある。それは，パブロフ（Pavlov, I. P.；1849-1936）の古典的条件づけ理論（レスポンデント条件づけ）とスキナー（Skinner, B. F.；1904-90）の道具的条件づけ（オペラント条件づけ）である。前者は，イヌが餌番の足音を聞いただけで，唾液を分泌するのを偶然に発見したことに由来する。すなわち，餌と音が同時に呈示されると，本来無関係であった刺激と反応が結びつく。

後者の方法は，偶然の機会にバーを押すと餌が出る仕掛けになっている箱の中にネズミを入れる。ネズミがいろいろ動き回るうちに偶然に餌が手に入る。

表 8.4　精神分析に対する行動療法の主張

1. 分析のやり方は，非科学的である。
2. 心理療法の効果を客観的に確かめられていない。
3. 分析は時間と労力がかかる。
4. 症状はただ単に消失すればよい。その意味は考えなくてもよい。当然，症状の背後に仮定される無意識は認められない。

その結果，ネズミは餌を手に入れるために，バーを押すという方法を学習する。行動療法とはこの2つの条件づけ理論を人間に応用したものである。

　行動主義的立場からすると，不適応行動は誤った学習から生じたものであり，それを治すには，新たに学習し直して，正しい学習を身につけなければならない。すなわち，治療とは再条件づけを行うことである。

　たとえば，ウォルピ（Wolpe, J.）の逆制止原理と呼ばれる方法がある。「人間はリラックスしているのと同時に不安でいることができない」ので，リラックスによって不安を抑えることができる。不安状態にある人は，間違った学習によってある対象が不安と結びついてしまった結果と考えられる。それを直すには，ある対象を今後はリラックスと結びつける学習をすれば不安を克服することができる。

　嫌悪条件づけと呼ばれる方法は，薬物やアルコールなど望ましくない行動を電気ショックなどの嫌悪反応と結びつけることによって止めさせる。

　行動療法は精神分析療法のような方法に対する強い批判を行っている（**表8.4**）。逆に行動療法には，人に特有の心の存在を無視しているという批判がなされている。

8.3.4　認知療法

　認知療法（cognitive therapy）は，精神分析医であったベック（Beck, A. T.）が提唱した方法である。彼は最初フロイトの自由連想法を使って治療をしていたが，やがて意識の在り方，とりわけ認知の歪みによって問題が生じてくるこ

表 8.5 認知療法 (ベック, 1976)

	特有の観念内容
抑うつ	固有領域の価値の引き下げ
軽躁	固有領域の評価の膨張
不安神経症	固有領域に対する危険
恐怖症	回避可能な特有の状況に関連した危険
パラノイド状態	固有領域に対する不当な侵入
ヒステリー	運動または知覚の異常に関する概念
強迫観念	警戒すること，または疑うこと
強迫行為	危険を防ぐために特定の行為を行うようにという自己指令

とに気づくようになってきた。「自分の心理的な問題を理解し解決する鍵はその人自身の意識の範囲内に存在しているという視点からのアプローチ」であると主張する。この主張は，1920年代の自我心理学とよく似ている。筆者は「自我意識」と「認知」はほとんど同じ意味ではないかと考えている。違いは無意識のように人を驚かせるような仮説はなく，コモンセンス（常識），すなわち意識の働きをよりいっそう大事にしているところである。

ノイローゼのそれぞれの障害は特有の認知の歪みがある（**表 8.5**）。歪みの起源は，その人の認知発達過程における不完全な学習の結果である。治療とは，その歪曲した考えを修正し，より現実的な方法を身につけていくのを助けることにある。

意識に焦点を当てるやり方は，ロジャーズと同じであるが，ロジャーズは非指示的方法を選び，治療者のほうからアドバイスを与えようとはしなかった。しかし，認知療法は，認知の歪みを修正するために，明確な目的をもってきめ細かい治療戦略を作り上げ，的確な指示を行う。これは行動療法の発想でもある。そのために「認知行動療法」とも呼ばれる。

抑うつ状態では，主観的な喪失体験のために個人領域が縮小していると認知するところに問題がある。そのために自信がもてなくなり，周囲との関わりに

表 8.6　うつ病に対する認知療法（ベック, 1976）

特定の問題領域 （標的）	患者による説明	治療的アプローチ
Ⅰ. 行動面の症状 　1. 不活発さ 　2. 引きこもり 　3. 回避	1. 疲れすぎている，または弱すぎる 2. 試みても無駄だ 3. 活動的になれば気分が悪くなる 4. 何を試みても失敗するだろう	1. 探りを入れる 　(a) 試みたことで何を失ったか？ 　(b) 受け身的になることで何か良いことがあったか？ 　(c) 受け身的になれば気分が悪くなるだろう 　(d) あなたはどのようにしてそれを知ったか？ 2. 活動スケジュール 3. 段階的課題設定 4. 認知リハーサル
Ⅱ. 自殺願望	1. 生きている意味がない 2. 惨めすぎる，逃げなくては 3. 他の人の重荷になっている 4. 義務／問題に対処できない	1. アンビバレンスに直面させる 　(a) 死ぬ理由について尋ねる 　(b) 生きていく理由をあげていく 2. 選択肢療法 　(a) 問題に対する選択的視点 　(b) 選択的行動 3. 処理できる単位にまで問題を還元する
Ⅲ. 希望の喪失	1. 何をやっても無駄だ 2. 自殺の"理由"と同じ	1. 否定的予測の誤りを実証的に明らかにしていく 2. "理由"について質問する
Ⅳ. 満足の欠如	1. 何も楽しめない 2. 満足できることがない 3. 活動しても意味がない	1. "目隠し"を取りはずす 2. M&P療法：満足を探してそれに名前を付ける 3. 目標の意味を探す 4. "楽しみを押し殺す思考"に対抗する
Ⅴ. 自己非難 　　自己嫌悪	1. 欠陥がある，弱い，等 2. もっと望ましい人間にならなければならない 3. 問題の責任が自分にある	1. 自己非難を否定しその理由を考える 2. ロールプレイ：自己に対する同情 3. 議論："shoulds の暴政" 4. 3つのコラムの技法
Ⅵ. 苦痛な感情	1. 私は苦痛に耐えられない 2. 何をしても気持ちは楽にならない	1. 注意をそらす 2. 感情を無視することによって域値を上げる 3. ユーモア，怒りで対抗する 4. イメージの誘発 5. 3つのコラムの技法
Ⅶ. 外からの要求，問題，圧力の誇張	1. どうしていいか私にはわからなくなった 2. やることが多すぎて，私には何もできない	1. 問題解決 　(a) することを列挙する 　(b) 優先順位を決める 　(c) 達成した課題を消していく 　(d) 外的な問題を細かく具体的に分ける 2. 認知リハーサル

ついては否定的な側面しか目に入らなくなり、将来に対して悲観する。

不安神経症の場合、自分に危険が迫っていると感じている。しかし、患者にはそれに対抗するだけの力に自信がないと認知している。

それらの治療には、たとえば、**表 8.6** にはうつ病の認知療法のアプローチ法が示されている。非常に具体的で細かな手続きに従って治療を行う。行動療法は意識をまったく考慮せず、ひたすら行動のみに焦点を当てるが、認知療法の場合には、認知的側面を重視し、行動の意味について考える。自己探索的方法であることは精神分析療法と共通している。精神分析、行動療法の双方の影響を受けた方法ということができるであろう。認知療法で「自動思考」と呼ばれているのは、まさにフロイトのいう「無意識」の活動と同じものと考えられる。

8.4 その他のアプローチ

8.4.1 森田療法

森田正馬（まさたけ）（1874-1938）が 1919 年に思いつき、1920 年に理論化して発表した日本独自の方法である。森田は最初、催眠療法に取り組んでいたが、まもなく止めている。

これは、治療者と患者が一緒に生活を共にすることが特徴である。入院治療では、最初の 1 週間ほどは絶対臥褥（がじょく）といわれ、食事、排便以外は個室で寝た状態ですごす。その後、徐々に庭仕事、大工仕事、手芸、読書などの作業をしていく。

森田療法は「そのまま」とか「あるがまま」というのが標語になっている。無意識に対しては、かかわらないようにする、というのが特徴である。「気分、症状に対していじらずにあるがままに受け入れる」、気になることがあっても、それに「とらわれる」ことなく、「あるがまま」「そのまま」の状態で行動する。

これは禅などの東洋的やり方にも通じる。西洋の方法は、内的イメージに注目し、これを取り扱う。座禅の瞑想中にもいろいろなイメージが現れる。禅の場合、それらのイメージにかかわらない。ひたすら「無」や「空」に集中する。最近、流行しているマインドフルネス（mindfulness）は、「今ここでの体験に、

評価せずに，とらわれのない状態のままただ観察していく心的活動及びその状態」で東洋の瞑想が基本にある。

8.4.2 身体へのアプローチ

心理療法は心と身体の両方にかかわっている（「7.3 心身症モデル」参照）。精神分析療法などは，心から身体のほうへの働きかけということができる。逆に身体のほうから心のほうへ影響を与えるアプローチもある。これらは催眠からヒントを得ていることが多い。

1. 臨床動作法

成瀬（2000）は，1964年，脳性マヒで身体が動かなくなった子どもの手が催眠法で動くという小林（1666）の報告にヒントを得て，老人病棟で脳卒中の後遺症で手の動かない人に対して軽い催眠暗示を使用し，手が動くことを確かめた。これをきっかけにして，成瀬は**臨床動作法**と呼ばれるアプローチを発展させた。自閉症児，知的障害児から精神病者，さらにスポーツ選手にまで利用範囲が広がっている。

動作には，「意識して動かすことのできる動作と，意識して動かせない動作」があり，後者に対する働きかけを動作法として開発した。成瀬は，「意識して動かすことのできない動作」を，無意識という言葉を使用しないで説明しようとしている。

2. 自律訓練

自律訓練（autogenic training）は，1932年シュルツ（Shultz, J. H.）によって提唱された方法で，催眠からヒントを得ている。自己暗示によって，全身の緊張を段階的にほぐす。たとえば，「身体が重い」という言葉をゆっくりと頭の中で反復し，自分の身体に言い聞かせていく。すると本当に身体が重いと感じる状態になる。このとき，身体の緊張が抜けた状態になっている。逆にいえば，緊張が解けると，ダラーッとして身体が重いと感じる。緊張を解くために身体の重力感を利用しているといえる。

重みを利用する他，心臓の鼓動の速度（ゆっくりと動いている），身体温度（体が温かい）なども利用される。

8.4.3 集団へのアプローチ

1. エンカウンター

エンカウンター（encounter）とは「出会い」という意味であり，見知らぬ人たちがグループでカウンセリングを行う方法である。精神分析療法は最初，1対1の個人療法であった。やがて集団で行う必要性から，いろいろな工夫がなされるようになった。日本では1969年にロジャーズのエンカウンター・グループが導入された。

2. 家族療法

ほとんどすべての心理療法は広い意味では**家族療法**といえるだろう。フロイトが，ノイローゼの一番重要な問題はエディプス・コンプレックスであるというとき，それは父―母―子の関係の重要性を意味していた。ユングも同じで父親元型，母親元型などを問題に取り上げている。アドラーは両親との関係だけではなく，同朋の出生順位なども考慮した。内観療法も親との関係を重視している。また，子どもの心理療法の場合では，たいてい母子並行面接というような形で，子どもと母親をそれぞれ個別に，または合同で面接している。この場合でも，母子をはじめ家族関係を扱ってきた。

狭い意味の家族療法は，1960年代に登場してきた。その特徴は，個人1人だけではなく，家族全員を1つの部屋に集め，家族成員全体を対象にそのコミュニケーションのあり方などをテーマに治療しようとする方法である。

8.5 まとめ——各学派の位置づけ

このように，じつにさまざまな心理療法があるが，これらは全体としてどのように位置づけられるのだろうか。

河合（1982）は，クロッパーとシュピーゲルマン（1965）が提案した座標軸を元にして，学派の相違を位置づけた（**図 8.2a**）。縦軸を治療過程，横軸を患者の現実の2軸が設定されている。そしてそれぞれ内的―外的の両方向に分けた。

筆者は，本書において，無意識仮説と対人関係理論を2つの柱（第1章）に

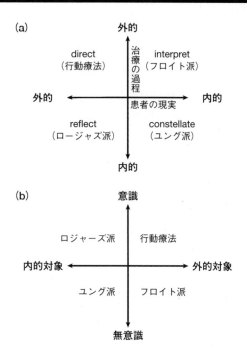

図 8.2 心理療法における学派の相違 (a：河合,1982；b：森谷による)

河合隼雄（1982）は，クロッパーとシュピーゲルマン（1965）の論文を参考にして，ユングのタイプ論を応用して学派の相違を分類している。縦軸を治療過程に取り，横軸を患者の現実に当てている。

筆者は，河合の軸とは少し異なり，縦軸に意識―無意識を当てて，横軸を対人関係（内的対人関係と外的対人関係）に当てて論じてきた。しかし，お分かりのように，この2つの図は同等である。河合の座標軸を90度右に回転すると下図と同じものになる。

して論じてきた。この発想に従えば，縦軸に意識―無意識，横軸に対人関係（内的―外的）を配置する。この森谷の座標軸に学派の相違を配置すれば，**図 8.2b** になる。お分かりのように，この2つの図は同等である。河合の座標軸を90度右に回転すると森谷の図と一致する。

　筆者は新たな発想として，無意識を虚数（imaginary number；想像上の数）として縦軸に，意識を実数として横軸に設定してみた（虚数についての説明は，「コラム 9.1　数学の言葉（2）」を参照）。するとユング派，フロイト派，ロ

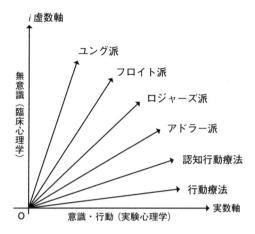

図 8.3　複素数空間での学派間の相違（森谷，2009 を加筆修正）

ジャーズ派，アドラー派，認知行動療法，行動療法などが傾きの違いとして表示することができる（図 8.3）。傾きの違いは無意識へのコミットメントの程度として理解できる。諸学派の方向性の違いは無意識への関与の違いに由来している。
（この図では矢印の長さは考慮していない。もし，各学派の人数が分かれば，それを矢印の長さとして表現でき，学派の勢力図として提示することができるだろう。）

[参考図書]

河合隼雄（1967）．ユング心理学入門　培風館
　この本はユング心理学の入門書であるが，同時に夢分析を紹介した書でもある。日本人が書いた最初の本格的な夢分析の記録で，歴史的価値がある。
鑪　幹八郎（1979）．夢分析の実際　創元社
東山紘久（1993）．夢分析初歩　ミネルヴァ書房

以上の夢分析の書も推薦したい。
　箱庭療法としては以下があげられる。
河合隼雄（編）(1969). 箱庭療法入門　誠信書房
河合隼雄・中村雄二郎 (1984). トポスの知――箱庭療法の世界――　TBSブリタニカ
　河合（編）(1969)は日本への最初の紹介された歴史的な書で，大きな影響を与えた。
　芸術療法としては以下があげられる。
森谷寛之 (1995). 子どものアートセラピー　金剛出版
　箱庭療法，描画法（九分割統合絵画法），コラージュ療法について実践事例を通じて解説している。
森谷寛之 (2012). コラージュ療法実践の手引き――その起源からアセスメントまで――　金剛出版
　コラージュ療法がどのようにして生まれ,普及していったのかを詳しく解説している。
　遊戯療法としては以下があげられる。
弘中正美 (2002). 遊戯療法と子どもの心的世界　金剛出版
安島智子 (2010). 遊戯療法と子どもの「こころの世界」　金子書房
　いずれも遊戯療法や箱庭療法が使われている。
　内観療法としては
真栄城輝明 (2005). 心理療法としての内観　朱鷺書房
が，これまでの歴史や実践報告などについて詳しい。

アセスメント
心をどう測るか

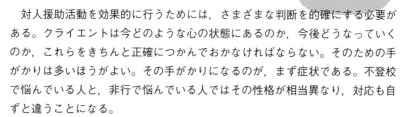

　対人援助活動を効果的に行うためには，さまざまな判断を的確にする必要がある。クライエントは今どのような心の状態にあるのか，今後どうなっていくのか，これらをきちんと正確につかんでおかなければならない。そのための手がかりは多いほうがよい。その手がかりになるのが，まず症状である。不登校で悩んでいる人と，非行で悩んでいる人ではその性格が相当異なり，対応も自ずと違うことになる。

　心理学では多くの心理検査が開発されてきたが，これらを正しく使うことによって大きな助けになる。また，これらの心理テストがどのような理論から成り立っているのかについても知らなければならない。

　心理療法の最中には心理検査からわかるよりももっと微妙な変化を瞬時に判断することが求められる。自殺や暴力は実際に起こるのか，起こるとするとどこまでの事態なのか，それをどう防ぐのか，むずかしい課題が多い。本章ではそのような，心の状態を評価すること（アセスメント）について考えていきたい。

●ピサ大聖堂のシャンデリア（2009年，筆者撮影）
近代科学は「測ること」から始まっている。1581年，17歳のガリレオは，ピサ大聖堂のシャンデリアの揺れを見て，揺れが大きくても小さくても往復するのにかかる時間は同じなのではないかと思い，自分の脈拍を頼りにそれを測って確かめたといわれている（「振り子の等時性」）。その発見は後に時計の振り子として応用された。

9.1 測定から始まった近代科学

ガリレオは振り子の等時性を発見した後，1589年に重さが違う物体でも落下するまでの時間は同じであることを見抜いた。このように近代科学革命には時間測定が決定的な意味をもったのである。

一方，18世紀後半の近代化学の誕生には，重量の測定が決定的意味を担った。ラボアジェは物が燃える前と後の重さを天びんで精密に測定した。当時は錬金術の時代で「何と何を反応させると，何ができるか？」という「定性的」側面にしか注目していなかったために，質量不変の法則が発見できなかった。これから，「定量的研究」がいかに重要であるかが分かる。

しかし，定量的研究に向かない分野もある。高田（1998）は『測れるもの測れないもの』の中で「測りうるものはすべて測り，いまだ測りえぬものは測りうるごとくしよう」という名文句を紹介している。心や精神は長い間測れないものの代表であった。

9.1.1 心理学と測定

心理学が科学として成立したのも，量の測定からであることを忘れてはならない。第0章で紹介したフェヒナーはある日突然，人間の感覚能力の閾値が物理的量と方程式で結ばれることを思いつき，それを精神は物理学的測定で接近することが可能であることの証明だと受け止めた。測定が哲学的心理学を科学的心理学に変えたのである。

現象学の提唱者ブレンターノ（Brentano, F.; 1838-1917）は心的現象の一般的特徴として次のように述べている（細谷，1970）。

1. すべての心的現象は，表象を基礎としている。われわれは何かを表象することなしに，それについて判断したり，恐れたりすることはできない。
2. 物的現象はすべて，ひろがりと場所的規定をもつのに対して，心的現象はそれをもたない。
3. 心的現象を積極的に特徴できるもっとも重要なものとして，指向性（志向性；Intentionalität（独），intention（英））ということがあげられる。

4. 心的現象はそれがつねに「内部知覚」によってのみ知覚される。

 指向性とは現象学のもっとも中心的な意味をもつ概念で，心的現象は必ず，ある「内容への関係」「対象への関係」をもっている。聞くという作用は必ず「聞かれるもの」をもっているし，希望は望まれるものを，努力は努力されるものを必ず指し示している。ブレンターノ自身は，誤解されやすい概念であるという理由で，意識という用語を避けているが，意識は必ず何ものかへの意識であり，「意識の指向性」が特徴である。

 エレンベルガーは，「ジェイムズ・ラルフ・バークレイ（James Ralph Barclay）はフロイトの著作を綿密に調べて，フロイトの考えの中にはブレンターノから出ているらしいものがいくつかある，という結論に達した」（『無意識の発見（下）』p.142）と指摘した。

 「志向性の概念はフロイトでは形を変えて，欲動の目標と願望充足をめざす心的エネルギーとして現れている。ブレンターノの「志向的生活」はフロイトでは，（心的エネルギーの）「備給」となる。ブレンターノにとってもフロイトにとっても，知覚は受動的な過程ではなく，心的エネルギーを付与された活動である。一次過程から二次過程への発展としてフロイトが記述したものも，ブレンターノにその出所を見出すことができる。」

 この指向性や意味を図として表すと，第7章のマイヤーの「サーチライト・モデル」（**図7.8**）になるのではないだろうか。

 フロイトやユングは夢や自由連想などの「表象」（イメージ）を手がかりに理論を作っている。心は広がりをもたないというブレンターノに対して，フロイトは，意識と無意識，超自我などを心的構造モデルとして空間的に展開し位置づけた（局在性，第6章6.7，第7章7.1参照）。これによって，心は広がりをもつ図として視覚的に理解できるようになった。また，フロイトは心を力の相互作用としてとらえた。これらは画期的なことで，この準備によって，以後，なんとか心の測定が可能となった（たとえば，「7.2　エゴグラム」参照）。

9.2 ユングの言語連想検査法——実験と臨床心理学をつなぐ試み

　物理学的測定で精神分析（臨床心理学）理論を根拠づけたことで有名になったのが，ユングの言語連想実験である。

　1879年，ゴールトン（Galton, F.）によって始められた**言語連想法**（word association）は，その後，ヴントらの心理学実験室で展開された。後にユングは，ある単純な言葉を刺激として，それから思いつく言葉をできるだけ素早く答えさせ，反応内容と時間を測定した。ユングは簡単な言葉からでも著しく反応時間が遅れたり，奇妙な反応をすることなどを見出した。これらの結果は，フロイトのいう無意識による「しくじり行為」を実験的に裏付けるものと考えられた。すなわち，心の動揺は時間で定量的に測定できるという発見であった。この研究はウソ発見機のアイデアのもとにもなっている。

　これらの連想反応の乱れはコンプレックス・サインと呼ばれた。マイヤー（1975）は次のようなことを挙げている。

1. 反応時間の遅れ
2. 再生欠如（以前の反応語を思い出せない）
3. 固執反応（乱れた反応の次の反応にも乱れが続く場合）
4. 反応欠如（連想が出てこない）
5. 刺激語の聞きまちがい，無理解
6. 言い間違い
7. 常同的反応（ステレオタイプ）（同じ答えを常同的に繰り返す場合）

など。

　言語連想研究は，後の多くの心理テストの基礎となった。

9.3 心理テストによるアセスメント

　心理学者たちは，本来測定できないはずの心を，何とか測定しようとし，多くの心理テストを開発した。それらはテストの形式から次のように分類できる。

9.3 心理テストによるアセスメント

9.3.1 質問紙法心理検査 (questionnaire method)

1. 形　　式

「何々についてあなたはどう考えますか？」という形式の質問に対して「ハイ，またはイイエ」の2件法（二者択一法），「どちらでもない」などを加えた3件法（多肢選択法）などで答えさせる。

2. 代表的な検査

矢田部ギルフォード性格検査（YG性格検査），モーズレイ性格検査（MPI），ミネソタ多面人格目録（MMPI），EPPS (Edwards Personal Preference Schedule) 性格検査，コーネル・メディカル・インデックス（CMI），TEG（東大式エゴグラム），MAS（顕在性不安検査），CAS（キャッテル不安検査），ESスケール（自我強度尺度），エゴグラム，親子関係診断検査など。この他にも現在では次々に多くの検査が開発され，蓄積されてきている。

3. 特　　徴

大部分の心理検査がこれに属する。種類が豊富であるし，目的に合わせてテストを選択できる。

答えが2つ，または3つ，などと決まっているので，誰でも客観的に採点や統計的処理がしやすく，集団での実施が容易である。

被検者がその質問内容をはっきりと理解し，また自分の心の状態をしっかりと判断できること，すなわち，被検者の「意識」が機能し，自己観察能力，内省力があることが前提となる。意識的判断能力が低下している人や，質問の意味を理解できない幼い子どもなどには不向きである。

また，「意識」がしっかり働いているということは，質問の意図を見抜くことにつながる。そのために，都合の悪いことには「意図して（意識的に）」ウソをつくことが可能で，また，「知らず知らず（無意識的に）」社会的に望ましい方向へと答える傾向にある。これを防ぐための工夫（ウソ得点など）がなされている。

9.3.2 投影法（投映法）心理検査（projective technique）

1. 形　式
　漠然としたあいまいな，非構造的な刺激を与え，その刺激から何でも思いつくものを自由に答えさせる。被検者の心の中のものが，あいまいな刺激の上に投影される。投影された内容によって，その人を判断する資料として使う。（投影現象を身近に体験する方法とし，第8章コラム8.3の「なぐり描き法」を勧める。雑然とした線から不思議にも何かが見えてくるはずである。）

2. 代表的な検査
　言語連想検査，SCT（文章完成テスト），ロールシャッハ・テスト，CAT（幼児・児童絵画統覚検査），TAT（絵画統覚検査），SAT（高年者絵画統覚検査），多くの描画テスト（バウム・テスト，HTP，風景構成法，家族画，人物画），P-Fスタディ（絵画欲求不満テスト），実験衝動診断法（ソンディ・テスト），など。箱庭やコラージュは，心理テストとして開発されたわけではないが，それをアセスメントとして使用することもできる。これらも投影法に属する。

3. 特　徴
　刺激をどのような意味にも解釈できるので，被検者独特の自由な反応を引き出すことができる。

　検査の意図が読み取りにくいので，比較的ウソがつきにくい。

　正しい答えというのがないので，社会的に望ましい反応をする傾向も比較的少ない。

　漠然とした刺激であるために空想が刺激され，より無意識的な側面が引き出される。刺激があいまいなほどより無意識的な側面が引き出される傾向がある。しかし，あまりにもあいまい過ぎると逆に何も見えてこない。

　決まり切った反応がなく自由で個性的な反応が多くなるので，統計的処理がしにくい。そのために解釈においてはマニュアルに従うことはむずかしい。テストを実施するにも，解釈するにも熟練が要求される。

　質問紙法は主に「意識」を，投影法は主に「無意識」を測定すると考えられている。

9.3.3 知能検査
1. 形　　式

精神遅滞の知的能力を客観的に測定するために開発されたものである。

言語性能力や動作性能力など，いろいろな知的側面を測定できるように工夫されている。

2. 代表的な検査

幼児用ウェクスラー知能検査（WPPSI），児童用ウェクスラー知能検査（WISC），成人用ウェクスラー知能検査（WAIS），鈴木ビネ，WMS-R。

3. 特　　徴

得られた結果から知能指数や偏差値知能指数が算出され，集団の中での位置を知ることができる。

発達とは逆に知的機能が低下する状態を測定するための検査，たとえば長谷川式簡易知能評価スケールや，自閉症の診断のためのテスト「児童用自閉症スペクトラム指数：児童用 AQ」（若林と東條，2004）なども作成されている。

9.3.4 作業検査
1. 形　　式

ある一定の作業を課すことによって，被検者の作業に取り組む態度や能力を判断する。個人式と集団式の 2 つの方法がある。

2. 代表的な検査

内田クレペリン精神検査，ベンダー・ゲシュタルト検査。

3. 特　　徴

内田クレペリン精神検査は，内田勇三郎がドイツの精神医学者のクレペリン（Kraepelin, E.）の研究をもとにして，内田が 1920 年代から 30 年代にかけて開発した。簡単な 1 桁の数字の足し算をできるだけ早く連続して行う。その結果得られた作業量の変化によって，被検者の作業能力，疲れやすさ，回復力，根気などの態度が判断できる。単純な作業であるので，誰でも取り組めるし，統計的処理もしやすい。

ベンダー・ゲシュタルト検査は，幾何学的図形を模写していくだけで，その

模写された図形の歪みから脳障害，パーソナリティの傾向などを測定することができる。投映法検査としても使用される。

9.3.5 テスト・バッテリー

人の心は非常に複雑である。1つの検査では被検者の状態を判断することは困難である。そのために，性格の異なる種類の心理検査を組み合わせ，人格を総合的に判断する。その組合せを**テスト・バッテリー**と呼ぶ。

検査に要する時間，経費，疲れなども考慮される。一般に，質問紙法と投影法が組み合わされる。前者で被検者の意識状態を，後者で無意識的側面を測定する。

施行の順序も考慮される。ふつう表面からより内面へ，すなわち意識から無意識へという順序，つまり，質問紙法から投影法の順に施行される。

9.3.6 テスト状況──被検者-検査者の対人関係

自然科学では，方法，条件が同じであれば，誰がいつ，どこで測定しても常に一定の結果が得られることを前提にしている。しかし，心理学測定ではそれは状況に依存する度合いが自然科学よりも強く，とりわけ人間関係に大きく影響される。圧迫された状況か，自由でくつろいだ状況か，同性か異性か，また，年齢や社会的権力関係にも影響される。何よりも検査者自身の性格，態度，熟練度によっても相当影響を受ける。それゆえに，検査結果の解釈を行う場合には，どのような状況で行われたのかを考慮に入れる必要がある。

9.4 症状によるアセスメント，診断

9.4.1 精神病の分類

精神疾患は原因がはっきりしない。そのために最近まで，外因性疾患，内因性疾患，心因性疾患の3分類が用いられてきた。
1. 外因性疾患……体や脳に病的な変化が確認できる。
2. 心因性疾患……神経症，心理的な要因。

表 9.1　統合失調症の「第 1 級症状」(Schneider, K.)

1. 思考化声
2. 議論の形をとった幻聴（対話性幻聴）
3. 自己の行為に伴って批評する声の幻聴
4. 身体的影響体験
5. 思考奪取とその他の思考への影響体験
6. 思考伝播
7. 感情，衝動および意志の領域におけるさせられ体験ないし，影響体験

3. 内因性疾患……心理的要因のみで起こると考えるのは無理であるが，しかし，脳の病的変化も見つからない。統合失調症，躁うつ病，てんかんなどを指す。

　近代になって患者は収容所（病院）に集められるようになり，医者は患者を長期にわたって観察できるようになった。18 世紀，19 世紀を通じて，精神病の分類が試みられた。クレペリンは，長期にわたり，症状を細かく観察し，似た経過と似た症状を疾患単位として扱った。こうして早発性痴呆と躁うつ病の 2 大精神病が取り出された。

　早発性痴呆とは，青年期に発症し，ついには人格の荒廃に至るということを意味している。その後，ブロイラー（Bleuler, E.）は，その当時流行した連合心理学や精神分析の影響を受けて，早発性痴呆を統合失調症（Schizophrenia）と命名した。その後，ヤスパース（Jaspers, K.）は，現象学的視点から「あらゆる先入見を排して病者の精神生活を記述する」ことを主張した。

　シュナイダー（Schneider, K.）はヤスパースの立場を受け継ぎ，統合失調症の「第 1 級症状」を提唱した。すなわち，**表 9.1** の症状が認められれば，長期間の経過を見ないでそれだけで統合失調症と診断できるというものである。

9.4.2　DSM（Diagnostic Statistic Manual）による診断分類

　20 世紀になって，精神分析的方向性をもった心理療法が進むにつれて，精神的障害の診断は，学者や文化によって相当なばらつきがでてきた。そのため

に，1970年代後半から，アメリカ精神医学会（APA），アメリカ国立精神衛生研究所（NIMH）の援助のもとにスピッツァー（Spitzer, R. L.）を中心とする特別班が，文化的背景によって診断が異なる不備をなくし，各国で比較が可能な標準的な診断基準の作成を目指した。これは精神障害の診断カテゴリーを明確化し，他の人との，さらにさまざまな文化的背景の人たちとの間で意見交換

表9.2　DSM-5における児童青年期の精神科疾患

神経発達障害	**うつ病**
・知的障害	・重度気分調整不全障害
・コミュニケーション障害	**不安障害**
・自閉症スペクトラム	・分離不安
・注意欠如／多動性障害	・選択性緘黙
・特異的学習障害	**強迫および関連障害**
・運動障害	・抜毛癖
発達性協調運動障害	・皮膚引っ掻き症
常同的運動障害	**トラウマとストレス因子関連障害**
チック障害	・反応性愛着障害
トゥーレット障害	・脱抑制社会関係障害
固執運動性，言語性チック障害	・PTSD（6歳以下の）
その他のチック障害	・適応障害（児童青年期の）
・その他の神経発達障害	
栄養補給と摂食障害	**性違和障害**
・子どもの異食症	・子どもの性違和障害
・反芻症	**破壊的衝動コントロールと素行障害**
・制限された食物摂取障害	・反抗挑戦性障宅
・拒食症	・間歇性爆発障害
・過食症	・素行障害　児童期発症型
・食べ吐き症	青年期発症型
・その他の栄養摂取と摂食障害	・反社会的人格障害
排泄障害	・放火癖，
・遺尿症	・窃盗癖
・遺糞症	・その他の破壊的衝動コントロール障害
・その他の排泄障害	**臨床的に注目されるその他の状況**
睡眠覚醒障害	家族関係，育ちの問題，虐待など
睡眠時異常行動障害	
・非レム睡眠覚醒障害	
夢中遊行型	
夜驚型	
・悪夢障害	

をし，研究を促進しようとしたものである。そして1980年にDSM(Diagnostic and Statistical Manual of Mental Disoreder)-Ⅲ(『精神障害の分類と診断の手引(第3版)』が発表された。DSMには以下のような特徴がある。

1. 理論をできるだけ排して，純粋に症状記述が重視された。
2. 統計学の手法を用いて診断可能な症状の項目数を確定した。
3. 神経症，ヒステリーなどの従来よく使用されてきた言葉も使われなくなった。
4. ヒステリーは転換性障害，解離性障害，演技性人格障害となった。

DSMは現在までにDSM-Ⅳ（1994），DSM-Ⅳ-TR（2000），DSM-5（2013）と改訂が続けられている。しかし，改訂がなされる度に診断名や診断基準が異なっているために，混乱を来し，今なお治まるまでには至っていない。**表9.2**は**DSM-5**による診断の一例で「児童青年期の精神科疾患」の分類，**表9.3**は自閉症スペクトラムの診断基準である。

このDSMによる診断基準の標準化については長所と短所が指摘されている。

長所は，基準が明確化することによって相互比較ができることである。そして短所は，症状の意味を考えないことである。背景や原因が不明のままに表に

表9.3　自閉症スペクトラムの診断基準

以下のA，B，C，Dを満たすこと

A：社会的コミュニケーションおよび相互関係における持続的障害（以下の3点）
　1. 社会的，情緒的な相互関係の障害
　2. 他者と交流に用いられる言葉を介さないコミュニケーションの障害
　3.（年齢相応の対人）関係性の発達・維持の障害

B：限定された反復する様式の行動，興味，活動（以下の2点以上で示される）
　1. 常同的で反復的な運動動作や物体の使用，あるいは話し方
　2. 同一性へのこだわり，日常動作への融通のきかない執着，言語・非言語上の儀式的な行動パターン
　3. 集中度や焦点付けが異常に強く限定，固定された興味
　4. 感覚入力に対する敏感性あるいは鈍感性，あるいは感覚に関する環境に対する普通以上の関心

C：症状は発達早期の段階で必ず出現するが後になって明らかになるものもある

D：症状は社会や職業その他の重要な機能に重大な障害を引き起こしている

現れた症状だけしか見ていないので，これだけでは真の診断とはいえない。また，アメリカ国内の事情を中心に考えすぎているのではないか，人間の「全体」をとらえるのなら，ヨーロッパで開発された方法のほうが優れているのではないかという意見もある。さらに，実際の治療にどれぐらい役立つのか疑問だ，といった声もある。

DSM とは少し異なるが，世界保健機関（WHO）が提唱する国際疾病分類（ICD）という基準があり，1992 年に作成された ICD-10 が広く使われてきた。こちらも改訂の努力が継続されている。DSM と ICD は，最近ではお互いに交流することによって，その差異を少なくする努力もなされている。

9.5 心理療法場面におけるアセスメント

9.5.1 フロイトの精神分析療法場面のアセスメント

心理療法場面では，心理テスト状況よりも，さらに微妙な判断が求められる。ここでもまた，フロイトの精神分析療法の定義をアセスメントの観点から見てみよう。

「精神分析では医師と患者の間に言葉のやり取りがあるだけ。患者は過去の経験と現在の印象について語り，嘆き，その願望や感情の〈動き〉（Gefühlsregungen）を打ち明ける。医師はこれに耳を傾け，患者の思考の〈動き〉を指導しようと試み，励まし，その注意を〈特定の方向へと向かわせ〉，そしていろいろと説明してやり，その時に患者が医師の言うことを〈了解するか，あるいは拒否するのか〉，という反応を観察する。」

フロイトは心理療法場面で何に注目し，測定し，判断していたのか。フロイトは主に患者の言葉，語りを重視している。そして過去と現在（未来はない），すなわち時間軸を見ている。空間軸としては，医師と患者の間合いがある。患者の語りの内容として「嘆き，願望，感情，思考」など情動を指標にしている（実際にはもっと多くを判断材料にしていたはずである）。

注目したいのは，フロイトは患者の心の「動き（Regung）」「方向性（Richtung）」（「注意を特定の方向性へ」「了解するか拒否するのか」など）を

9.5 心理療法場面におけるアセスメント

観察している点である。

ガリレオは「"物"の動き」に注目し，量（時間—落下時間）を測定したことで近代科学を創造した。一方，フロイトは患者の「"心"の動き」（欲動）に注目している。ガリレオは力学を作り出し，フロイトは精神力動論を始めた。

しかし，ガリレオとフロイトとでは決定的に異なる点がある。ガリレオは，時間を量的に測定し，それを「数学の言葉」で表現した。物が自由落下する時間は速いので通常では測定できない。また，当時は時計もなかった。それを観察可能にするために，斜面を利用して速度を遅くした。時間は水時計で，たまった水量を重さに換算し，時間を割り出した。何としてでも「量を測定する」という〈執念〉なしでは達成できなかったと思う。この執念が近代科学を生んだといえよう。しかし，それに比べると，フロイトには定性的記述は豊富であるが，量を測定しようという執念が感じられない。現象学者も意識の「方向性」については鋭く指摘するが，「量」を測定しようとする意志が乏しい。言葉は，もともと量を表現するのが苦手である。「言葉のやり取りがあるだけ」というが，心理療法にふさわしい「数学の言葉」がないものであろうか。

9.5.2 2つの量概念——スカラーとベクトル

数学の教えでは，量の概念には2つある。一つは**スカラー**（scalar），他方は**ベクトル**（vector）と呼ばれる。ブレンターノ，フロイト，ユングの時代には，虚数，複素数の概念はあったが，ベクトルはなかった（6.8 参照）。スカラーとは，普通にいわれている数のことで，金額，身長，体重など，加減乗除できる量をいう。ベクトルは向きと大きさの両方をもつ量である。力学分野は，20世紀以降，もっぱらベクトルが使われる。そのベクトルを臨床心理学に利用すると，実に簡単にしくじり行為の説明ができ，また，無意識仮説の証明ができた（**図 6.2b** 参照）。

フロイトの精神分析療法の記述にも，スカラーではなく，ベクトルをイメージしてみると，アセスメントがしやすくなる。たとえば，医師←→患者，過去←（どれぐらいの過去か，10年前か，3年前かによって矢印の長さをイメージする），嘆き←→喜び（どちらの方向にどれだけの量なのかを長さでイメージ

する)，特定の方向へ（→？，どちらの方向へ，どれぐらいの強さで)，了解
←→拒否（了解がどれぐらいで，拒否がどれぐらいかを長さでイメージする)，
などが考えられる。

たとえば，次のような場合

　　了解←━━・━━━━→拒否

は，了解するよりも拒否のほうが強いということができる。

以上のように長さで量をイメージすることで，量の測定ができるようになる。

コラム9.1　数学の言葉（2）——複素数（コンプレックス）心理学

　河合隼雄の著書は読みやすく分かりやすい。その理由の一つは，京都大学数学科を卒業し，数学の知識・教養があるからだと思う。河合はしばしば座標軸を使って説明する（**図7.15b**，**図7.16**，**表7.1**，**図8.2a** 参照)。他の臨床心理学者は，このような座標軸を河合ほどは取り上げていない。座標軸は，デカルトの解析幾何学に由来する。ユングのタイプ論の説明図（**図7.15b** 参照）も河合のオリジナルな図であろう。回転する軸という発想もすばらしい。その回転の角度から無意識の深さの程度を示すことができる。河合には心を量的に測定しようとする意志がある。

　ユング（1916）は，論文「超越機能」において，意識を実数に，無意識を虚数に例えた。ユングは心理学に虚数という数学の言葉を導入したことになる。「実数・虚数」は数学の言葉である。ここで数学史を簡単に振り返りたい（「Newton」2008年12月号)。

　人類は必要に迫られ，新しい数学を開拓してきた。まず自然数，分数，小数を考えだし，それらは有理数と呼ばれた。有理数を使えば，物の個数だけでなく，長さ，重さ，体積などの「量」を表すことができる。紀元前500年頃，ピタゴラスの弟子が有理数では表せない数として無理数（ピタゴラスの定理から正方形の対角線の長さ$\sqrt{2}$）を発見した。ここで有理数と無理数を合わせた「実数」が成立した。

　ヨーロッパでは17世紀まで「マイナスの数」の概念がなかった。インドで6世紀に発明された「ゼロ」を使い，17世紀にマイナスが受け入れられるようになった。こうして四則演算の答えが，必ず実数の範囲で見つかるようになっ

9.5 心理療法場面におけるアセスメント　　　　　　　　　　199

図 9.1　実数全体を表現する数直線（マイナスも視覚化できる）

た。

　しかし，一般にはマイナスの概念はなかなか受け入れられなかった。マイナス3個のリンゴ，マイナス1メートルの棒などはイメージできない。マイナスが受け入れられたのは，それを可視化する方法が考えられたからである。17世紀に，フランスの数学者のジラール（Girard, A.；1595-1632）が「数直線」を発明し，これによって，$-\infty$から$+\infty$までを1つの直線上に位置づけることができた。実数全体が視覚的に表現されたのである（**図9.1**）。

　虚数（imaginary number；想像上の数）は，ありもしない数，現実世界とはまったく無関係な数で，$\sqrt{-1}$で示される。虚数は16世紀のイタリア，ミラノのカルダノ（Cardano, G.；1501-76）の『アルス・マグナ（大いなる技法）』（1545）によって提出された。カルダノは，虚数を持ち出せば，答えのない問題にも答えが出せることをはじめて示した。フランスの哲学者で数学者のデカルト（1596-1650）がマイナスの平方根は図に描けないと結論づけて否定的な意味を込めて「想像上の数（nombre imaginaire）」と呼び，これが虚数の語源となった。虚数単位をiと決めたのは，オイラー（Euler, L.；1707-83）である。

　私たちは普通，虚数を高校で2次方程式の解を求めるときに初めて習う。2次方程式自身は，紀元前2,000年頃からあり，解法も知られていたが，その頃，虚数は取り扱われていなかった。虚数を認めることで，ようやく2次方程式が解けるようになった。

　虚数は数直線上（実数）のどこにも居場所がない。そのために数学者でもなかなか受け入れなかった。そこでデンマークの測量技師ヴェッセル（Wessel, C.；1745-1818），フランスの会計士アルガン（Argand, J-R.；1768-1822），およびガウス（Gauss, C. F.；1777-1855）がそれぞれ独自に，数直線の外，原点から直交する軸を虚数軸に位置づけた。これによって虚数がはじめて目に見えるようになり，虚数に市民権が与えられた。ガウスはこれを複素数（Komplex Zahl, complex number）と名づけた。実数と虚数という複数の要素が足し合わ

されてできる新しい数の概念ができたのである。その図は「複素（数）平面」と呼ばれる。

19世紀までの物理学，ニュートン力学，マクスウェルの電磁気学，アインシュタインの相対性理論もすべて実数だけが使われている。しかし，20世紀の量子論には，虚数が必要になった。シュレディンガーの波動方程式には冒頭に虚数が出てくる。ホーキングは「宇宙は虚数時間から生まれた」と主張している。

ユングが虚数を持ち出したのも，量子論の登場と同じ頃である。「虚数は数直線上のどこにも居場所がない」を「無意識は現実世界のどこにも居場所がない」と重ねたのであろう。しかし，このユングの発想をその後，誰も注目し，発展させていないように思う。

ユング心理学は「**コンプレックス心理学**」とも呼ばれる。マイヤー（1968）は次のように指摘する。

「トニー・ヴォルフの提案である『コンプレックス心理学』においては，不吉な診療心理学のイメージがはるかに明白に払拭されている。そのことばの意味しているのは，世界における基本的というよりむしろ複合的（コンプレックス）な人間の現象が考慮される……。あらゆる問題の論議においてユング心理学がその意識面の他に無意識も考慮する限りにおいて，それは実数と虚数とが加わって構成されている複素数（コンプレックス・ナンバー）に関する数学的問題にある種の類似性をもつ。心理学では実数が意識に，虚数が無意識に該当するであろう。それ故に心理学はこのような意味ではもっぱら複合的（コンプレックス）心的現象にかかわっているのである。」

マイヤーはユング研究所の初代所長で，河合の教育分析家であった。河合はマイヤーの著作の翻訳監修者のことばとして，次のように述べている（『ユング心理学概説1』（マイヤー，1968））。

「マイヤーは『分析心理学』よりも『コンプレックス心理学』という名称を好むこと，およびその理由を明らかにしている。そのとき複素数（コンプレックス・ナンバー）との類似性をあげているのは，理科系の学問に詳しかった彼の傾向をよく示している。このことは，もう少し真剣に取りあげても面白いかもしれない。」

マイヤーは河合と同じ理科系出身であったことをこの発言は示している。し

9.5 心理療法場面におけるアセスメント

かし，残念なことに河合はこれ以後，「複素数を真剣に取り上げる」ことなく，2007年に人生を終えてしまった。

しかし，ユングやマイヤーのように虚数をただのたとえ話にするだけならば，それほど使い道がなく，あまり意味がないと思う。筆者は，ガウスらが創った複素平面を利用すれば，無意識を視覚的に表現できると考えた（森谷，2009；図8.3参照）。19世紀の物理学や心理学は実数だけですませることができた。しかし，20世紀の物理学と心理学には虚数が必要になったということができよう。

臨床心理学の術語の多くは複素数と考えると理解しやすいだろう。たとえば，「平等に漂う注意」（フロイト），「共感的理解」（ロジャーズ），「無条件の積極的配慮」（ロジャーズ），「何もしないことに自分の決意を盛り込む」（河合隼雄），「二律背反を生きる」（河合隼雄），など，2つの異なる次元や方向性の意味を1つの言葉のように表現されている。これらは一方が実数的なもの，もう一つが虚数的なもので，全体として複素数として理解できる。

数学史を振り返って，17世紀には「マイナス」が一般に理解されなかったということは驚きである。新しい発想は視覚的に表現できない限り一般にはなかなか理解されないことが分かる。

無意識を視覚的に表現する方法として，筆者は本書で2種類の提案を行った。一つは第6章のベクトルを利用した不登校モデルであり，もう一つが複素数空間である（第8章図8.3）。これによって「無意識」が一般に理解され，市民権を得ることができ，それを自由に使いこなせるようになることを願っている。「マイナス」の概念が今では小学生でも利用できるように。

これを利用すると，ユングの相補性の説明にも使える（図9.2a, b）。たとえば，①実験心理学と②臨床心理学，①生徒指導と②教育相談，また，①芸術と②芸術療法は，同じようでありながら，対立する。①実験心理学，生徒指導，美術の先生と②臨床心理学，教育相談，芸術療法学の先生は方向の違いによってしばしば対立する。その違いは，無意識へのコミットメントの違いとして理解することができる。協力するとその相補関係（①＋②）が発揮できる。

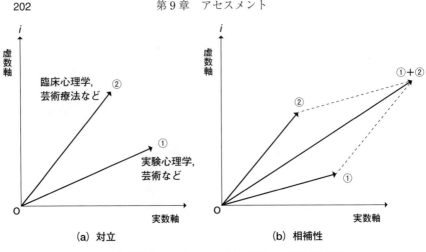

図 9.2 複素数（コンプレックス）心理学——対立と相補性

9.5.3 心理療法におけるナビゲーション・システム——位置のアセスメント

　心理療法は「夜の航海」にたとえられる。いざ船出すると，どこを，どの方向に，どれくらいの速度で航行しているのか判断がつかなくなる。そこでそれを知る手だてが必要になる。すなわち，位置のアセスメントが大事になってくる。

　かつては，大洋を航行する船の船長は，北半球では北極星，南半球では南十字星を目印にした。12世紀頃，磁石（羅針盤）の応用発見が新大陸の発見へと導いた。最近のカー・ナビゲーションは，静止人工衛星との位置関係で測定する。おかげで，見知らぬ土地へも安心してドライブできる。その精度は驚くほど高い。

　心理療法のナビゲーションは何だろうか。それは"巨星"と呼ばれる存在かもしれない。"心理療法における巨星"，フロイト，アドラー，ユング，ロジャーズなど，評価の定まった存在を基点に自分たちの位置を測る。そのためには，巨星の理論を学ぶことが重要である。

9.5.4　ナビゲーターとしてのスーパーヴァイザー

　航海には水先案内人が必要なように，心の航海にも指導者が必要であり，心

9.5 心理療法場面におけるアセスメント　　203

理療法の世界ではそれを「**スーパーヴァイザー**（supervisor）」と呼んでいる。スーパーヴァイザーは，ベテランの心理臨床家で，初心者（スーパーヴァイジー（supervisee）と呼ぶ）の担当事例の進行状況を的確に判断し，指導する。クリニック内部での事例検討会（カンファレンス）などもそのナビゲーション・システムの一つである（7.9.1 参照）。

コラム 9.2　中井久夫による心理療法過程のアセスメント

　中井は精神科医で，「風景構成法」の創始者，また，「なぐり描き法」を日本に紹介するなど，大きな貢献をしてきた。心理療法家として，とりわけ重度の精神病者の治療を行い，研究と治療の両面で優れた業績を挙げた。

　図 9.3 は中井の扱った慢性精神病者の心理療法過程を示している（中井，1984）。心理療法が進む方向（横軸―時間）と，縦軸にはその大きさ，量が表現されている。「幻覚妄想，生活行動，身体症状，睡眠，夢，描画など）」などの「定性的」内容だけではなく，それを「定量的」にも測定しようとしている。このように工夫された図は他には例がなく，きわめて独創的といえる。

　中井は精神科医になる前は細菌学者であった。おそらく，そのときの細かい観察能力がここに生かされているといえよう。中井にはつねに「向きと量」をセットで考える習慣があること，測定できるものはすべて測定し，測定できないものも，何とか測定できるようにしよう，という強い意志がここに見られる。見ならうべきことであろう。

コラム 9.3　現代物理学における測定

　現代物理学（量子力学）の世界では，これまでの常識が通用しない現象がいろいろ知られている。

　古典物理学（ニュートン力学）では，観察者は経験を積み，適切な測定器具を用意すれば，観察可能なものはいかなる精度でも測定できると考えられていた。しかし，1927年にハイゼンベルクが量子力学の見地から，それが間違いであると指摘した（「不確定性原理」）。素粒子の位置と速度は同時に正確に測定できない。位置を測定しようとすると速度はある範囲で不正確になる。その逆も成り立つ。量子論では電子の位置はある確率でしか示すことができない。

　光は従来では波の性質をもっていると考えられてきた。しかし，波であれば，

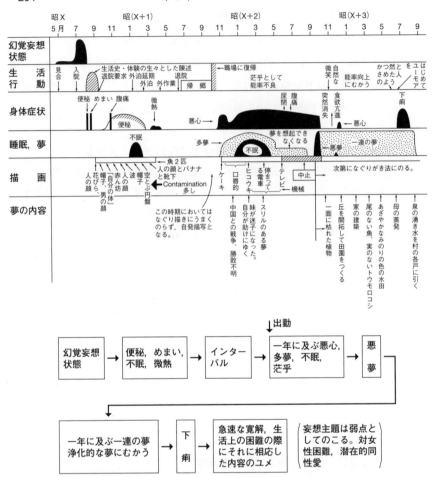

図 9.3 妄想型的経過――急性期から臨界期の終了までを示す（男子，昭和 X 年において 28 歳）（中井，1984）

それを伝える媒体が必要となる。太陽から真空中をどのようにして光が地球に到達できるのかが謎となる。一方，光は粒子としての性質ももっている。現在では，光は波でもあれば粒子でもあると考えられている。一方，電子は発見された当初は粒子と考えられていたが，波としての性質も示すことが分かった。光や電子は，波として観察すれば波として姿を現し，粒子として測定しようとすると粒子として現れる。粒子と波を同時に測定する装置はない。測定する側

9.5 心理療法場面におけるアセスメント　　　　205

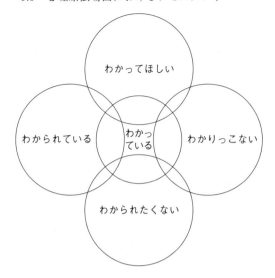

わかっている＝パラノイア圏
わかられている＝分裂病圏
わかりっこない＝躁鬱病圏
わかってほしい＝神経症圏
わかられたくない＝精神病質圏

図 9.4　土居（1978）が面接で用いている見立て方法

の条件によって現れてくるものが違う（図 9.5）。

　古典物理学では，私たちが観測しようがしまいが，自然状態が決まっているが，量子力学では観測しない限りその状態が決まっていない。観測した瞬間に，状態が決まってしまう。

　電子状態を観測するには，電子に光を当てなければならない。しかし，光を当てた瞬間に電子にエネルギーを加えることになり，電子の状態が変わってしまう。対象に何も影響を与えずに測定することはできない。電子のエネルギーは連続した量ではなく，不連続な値，すなわち，飛び飛びの値を取る。

　相補性という考え方がここから出てくる。「相補性の原理」は，ボーア（Bohr, N.；1885-1962）が提唱した。ボーアは原子物理学の父と呼ばれ，アインシュタインと並べて対比される巨人である。また，ユング（1875-1961）とも同時代人であった。ボーアは相補性の原理を説明するのに，太極図を用い，晩年は

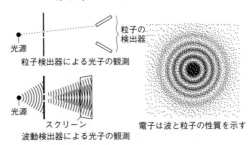

図 9.5　粒子と波動の二重性（マッケボイ，1996）
現代物理学では，古典物理学では考えられない現象が知られている。電子は粒子として測定すると粒子として，波動として測定すると波動として現れる。これは相補性の原理として知られる。

東洋思想に深い関心を寄せていたことが知られている。
　心は粒子状のかたまりと考えたほうがよいのか，それとも波動と考えたほうがよいのだろうか。本書の**図 7.1**，**図 7.2**，**図 7.4**，**図 7.6**，**図 7.10**，**図 7.13**などは粒子モデルである。共鳴，波長が合う，同調する，干渉する，気分に波があるなどの言葉から，心は波の性質をもっていることが分かる。
　フロイトの心の構造モデルは，かたまりのイメージで描かれているが，下方は開放され，粒子性が失われ，波のようでもある。ユング派の人間関係の**図7.14**ははっきりと波動モデルである。メスメルの動物磁気も波動モデルといえよう。
　人間関係では，観測した瞬間，あるいは観測しようとするとすでに相手に影響を与えてしまう。測定装置によって出てくるものがまったく違うということは，心理学の世界ではむしろ当たり前ということができる。量子力学の世界は，意外に心理学と近いのかもしれない。

[参考図書]

土居健郎（1977）．方法としての面接——臨床家のために——　医学書院
　心理面接のやり方とその意味についてコンパクトにまとめられている。

堀　洋道（監修）（2001-11）．心理測定尺度集Ⅰ～Ⅵ　サイエンス社
　いろいろな心理テストがたくさん紹介されている。どんなテストがあるのかを知ることだけでもよいので，パラパラとめくってみるだけでも刺激を受けるだろう。

中井久夫（1982）．精神科治療の覚書　日本評論社
　著者は精神科医で，その非常にきめの細かくするどい観察は，見ならうことが多いであろう。いろいろなヒントを得ることができる。

臨床心理学の現在

　筆者が臨床心理学を志したのは1972年4月，偶然，河合隼雄が天理大学教授から京都大学教育学部助教授に就任したのと同じタイミングであった。
（筆者は大学入学後，いろいろな読書をする中でフロイトのことも知っていた。その後，フロム（Fromm, E.）の本を読んだことをきっかけに，工学研究科修士修了後，精神科学に転じた。その頃，大学には「臨床心理学」はどこにもないといって過言ではなく，河合のことは何も知らなかった。）

　最初に会ったのは，京都大学の最初の講義の後であった。そのとき，河合が筆者に語ったことが印象に残っている。「（京都大学でも）臨床心理学の教員は自分一人しかいない。フロイトもユングも大学教員ではなかった。（心理療法，臨床心理学はそもそも）大学には合わない。自分もいつまでいるか分からない」。

　筆者はその後もずっと，いつ突然辞められるのかと，心配であった。さいわいにもそれは杞憂に終わったが。

　世間では「心理学」といえば，性格や悩みの改善を研究する学問（臨床心理学）をイメージする。しかし，大学（アカデミズム）では厳密で客観的な心の科学（精神物理学，実験心理学）を意味した。それはアメリカでも同じであった。ロジャーズのいたコロンビア大学は，厳密な科学的，客観的，統計的な立場で，彼は「感情とか人格力動などといったことがらは，まったく軽蔑されていた。フロイトとは汚らわしい言葉だった」と述べている（第5章5.4参照）。

　本章では日本における臨床心理学の歴史を振り返り，今後の展望について考えたい。

- **心理職国家資格化への再出発**（「心理専門職に関する国際シンポジウム」（2006年10月9日：東京大学安田講堂　筆者撮影））

2005年，国家資格「医療心理師・臨床心理士」（二資格一法案）が直前で頓挫する。リーダーの河合隼雄文化庁長官は2006年8月突如意識不明になり，翌年7月に逝去。その中で，再度，鑪幹八郎理事長を中心に，国家資格化へのチャレンジが始まった。海外を含め，精神科医療団体，心理学諸学会がシンポジウムに集まり，全体としてまとまり始めた。

10.1 日本の臨床心理学発展の歴史——その紆余曲折

大塚（2004）は，現在に至る臨床心理学の発展区分を5期（30年の準備期間，15年の誕生・導入期，第1期発展・興隆期，冬の時代，再生，第2期興隆期）に分けている。それを参考にして加筆修正し，**表10.1** にまとめた。大塚は臨床心理学のみを中心にまとめているが，筆者は，実験心理学も含めた心理学全体の視点で位置づけるように工夫した。なお，実験心理学を中心とした心理学史については大山（2010）が詳しい。

10.1.1 2つの心理学

学問分野の歴史を振り返ると，発展途上において鋭い内部対立が生じることがある。たとえば，医学では内科と外科，漢方と西洋医学，物理学では古典物理学（ニュートン力学）と量子論。筆者の学生時代の1960〜70年代頃，経済学では近代経済学とマルクス経済学が鋭く対立していた。これらは教員同士，研究者同士の対立ではなく，つきつめると学問自体が内包する矛盾であった。経済学の対立は，社会に階級があるがゆえであった。しかし，今ではこれらの対立はあまり聞かれなくなっている。内科医と外科医は協力し合っているし，古典物理学と量子論はそれぞれがその有用性を証明している。これらの学問の対立に代わって1990年代後半から不協和音が目立ち始めたのが，他ならぬ心理学であった。

日本では1888年，アメリカのジョーンズ・ホプキンス大学のホール（Hall, G. S.）のもとに留学した元良勇次郎によって「精神物理学」が東京大学に導入された。これはヴントの心理学実験室設立（1879）からわずか9年後という，速やかな導入であった。以後，日本の大学の心理学はこの流れに沿って順調に発展していった。

一方，臨床心理学はこのように速やかで，順調な導入とはならなかった。これは誰が導入に反対したという次元の問題ではまったくなく，この学問自体の特殊性，すなわち，人間の心の本質自体（心の中に相容れない2つの心がある）に由来すると考えられる。

表 10.1 (1)　日本の心理臨床の歴史 (大塚, 2004 を加筆修正)

【1908-45 年；30 年の準備期間】
1860 年　フェヒナー『精神物理学原論』。
(1868 年　明治元年。)
1879 年　ヴント, ライプチヒ大学に世界最初の心理学実験室を設立。
1888 年　元良勇次郎 (1883 年から 5 年間, アメリカのジョーンズ・ホプキンス大学のホールのもとに留学), 東大で「精神物理学」講義。日本の心理学教育の始まり。
1900 年頃　明治初期, 催眠術が日本に伝わり, 明治 30 年代半ばブームになる。
(1904-05 年　日露戦争。)
1908 年　ビネー式知能検査が三宅鉱一 (東大精神科医) によって日本に紹介される。
1909 年　フロイト, ユングらがアメリカのクラーク大学訪問 (p.71 参照)。クラーク大学留学中の日本人, 蠣瀬彦蔵と神田左京 (ともに元良勇次郎の弟子) がフロイトの講演を聞き, 後に日本に報告 (大山, 2010)。
1910 年頃　千里眼事件 (福来友吉東大助教授, 1915 年辞職。臨床心理学にとって痛手。)
(1914-18 年　第 1 次世界大戦。1917 年　ロシア革命。)
1919 年　森田正馬が森田療法の開発, 1920 年に理論化し発表。
　　　　東北帝大丸井清泰, アメリカに留学。帰国後, 同大で精神分析を紹介。
1920 年頃　フロイトの著作がドイツ語学者によって翻訳紹介される。戦前において 2 種類の「フロイト選集」があった。
1927 年　日本心理学会創立 (2018 年 3 月末会員数 7,855 名)。
1928 年　丸井清泰『精神分析療法』出版。
1929 年　内田クレペリン精神作業検査創案。
1930 年　鈴木ビネ式知能テスト「実際的・個別的知能検査」公刊。
　　　　ロールシャッハ・テスト紹介される。
1932-33 年　古澤平作, フロイトのもとに留学。帰国後, 精神分析療法を始める。
(1933 年　ヒトラー, 首相に。)
(1939-45 年　第 2 次世界大戦。)
【1945-60 年；15 年の誕生・導入期】
1949 年　古澤平作「精神分析研究会」設立。
1953 年　吉本伊信 (1916-88) 奈良県に内観研修所を開設。
　　　　京都大学教育学部附属心理教育相談室設置。
1955 年　日本精神分析学会創立 (古澤平作会長), 慶應義塾大学医学部北里講堂にて。
　　　　会員数 271 名 (2018 年現在 2,751 名)。
1959 年　日本教育心理学会創立 (2017 年 3 月会員数 6,388 名)。
【1960-70 年；10 年の第 1 期発展・興隆期】
(1960 年　日米安全保障条約。安保闘争。高度経済成長始まる。)
1961 年　ロジャーズ来日し, 2 カ月滞在。各地で講演, セミナーを開催。
1964 年　日本臨床心理学会設立 (戸川行男会長。早稲田大学)。
　　　　(東海道新幹線開通, 東京オリンピック。)
1965 年　日本臨床心理学会第 1 回大会 (京都女子大学)。会員 820 名。
　　　　河合隼雄 (天理大学教授) ユング派資格取得, 帰国。以後, ユング心理学の本格的紹介。事実上, 日本における夢分析の始まり, 箱庭療法の紹介と普及。

表 10.1（2） 日本の心理臨床の歴史（大塚，2004 を加筆修正）

1969 年　畠瀬　稔，ロジャーズのエンカウンター・グループを導入。
（1969 年　全国的な大学紛争。）
【1970-80 年；冬の時代】
1970 年　日本心理臨床学会第 5 回大会。資格問題のために紛糾し，解散状態へ。
（大阪万国博覧会。日米安保条約改定。）
1972 年　河合隼雄，天理大学教授から京都大学教育学部助教授へ。
（沖縄，日本に復帰。日中国交正常化。）
1974 年　「臨床心理事例研究（京都大学教育学部心理教育相談室紀要）」創刊（以後，事例研究法が急速に広がる）。この頃より，スーパーヴィジョン制度が大学院生教育に導入。
1979 年　第 1 回「心理臨床家のつどい」（日本心理臨床学会の前身）（名古屋大学）。
【1980-92；再生】
1980 年　京都大学心理教育相談室相談料が文部省より有料化を認められる。
1981 年　第 3 回「心理臨床家のつどい」（大津。600 名参加）。
1982 年　「日本心理臨床学会」（九州大学）発足（成瀬悟策理事長）。
　　　　会員数 1,277 人，参加者 757 人，発表件数 42 件。
1987 年　日本箱庭療法学会設立。森谷寛之コラージュ療法始める。
1988 年　3 月，日本臨床心理士資格認定協会発足。12 月，1,595 人の臨床心理士誕生。
　　　　職場のメンタルヘルス対策（THP；Total Health Promotion Plan）始まる。
（1989 年　昭和天皇崩御。平成元年。）
1989 年　11 月，日本臨床心理士会発足。
1991 年　川崎医療福祉大学に「臨床心理学科」設置。
【1993-；第 2 期興隆期】
1995 年以降　日本心理臨床学会が心理学諸学会の中で会員数がトップになる。
1995 年　阪神・淡路大震災，オウム真理教地下鉄サリン事件。いじめ問題広がる。
　　　　スクールカウンセラー活用調査研究委託始まる。
　　　　震災ボランティア，スクールカウンセラー制度によって臨床心理士が社会的に大きく注目を集める。
1996 年　京都文教大学，札幌学院大学に「臨床心理学科」設置。受験生殺到，臨床心理学がブームとなる。
　　　　「精神科ソーシャルワーカー及び臨床心理技術者の業務及び資格化に関する研究班」設置。国家資格化への具体的検討始まる。
1998 年　臨床心理士養成ための指定制大学院臨床心理学専攻始まる（2003 年 104 校，2007 年 156 校，2017 年 170 校の指定大学院）。
　　　　（金融ビッグバン始まる。）
1999 年　精神分析学会認定資格制度始まる。
　　　　日本心理学諸学会連合結成（2016 年末現在，52 の心理学会が加入）。
2002 年　日本ユング心理学研究所設立。
2004 年　4 月現在，臨床心理士 1 万 1,533 名。

10.1 日本の臨床心理学発展の歴史

表10.1（3） 日本の心理臨床の歴史（大塚，2004を加筆修正）

2005年	2月，臨床心理職国家資格化問題生じる。医療心理師・臨床心理士の「2資格1法案」となるが，医師団体の反対で頓挫。 4月，個人情報保護法。日本心理臨床学会会員数1万6,283名。
2006年	1998年以降，自殺者3万人を超える。「自殺対策基本法」。 8月，河合隼雄（1928-2007）突如，意識不明に，翌年7月死去。
2008年	京都文教大学，日本最初の「臨床心理学部」創設。
(2009年	世界天文年。ガリレオの天体観測開始400年記念。近代科学誕生から400年。) 第1回心理学検定始まる。受検者数1,335人。
2015年	9月9日，議員立法で心理職の国家資格「公認心理師法」衆参全会一致で成立。 12月「改正労働安全衛生法」。働く人の「ストレスチェック」の義務化。
2017年	3月，日本心理臨床学会（正会員数2万8,189名），臨床心理士，過去28年間で3万1,291名誕生。
2018年	9月，第1回公認心理師資格試験実施，11月，公認心理師誕生。

　1909年にアメリカのクラーク大学を訪れたフロイト，ユングらの講演に2人の日本人留学生（元良勇次郎の弟子）がいて，帰国後それを報告している（大山，2010）。しかし，ここから発展するということにはならなかった。フロイトも「実は私はみなさんに，二度と私の講義を聴きに来ないようにと忠告したい。私の講義によって精神分析の研究や治療の方法を学び取ることはできない」（第1章参照）とはっきり述べている。

　1910年頃に，催眠が関係した「千里眼事件」が起こっている（「コラム3.4　千里眼事件」参照）。この事件に福来友吉東京帝国大学助教授が巻き込まれ，辞職するに至った。福来は臨床心理学分野を代表する学者であった。この事件は，臨床心理学が発展する上で大きなマイナスとなった。

　戦前，精神分析は丸井清泰（東北大）や古澤平作などの医師によって細々と紹介されてはいたが，社会に広がることはなかったといえるだろう。

　懸田（1966）によると，丸井はもともと内科の医師で，アメリカに留学し，精神科の勉強をした。帰国後，精神分析が好きで講義を始めたわけではなく，別の教員が精神医学の講義をしていたので，アメリカで聞いた精神分析を講義した，と語っている。フロイトのもとに留学経験のある古澤を中心に，1949年，「日本精神分析研究会」，1955年には「日本精神分析学会」が設立された。古澤は，フロイトのエディプス・コンプレックスに対して，阿闍世コンプレック

スを提案したことで知られている。

戦後，1950年代にアメリカ文化と共にロジャーズのカウンセリング心理学が入ってきて，とりわけ教育分野において大きな影響を与えた。アメリカではロジャーズは精神分析の批判として登場したが，日本では社会的にはまずロジャーズが先に広がり，フロイトやユングは後に知られるようになった。

日本心理学会は1927年に創立されたが，日本臨床心理学会はそれよりも大きく遅れ，1964年に戸川行男（初代会長）(1903-88) によって創設された。しかし，1969年の年次大会で，資格問題（資格不要論）と会員資格（精神障害当事者も会員）などが問題となって混乱し，その結果，多くの会員が離れていった。これは当時の社会状況（70年安保闘争，大学紛争，反精神医学）の影響もあった。

10.1.2 「冬の時代」と河合隼雄の活躍

大塚は1970〜80年を「冬の時代」と呼ぶ。この間は，臨床心理学研究を集約する学術団体がほぼない状態で経過した。当時は，唯物論（共産主義）の時代で，心が原因でノイローゼが生じるというようなことは社会では誰も信じていなかった。また，それを治すという発想もなかった。

日本の臨床心理学の歴史において特記すべきことは，1965年に河合隼雄（天理大学教授）がユング派分析家の資格を取得して帰国したことである。河合は，心理臨床家の国際資格を得た最初の日本人であった（1932年にフロイトのもとに留学した古澤平作は資格までは得ていない）。河合がどのような苦労の末資格を得たのかは『ユング心理学入門』(1967) の「ユング派の分析体験」に詳しい。これによると，知識ではなく，無意識を体験することが肝要であったということである。

それまでは「分析家」「心理療法家」とはいったい具体的にどのような人物なのかを誰もイメージできなかったが，以後，「分析家，心理療法家とは河合先生のような人である」という生きたモデルを提供した。本格的に心理療法の実践と理論（ユング心理学，夢分析，箱庭療法）が次々に紹介され，急速に普及した。人格が変容するということはどういうことか，誰も分からなかった。

それが目で見てわかったのが、箱庭療法からである。箱庭作品のシリーズの表現の変化を目で見て、人格が発展することが納得できたのである。

日本の実験心理学の出発は、1888年の元良勇次郎、臨床心理学の出発は、1965年の河合の帰国が起点といえるだろう。河合は1972年に京都大学に助教授として赴任した後、心理臨床家の養成に力を尽くした。河合は早急な資格化よりも、まず、何よりも心理療法家としての実力を身につけることを最優先にした。そのためにスーパーヴァイザー制度を導入し、1974年から事例研究誌（「臨床心理事例研究――京都大学教育学部心理教育相談室紀要」）を創刊した。とりわけ、スーパーヴィジョン制度はまったく新しい教育制度であった。これらが後の「臨床心理士」養成教育のモデルとなった。

10.1.3　日本心理臨床学会創設と臨床心理士の誕生

このような運動の輪が、とりわけ京都大学、広島大学、九州大学各大学院の3大学院生の共同研究会から徐々に広がりを見せ、それが全国的な集まりとなった。1979年に「心理臨床家のつどい」（名古屋）が始まり、1982年に「日本心理臨床学会」として発足した。1995年以後は、会員数が日本心理学会を超え、日本最大の心理学会に急成長した。2017年3月末では、正会員数2万8,189名である。
（「日本"心理臨床"学会」という命名は、「日本"臨床心理"学会」の名称との競合を避けるため、あえて語順を逆にしていて、英文はclinical psychologyのままである。今ではすっかり「心理臨床」という言葉は馴染んでいる。）

臨床心理士は社会的にはほんとうに目立たない存在であった。突然、社会的に注目を浴びるようになったのは、1995年の阪神・淡路大震災によるPTSD対策のボランティア活動とスクールカウンセラー制度の導入からである。学校はそれまで教師以外の職種が入ったことがない閉鎖社会であった。スクールカウンセラー制度によりはじめて教師以外の職種の人が学校の中に入ることになった。最初は強い抵抗感があったが、子どもや保護者、教師の評判もよく、まもなく全中学校に配置されるようになった。そしてスクールカウンセラーの人数が不足するような状態となった。

10.1.4 国家資格化への歩み

1964年に「日本臨床心理学会」が創設されて以来，心理職の国家資格化が目指されたが，この当時，誰も資格についての具体的なイメージをもっていなかった。資格の具体的なイメージが少しできたのは，1965年，河合隼雄がスイスから帰国して以後である。河合の指導により，心理臨床実践経験，スーパーヴィジョン制度，事例研究などの訓練が具体的になり，1988年「臨床心理士」資格が誕生する。大学院修了要件は他職種の資格制度にはまったくない高度なものであった（学部要件は問われなかった）。1995年以後，文科省の認める「**スクールカウンセラー**」によって事実上の国家資格に準じる制度にまで発展した。社会的信用も高まり，これ以後は，いつ国家資格になっても不思議ではない状況にまで至った。

1996年には「精神科ソーシャルワーカー及び臨床心理技術者の業務及び資格化に関する研究班」が始まり，資格問題が国の政策レベルで議論されるようになった。このとき，精神保健福祉士（PSW）と臨床心理士は同時に国家資格となる予定だったといわれていた。しかし，1997年，PSWだけが先に国家資格となり，臨床心理士は取り残された。

取り残されたとはいえ，今すぐにでも実現しそうな雰囲気はあったが，実際にはなかなか進まなかった。医療分野で働く人にとって資格はとくに切実であった。このとき，医療現場で資格制度がないのは心理職だけという状況であった。しびれを切らしたかのように，2005年初めに突如，医療分野にのみ限定，特化した資格制度「医療心理師法案」が急浮上した。これはほとんどの臨床心理士には寝耳に水であった。

そこで，河合日本臨床心理士会会長や鑪　幹八郎日本心理臨床学会理事長らの指導のもと，反対運動が起こった（筆者は2003年頃より，日本心理臨床学会常任理事，京都府臨床心理士会会長，日本心理学諸学会連合理事などの立場でそれに参加した）。反対理由は，医療心理師はあまりにも医師側の言いなりという点にあった。結果，「臨床心理士・医療心理師法案」（「二資格一法案」）という妥協案ができた。しかし，医師団体の反対で成立直前で頓挫した。

その後，2006年8月，河合が突然倒れ，意識不明となり，翌年亡くなった

ことでリーダーが失われた。しばらくしてから，村瀬嘉代子日本臨床心理士会会長や鶴　光代日本心理臨床学会理事長らの指導のもと，活動が再開され，それから約10年後の2015年9月にようやく「公認心理師」として結実した。PSW資格からは約20年の遅れとなった。

10.1.5　国家資格をめぐる課題

心理職はなぜこんなに国家資格化が遅れたのだろうか。それは第0章で述べたように，心理学，とくに臨床心理学は人類にとってもっとも難問であったことが最大の原因である。すなわち，人の精神と精神がかかわり，変化を起こすとはどういうことなのか，その具体的イメージを日本社会が共有することがむずかしかったということにある。これは歴史上なかった新たな事態で，まったく新しい職種の誕生であった。そのことを社会が納得するのに時間がかかったのである。

1. 医師との関係——医行為の問題

現実的課題としてもっとも大きな課題は医師団体との関係である。そこには心理療法とは本来医師がすべき"医行為"ではないか，という問題があった。これは1926年以来，フロイトが論じた問題が70年後の日本で生じたということである（「コラム10.1　医行為について」参照。この葛藤は，公認心理師法の「医師の指示」として残っている）。

2. 心理学内部のまとまらなさからその統合へ

もう一つは心理学内部でのまとまらなさであった。すでに何度も言及しているが，実験心理学と臨床心理学は異なった歴史的背景があり，水と油のような関係にあった。大学でいう「心理学」は「実験心理学」のことであり，「臨床心理学」はそもそも存在していなかったし，それ独自の教育制度もなかった。「臨床心理学科」は，1990年代（1991年川崎医療福祉大，1996年京都文教大学，札幌学院大学）に初めてできた。「臨床心理学部」の創設は2008年，京都文教大学においてであった。

その関係が逆転し出したのは，1998年，臨床心理士養成ための指定制大学院臨床心理学専攻が始まったときである。臨床心理士の人気が出たために，大

学は臨床心理士の教員を積極的に採用し始めた。2014年には臨床心理士養成指定大学院は165校を数えるまでに急増した。それまで実験心理学一色であった大学の中で臨床心理学専門教員が増え，臨床系と実験系が拮抗する勢力となった（先の複素数の比喩でいえば，実数軸だけだった心理学ワールドに，突如虚数軸が出現したような事態といえる）。

このような流れの中で，危機感をもった実験系主流の日本心理学会を中心に，1999年「日本心理学諸学会連合」が結成された。当初，諸学会連合は，日本心理学会が中心で，日本教育心理学会などの基礎系，実験系の学会が多数を占めており，臨床心理系の学会は少数派であった。この2つの学会系の対立で長時間の論争が行われていた。しかし，このような対立を通じて，次第に相互理解と融和が生じるようになった。資格問題も「臨床心理職国家資格推進連絡協議会」（日本心理臨床学会，日本臨床心理士会が中心）と「医療心理師国家資格制度推進協議会」（全国保健・医療・福祉心理職能協会，日本精神科病院協会，日本心理学会など）と「日本心理学諸学会連合」の3団体共同で推進されるようになった（すなわち，複素空間としての心理学ワールドの成立といえよう）。

日本心理学諸学会連合は，現在では日本のほぼすべての約50の心理学会が参加するまでに発展した。国家資格化の運動を続けている中で，ようやく心理学が全体としてまとまってきた。そのような長年の努力の末に，2015年9月9日議員立法により国家資格**公認心理師**を定める「公認心理師法」が参議院本会議で全会一致，可決成立した。

10.2 「公認心理師法」の概要とその意義

【公認心理師法概要】
1. 「目的」：「国民の心の健康の保持増進に寄与すること」。
2. 「定義」：業務内容は「心理学に関する専門的知識及び技術をもって」，①「心理状態の観察と結果の分析」，②「心理に関する相談，助言，指導，その他の援助」，③（当事者だけではなく）「関係者に対する相談，助言，指導，その

他の援助」，④「心の健康に関する知識の普及のための教育と情報提供」である。
3. 「試験」制度：「①大学において心理学等の科目を修め，かつ，大学院において心理学等の科目を修めて課程を修了した者，②大学で心理学等の科目を修め，卒業後一定期間実務経験を積んだ者等，③は①及び②に掲げる者と同等以上の知識及び技能を有する者」に受験資格がある。
4. 「義務」：信用失墜行為の禁止，秘密保持義務に加え「業務を行うに当たっては医師，教員その他の関係者との連携を保つことの他，主治医があるときは，その指示を受けなければならない」。
5. 名称使用制限：公認心理師は名称独占である。
6. 主務大臣：文部科学大臣と厚生労働大臣。

「**公認心理師法**」は社会的にはあまり目立たない形で，ひっそりと成立した。しかし，今後の社会において極めて重要な意義をもつものになるだろう。

「心の健康の保持増進」が目的と法律に明示されたことは，画期的，歴史的快挙といえるだろう。近代医学は，心身二元論の立場に立ち，心と体を切り離すことによって大発展を遂げた。そのために心の問題は無視，ないし軽視されてきた。しかし，今後は，この法律の主旨に従って「心の健康」もまた重視され，医療が大きく変わるはずである。これは近代医学の一大転換期といえるだろう。

心理学界はこれまで実験系と臨床系が相容れない状態であった。しかし，今後は「国民の心の健康」のために一致団結して，貢献しなければならない。

これまで世間の心理学に対するイメージとその実態が解離していたが，ようやく一致し始めたといえるだろう。

10.3 心理臨床分野の広がり

10.3.1 医療心理臨床

1960年代より精神科，心療内科などでは心理臨床家が神経症者，精神病者

への心理面接を行ってきた。1980年代以降，ターミナルケア，緩和ケア，自殺予防対策など，広い分野域においても活躍するようになった。現在，心理臨床家はすべての診療科において必要とされている。

10.3.2 教育心理臨床

不登校対策，とりわけいじめ問題などがきっかけとなって1995年にスクールカウンセラー制度が発足した。そしてすぐにその有用性が認められ，日本全国の中学校全校に配置されるまでになり，今後，小学校にも全校配置される予定である。

10.3.3 産業心理臨床

1988年「労働安全衛生法」が改正され，職場のメンタルヘルス対策（THP；Total Health Promotion Plan）が始まり，心理の専門家が求められるようになった。ちょうどこの年は，日本臨床心理士資格認定協会が発足し，12月に1,595人の臨床心理士が誕生した。しかし，この当時は，産業と臨床心理士が結びつくことがむずかしかった。臨床心理士は産業にほとんど関心を向けなかった。

1980年代のバブルの時代，1990年代のバブル崩壊，リストラ時代を迎え，うつ病，自殺者の増加などの問題が深刻化した。1998年以降では自殺者が年間3万人を超え，1999年には3万3,048人のピークに達している。このような事態を受けて，2000年には，「事業場における労働者の心の健康づくりのための指針」，2006年に「自殺対策基本法」が制定され，自殺予防に本格的に取り組まれるようになった。国だけでなく，京都府は都道府県初となる「京都府自殺対策に関する条例」（2015年4月）を制定した。2015年12月1日より，「改正労働安全衛生法」に基づき，従業員50人以上の事業場におけるストレスチェック制度が義務づけられた。その結果，2016年度では自殺者は2万5,427人にまで減少した。

心理臨床家は，予防啓発活動（prevention），危機介入（intervention），さらに事後対応（postvention）まで一貫して自殺予防に取り組んできた。今後もいっそう活躍が期待される。

10.3.4 司法，福祉心理臨床

児童相談所，少年鑑別所，家庭裁判所などにおいて非行少年や犯罪者に対する処遇をめぐって心理臨床家が活躍してきた。最近は，児童虐待や家庭内暴力，犯罪被害者への心理的援助についても重要性が増してきている。

10.4 倫理

心理臨床家はその責任の重さを自覚しなければならない。ウソやごまかしは一時的には成功してもすぐに破綻する。長期的，永続的に貢献し続けるには，倫理を守る必要がある。日本臨床心理士資格認定協会は1990年8月に，日本心理臨床学会は，1998年9月に倫理規程，倫理綱領，倫理基準を制定した。そのおおまかな内容は表10.2の通りである。公認心理師法でも「第40条 信用失墜行為の禁止」「第41条 秘密保持義務」「第43条 資質向上の責務」などに倫理が定められている。

コウリーら（2003）は，職業的実践に当てはまる普遍的道徳原則について，次のように述べている。

「クライエントの最善の利益になることを行うこと」である。しかし，さまざまな団体がその倫理コードを改訂するにあたって，裁判に巻き込まれること

表10.2 日本心理臨床学会倫理規程（要旨）

1. 人権を尊重し，専門的業務の及ぼす責任を持つ。
2. 常に自らの知識，技術を研鑽すること，またその技術の限界をわきまえる必要。
3. 対象者との関係の適切さ——私的な関係を持たないこと。
4. 研究においては過度な負担をかけないこと，目的をきちんと説明するなどの同意を得る。
5. 秘密保持の責任，必要と認めた以外の内容を漏らさない。
6. 専門的意見の公開においては，誇張のないこと。
7. 他の専門職の権利の尊重と相互の連携に配慮すること。

を恐れるあまりに，クライエントにとって何が正しいのかということよりも，法的に必要最低限の事項を満たすことに気を遣うようになっている。しかし，法律と倫理を混同してはならない。過誤行為で訴えられないようにする一番いいやり方は，「クライエントを尊重していることを身をもって示し，彼らの福祉を第一に考え，職業コードの枠内で実践すること」である。

10.4.1 倫理のジレンマ——守秘と公開の葛藤

　実践における葛藤は，どちらも正しいが矛盾する原理のために生じる。それはたとえば，守秘と公開の間で生じる（森谷，2008）。心理臨床家なら，クライエントの話した内容には守秘義務が生じる。しかし，同時に自分の行った行為は，公開し，他者からの批判を受ける義務がある。重要な知識や情報は広く社会に公開しなければならない。また，自殺や虐待が疑われるとき，それを隠しておくこと自体が許されない場合がある。いつもいつもこのような葛藤が生じる。それに対して，河合（1991）は「どちらも正しいと言えそうな相反する考えのなかで，どちらに片寄ることもなく，葛藤に耐えながら，自分にふさわしい足場をつくりあげていく，その姿勢を筆者は倫理的と言いたい」と述べている。

10.5　おわりに

　前著（2005）で，「心理学の資格問題は，今すぐにも解決が付きそうでもあり，また，永遠に未解決のものとなるかもしれない。どちらの可能性もある。しかし，もし仮に資格ができたとしても，それで一安心になるわけではないことは確かである。臨床心理学はたえず葛藤，矛盾そのものを対象にしてきたのである。それ故に，いつも未解決の課題を背負い続けることになるのである」と述べた。

　前著刊行から10年後の2015年に資格問題がようやく決着を迎えることができた。しかし，本書が刊行された現在でも，この言葉をそのまま残しておきたいと思う。

コラム 10.1　医行為について——レイ分析家（非医師精神分析家）の問題

　心理療法をめぐって医師と非医師は何度も衝突を繰り返してきた。メスメルの時代，医学界は，医師だけが磁気術を許されるべきだ，と主張し始めたので，非医師の磁気術師たちは激しく反対した。その妥協点として「1831 年，パリの医学アカデミーは非医師の磁気術師も治療を行ってよいが医師の監督下でなければならないこと，また，非医師の磁気術師は治療日誌を医師に提出し，医師の検査を受けねばならぬことを決めた。……しかし，この規則が遵守されたことはほとんどないに等しかった」（エレンベルガー）。

　1926 年，非医師精神分析家のテオドール・ライクが患者から「いかさま治療」として告訴されたことがきっかけになって，精神分析は医師にかぎるべきか否かという論争が始まった。これに対してフロイトは「非医師分析のための闘いは，早晩避けて通れぬものです。……私は生きている限り，精神分析が医学に食われてしまうことを断固として阻止し続けるつもりです。」（ゲイ，1988 p.569）と述べ，「レイ分析の問題（*Die Frage der Laien-analyse*）」という論文を書き，ライクを擁護した。フロイトはこの論文の中で次のように主張している。

1. 患者をまず医師が身体的疾患の疑いについて診察することが必要である。しかし，医師の資格は精神分析とは何の関係もない。医学教育がむしろ精神分析の障害になる。
2. 心という分野では，専門家がおらず，誰もが自分をいっぱしの心理学者だと思ってしまっている（この分野では，特殊な訓練が必要である）。
3. 精神分析は医学の専門分野ではなく，心理学である。
4. 精神分析は医学に応用できても，それは医学とは言えない。電流とエックス線が医学に応用されても，物理学であるのと同じ。
5. 精神分析は医師の発明といっても，それは関係がない（フロイト自身，自分は本物の医師ではない，という）。
6. 非医師を締め出すことは，いわば抑圧の防衛をしているだけで，結局失敗に終わる。
7. 非医師たちを教育して資格を与える方がより現実的，実際的である。

　非医師分析家に一番強固に反対したのは，アメリカである。和解が成立した

のは，実に1989年になってからである。
　このフロイトが遭遇した問題とまさに同じ問題が，心理職の国家資格問題という形で1990年代の日本で起こったといえる。

コラム 10.2　心理療法家の資質

　カウンセラーにはどのような素質が必要であろうか。これまであまり論じられたことがないが，少し紹介しておきたい。

【河合隼雄『心理療法序説』（1992年，岩波書店）より】

　心理療法家の素質はほんとうのところはよく分からない。
　ともかく本人が「なりたい」と思うことが大切。
　心理療法家にとって，まず大切なことはクライエントの考えや感情であり，クライエントの個性を生かすことである。
　自分は弱い人の気持ちがよくわかり，人の役に立ちたいと思う人は，自分の傷つきやすさ（vulnerable）を敏感さ（sensitive）と誤解している人。
　傷をもっていたが癒された人，傷をもっていないのに，傷ついた人の共感に努力する人などによってこそ，心理療法が行われるのである。
　「完全な」心理療法家などはいない。迷いながら成長していく仕事。
　心理療法は自分の知識と技術を適用して必ず成功するという仕事ではない。
　多くの専門職で，心理療法家ほど「謙虚さ」を必要とし，「初心忘るべからず」の言葉が生きている世界はないであろう。
　素人の熱意や善意ではどうしようもないし，危険でさえある。
　心理療法家はクライエントの実現傾向と現実社会との間に折り合いをつける仕事をするので相当な強さと現実社会に対する認識などをもつべき。
　仕事は危険に満ちた，大量のエネルギーを必要とする仕事で，簡単にはできない。
　心理療法家は常に常識を超えた判断や考えが必要とされる。一般常識をよく知っている必要。
　心理療法家は主観的なかかわりと，現象を対象化してみることを，両立させてゆく必要。どちらか一方に偏ると必ず失敗してしまう。
　クライエントを守るためにも資格制度は必要である。

【きたやまおさむ『みんなの精神科』（1997年，講談社）より】

10.5 おわりに

格好がよくて、知的な上に手が汚れないというイメージとは違う。

世の中から排除されるような変わった話に対して好奇心をもって自然に心を開くことができる。

この仕事は社会的に偉くなれない職業。

社会から排除されやすい問題を抱える人を扱い、彼らと社会の接点に立とうとする。

権力者側に立てない。同時に権力者側にも近づいておく必要。

周辺部に位置づけられてもたくましく生きていけて、自分を失わずにいられる人。

子どもに説明しにくい、家族の理解を得るのも簡単ではない。

プライバシーを尊重できる。相手の話を一度自分の腹に置いてから理解しようとする人。

自分流のはけ口をもてる才能も必要。

ものごとを多面的にとらえ、常識にとらわれずに複眼的思考を必要とする。

【アンソニー・ストー『心理面接の教科書——フロイト、ユングから学ぶ知恵と技』第14章「心理療法家のパーソナリティ」(1979年 p.244-273)】

第1に、心理療法はひときわ面白く、やりがいのある職業。これほど幅広い、さまざまな人たちのことをきわめて親密に知ることのできる職業は他にない。

第2に、患者に何か援助することは喜び。この職業のおかげでとても豊かな人生を送ることができた。

自分のことを学べば学ぶほど、ますます患者のことがわかり、患者のことを学べば学ぶほど、ますます自分のことがわかるようになる。

治療者は自己抑制の能力、自己表現の制約、非指示的な態度、権威主義の放棄が必要。

あらゆる職業のなかでも心理療法家ほど、通常の自己表明が制約されるものはない。自らの性格を決して明かすことなく、つねに相手の欲求に方向づけられる。

自分が心理療法を受けたことがなくても、直観、共感、思いやりに恵まれ、しかも相手と程よい距離感を保つことができる、生まれつきの心理療法家もいる。

[参考図書]

村本詔司（1998）．心理臨床と倫理　朱鷺書房

　心理臨床の分野の倫理問題としてまとまった初めての本である。倫理に関する哲学・歴史的背景，諸外国の文献などが包括的に紹介されている。まず，最初に読んでおくべき文献である。

コウリー，G・コウリー，M. S.・キャラナン，P.　村本詔司（監訳）浦谷計子・殿村
　　　直子（訳）（2004）．援助専門家のための倫理問題ワークブック　創元社

　いろいろな事例を豊富に紹介している。倫理問題が生じたときのいろいろな考え方のヒントになる。

引用文献

第0章

Asimov, I.（1989）. *Asimov's chronology of science and discovery*. Harper Collins Publishers.
　（アシモフ, I. 小山慶太・輪湖　博（訳）（1996）. アイザック・アシモフの科学と発見の年表　丸善）
ヴァン・デン・ベルク, J. H. 立教大学早坂研究室（訳）（1988）. 現象学の発見――歴史的現象学からの展望――　勁草書房
Bolles, R. C.（1993）. *The story of psychology : A thematic history*. Thomson Learing Company.
　（ボールズ, R. C. 富田達彦（訳）（2004）. 心理学物語――テーマの歴史――　北大路書房）
Ellenberger, H. F.（1970）. *The discovery of the unconscious : The history and evolution of dynamic psychiatry*. Basic Books.
　（エレンベルガー, H. F. 木村　敏・中井久夫（監訳）（1980）. 無意識の発見（上・下）――力動精神医学発達史――　弘文堂）
Jung, C. G., & Pauli, W.（1955）. *The interpretation of nature and the psyche*. New York : Bollingen Foundation.
　（ユング, C. G.・パウリ, W. 河合隼雄・村上陽一郎（訳）（1976）. 自然現象と心の構造――非因果的連関の原理――　海鳴社）
Meier, C. A.（1968）. *Die Empirie des Unbewußten : Mit besonderer Berücksichtigung des Assoziationsexperimentes von C. G. Jung*. Rascher Verlag.
　（マイヤー, C. A. 河合隼雄（監修）河合俊雄・森谷寛之（訳）（1996）. 無意識の現れ――ユングの言語連想検査にふれて――　創元社）
森谷寛之（2011）. 科学史における心理学の登場――近代科学誕生から400年――　日本心理臨床学会（編）心理臨床学事典（pp.4-5）　丸善出版
Ritovo, L. B.（1990）. *Darwin's influence on Freud : A tale of two sciences*. Yale University Press.
　（リトヴォ, L. B.　安田一郎（訳）ダーウィンを読むフロイト――二つの科学の物語――　青土社）
彩図社文芸部（編）（2011）. 金子みすゞ名詩集　彩図社
Sugget, M.（1981）. *Galileo and the birth of modern science*. Wayland Publishers.
　（サジェット, M. 大橋一利（訳）（1992）. ガリレオと近代科学の誕生――原図で見る科学の天才――　玉川大学出版部）
養老孟司（2005）. 解剖学教室へようこそ　筑摩書房

第1章

Freud, S.（1917）. *Vorlesungen zur Einführung in die Psychoanalyse*.
　（フロイト, S. 懸田克躬・高橋義孝（訳）（1971）. 精神分析入門　フロイト著作集1　人文書院）
小阪修平（編）（1986）. 身体という謎　作品社
坂井建雄（2008）. 人体観の歴史　岩波書店

第2章

Blatty, W. P.（1971）. *The exorcist*. Bantam Books.
　（ブラッティ，W. P.　宇野利泰（訳）（1977）．エクソシスト　新潮文庫）
Ellenberger, H. F.（1970）. *The discovery of the unconscious : The history and evolution of dynamic psychiatry*. Basic Books.
　（エレンベルガー，H. F.　木村　敏・中井久夫（監訳）（1980）．無意識の発見（上・下）――力動精神医学発達史――　弘文堂）
Hoppál. M.（1994）. *Shamanen und Shamanismus*. Motovun Co-Publishing.
　（ホッパール，M.　村井　翔（訳）（1998）．図版シャーマニズムの世界　青土社）
河合隼雄（1967）．ユング心理学入門　培風館
繁田信一（2006）．陰陽師　中央公論社
志村有弘（1999）．陰陽師安倍晴明　角川書店
東畑開人（2015）．野の医者は笑う――心の治療とは何か？――　誠信書房
Vitebsky, P.（1995）. *The shaman*. London：Duncan Baird Publishers.
　（ヴィテブスキー，P.　中沢新一（監修）岩坂　彰（訳）（1996）．シャーマンの世界　創元社）
Wilkinson, T.（2007）. *The Vatican's exorcists-driving out the devil in the 21st century*. New York：Warner Books.
　（ウィルキンソン，T.　矢口　誠（訳）（2007）．バチカン・エクソシスト　文藝春秋）

第3章

Darton, R.（1968）. *Mesmerism and the end of enlightenment in France*. The President and Fellows of Harvard College.
　（ダートン，R.　稲生　永（訳）（1987）．パリのメスマー――大革命と動物磁気催眠術――　平凡社）
Ellenberger, H. F.（1970）. *The discovery of the unconscious : The history and evolution of dynamic psychiatry*. Basic Books.
　（エレンベルガー，H. F.　木村　敏・中井久夫（監訳）（1980）．無意識の発見（上・下）――力動精神医学発達史――　弘文堂）
Grimaux, E.（1888）. *Lavoisier 1743-1794*.
　（グリモー，E.　田中豊助・原田紀子・牧野文子（訳）（1995）．ラボアジェ 1743-1794　内田老鶴圃）
一柳廣孝（1994）．〈こっくりさん〉と〈千里眼〉――日本近代と心霊学――　講談社
長山靖生（2005）．千里眼事件――科学とオカルトと明治日本――　平凡社
Thuillier, J.（1988）. *Franz Anton Mesmer ou l'extase magnétique*. Paris：Robert Laffont.
　（チュイリエ，J.　高橋　純・高橋百代（訳）（1992）．眠りの魔術師メスマー　工作舎）
Zweig, S.（1931）. *Die Heilung druch den Geist*. Leibzig：Insel-Verlag.
　（ツヴァイク，S.　佐々木斐夫・高橋義夫・中山　誠（訳）（1973）．ツヴァイク全集 12　精神による治療　みすず書房）

第4章

Bergson, H.（1990）. *Cours Ⅰ. Lecons de psychologie et de métaphysique*. Presses Universitaires de France.
　（ベルクソン，H.　合田正人・谷口博史（訳）（1999）．ベルクソン講義録Ⅰ　心理学講義・形而上学講義　法政大学出版局）
Freud, S.（1917）. *Vorlesungen zur Einführung in die Psychoanalyse*.

（フロイト，S. 懸田克躬・高橋義孝（訳）（1971）．精神分析入門　フロイト著作集1　人文書院）
Freud, S.（1925）. *Selbstdarstellung.*
（フロイト，S. 懸田克躬（訳）（1970）．自己を語る　フロイト著作集第4巻（pp. 422-476）　人文書院）
フロイト，S.（1895）．懸田克躬・小此木啓吾（訳）（1974）．フロイト著作集7　ヒステリー研究　人文書院
Geleta, J., & Forbath, L.（1936）. *The new Mongolia.* London, Toronto, W. Heinemannn.
Jung, C. G.（1916）. *Die transzendente Funktion.*
（ユング，C. G. 松代洋一（訳）（1996）．創造する無意識――ユングの文芸論――　平凡社）
Vitebsky, P.（1995）. *The shaman.* London：Duncan Baird Publishers.
（ヴィテブスキー，P. 中沢新一（監修）岩坂　彰（訳）（1996）．シャーマンの世界　創元社）

第5章

アドラー，A. 桜田直美（訳）（2016）．生きるために大切なこと　方丈社
Jung, C. G.（1963）. *Memories, dreams, reflections.* New York：Pantheon Books.
（ユング，C. G. 河合隼雄・藤縄　昭・出井淑子（訳）（1972/1973）．ユング自伝――思い出・夢・思想1，2――　みすず書房）
Kirschenbaum, H., & Henderson, V. L.（Eds.）（1989）. *The Carl Rogers reader.* New York：Sterling Lord Literistic.
（カーシェンバウム，H.・ヘンダーソン，V. L.（編）伊東　博・村山正治（監訳）（2001）．ロジャーズ選集（上・下）　誠信書房）
森谷寛之（1999）．衝突の心理学――いじめにおける被害者意識と加害者意識についての一考察――　臨床心理研究：京都文教大学心理臨床センター紀要，**1**，23-35.

第6章

Freud, S.（1916）. *Vorlesungen zur Einführung in die Psychoanalyse.*
（フロイト，S. 懸田克躬・高橋義孝（訳）（1966）．精神分析入門　フロイト著作集1　人文書院）
Freud, S.（1923）. *Das Ich und das Es.*
（フロイト，S. 小此木啓吾（訳）（1970）．自我とエス　井村恒郎・小此木啓吾他（訳）フロイト著作集6（pp.263-299）人文書院）
Freud, S.（1932）. *Neue Folge der Vorlesungen zur Einführung in die Psychoalalyse.*
（フロイト，S. 懸田克躬・高橋義孝（訳）（1971）．精神分析入門（続）　フロイト著作集1（pp.385-536）　人文書院）
フロイト，S. 十川幸司（訳）（2018）．メタサイコロジー論　講談社学術文庫
Hawking, S. W.（1988）. *A brief history of time：From the big bang to black holes.* Bantam.
（ホーキング，S. W. 林　一（訳）（1989）．ホーキング，宇宙を語る――ビッグバンからブラックホールまで――　早川書房）
森谷寛之（2001）．ベクトル概念を利用した精神力動論の試み　臨床心理研究：京都文教大学心理臨床センター紀要，**3**，25-35.
森谷寛之・赤塚大樹・岸　良範・増井武士（1991）．医療・看護系のための心理学――精神保健入門――　培風館
森谷寛之・田中雄三（編）（2000）．生徒指導と心の教育――入門編――　培風館

志村史夫（2002）．こわくない物理学——物質・宇宙・生命—— 新潮社
田原真人（2010）．物理をこれから学びたい人のための科学史／数学——なぜ物理法則は数式で書かれているのか—— 理工図書
湯川秀樹（1977）．物理講義 講談社

第7章

Berne, E. L.（1970）．*Sex in human loving*. New York：Simon & Schuster.
　（バーン，E. 石川弘義・深澤道子（訳）（1999）．性と愛の交流分析 金子書房）
Boss, M.（1956）．*Körperliches Kranksein als Folge Seelisher Gleichgewichtestörungen*. Hans Huber, Bern：Verlag.
　（ボス，M. 三好郁男（訳）（1966）．心身医学入門 みすず書房）
Erikson, E. H.（1982）．*The life cycle completed：A review*. NY：W. W. Norton & Company.
　（エリクソン，E. H. 村瀬孝雄・近藤邦雄（訳）（1989）．ライフサイクル，その完結 みすず書房）
Freud, A.（1936）．*Das Ich und Abwermechanismen*.
　（フロイト，A. 外林大作（訳）（1958）．自我と防衛 誠信書房）
Freud, S.（1916）．*Vorlesungen zur Einführung in die Psychoanalyse*.
　（フロイト，S. 懸田克躬・高橋義孝（訳）（1966）．精神分析入門 フロイト著作集1 人文書院）
Freud, S.（1923）．*Das Ich und das Es*.
　（フロイト，S. 小此木啓吾（訳）（1970）．自我とエス 井村恒郎・小此木啓吾他（訳）フロイト著作集6（pp.263-299） 人文書院）
Freud, S.（1932）．*Neue Folge der Vorlesungen zur Einführung in die Psychoalalyse*.
　（フロイト，S. 懸田克躬・高橋義孝（訳）（1971）．精神分析入門（続） フロイト著作集1（pp.385-536） 人文書院）
　フロイト，S. 十川幸司（訳）（2018）．メタサイコロジー論 講談社
Jacoby, M.（1984）．*The analytic encounter：Transference and human relationship*. Toronto, Inner City Books.
　（ヤコービ，M. 氏原 寛他（訳）（1985）．分析的人間関係——転移と逆転移—— 創元社）
Jung, C. G. et al.（1964）．*Man and his symbols*. London：Aldus Books Limited.
　（ユング，C. G. 他 河合隼雄（監訳）（1972）．人間と象徴——無意識の世界—— 河出書房新社）
河合隼雄（1967）．ユング心理学入門 培風館
河合隼雄（1971）．コンプレックス 岩波書店
河合隼雄（1995）．河合隼雄著作集7 子どもと教育 岩波書店
Kübler-Ross, E.（1969）．*On death and dying*. Macmillan Company.
　（キューブラー＝ロス，E. 川口正吉（訳）（1971）．死ぬ瞬間——死にゆく人々との対話—— 読売新聞社）
Meier, C. A.（1975）．*Lehrbuch der Komplexen Psychologie C. G. Jung：Bewußtsein（Band Ⅲ）*. Walter-Verlag AG.
　（マイヤー，C. A. 河合隼雄（監修）氏原 寛（訳）（1996）．ユング心理学概説（3）意識——ユング心理学における意識形成—— 創元社）
Neumann, E.（1955）．*The great mother*. New York：Bollingen Foundation.
　（ノイマン，E. 福島 章・町沢静夫・大平 健・渡辺寛美・矢野昌史（訳）（1982）．グレートマザー——無意識の女性の現象学—— ナツメ社）

引 用 文 献

Progoff, I.（1956）. *The death and rebirth of psychology* : An integrative evaluation of Freud, Adler, Jung, and Rank and the impact of their insights on modern man.
　（プロゴフ，I. 渡辺　学（訳）（1956）. 心理学の死と再生　春秋社）
ソポクレス　高津春繁（訳）（1959）. オイディプス王　世界文学大系 2　ギリシア・ローマ古典劇集　筑摩書房
東大医学部心療内科（編著）（1995）. 新版エゴグラム・パターン——TEG（東大式エゴグラム）第 2 版による性格分析——　金子書房
都筑卓司（2002）. 新装版　マックスウェルの悪魔——確率から物理学へ——　講談社

第 8 章

Axline, V. M.（1947）. *Play therapy*. Churchill Livinstone.
　（アクスライン，V. M. 小林治夫（訳）（1972）. 遊戯療法　岩崎学術出版社）
Beck, A. T.（1976）. *Cognitive therapy and the emotional disorders*. Mark Paterson and International Universities Press.
　（ベック，A. T. 大野　裕（訳）（1990）. 認知療法——精神療法の新しい発展——　岩崎学術出版社）
Freud, A.（1946）. *The psycho-analytic treatment of children*.
　（フロイド，A. 北見芳雄・佐藤紀子（訳）（1961）. 児童分析——教育と精神分析療法入門——　誠信書房）
Freud, S.（1916）. *Vorlesungen zur Einführung in die Psychoanalyse*.
　（フロイト，S. 懸田克躬・高橋義孝（訳）（1966）. 精神分析入門　フロイト著作集 1　人文書院）
フロイト，S.　高橋義孝（訳）（1900/1968）. フロイト著作集 2　夢判断（Traumdeutung）人文書院
藤田一照（2016）. マインドフルネスと無心——無心のマインドフルネスに向って——　精神療法，**42**（4），9-15.
池見　陽（2004）. フォーカシング　心理臨床大事典（pp.325-329）　培風館
Jacobi, J.（1959）. *Die Psychologie von C. G. Jung*. Charles E. Tuttle.
　（ヤコービ，J. 高橋義孝（監修）池田鉱一・石田行仁・中谷朝之・百渓三郎（訳）（1973）. ユング心理学　日本教文社）
Jung, C. G. et al.（1964）. *Man and his symbols*. London : Aldus Books Limited.
　（ユング，C. G. 他　河合隼雄（監訳）（1972）. 人間と象徴——無意識の世界——　河出書房新社）
Kalff, D. M.（1966）. *Sandspiel : Seine therapeutische Wirkung auf die Psyche*. Zürich und Stuttgart : Rascher Verlag.
　（カルフ，D. M. 河合隼雄（監修）大原　貢・山中康裕（訳）（1972）. カルフ箱庭療法　誠信書房）
河合隼雄（編）（1969）. 箱庭療法入門　誠信書房
河合隼雄・中村雄二郎（1984）. トポスの知——箱庭療法の世界——　TBS ブリタニカ
木村晴子（1985）. 箱庭療法——基礎的研究と実践——　創元社
Klein, M.（1957）. *Envy and gratitude : A study of unconscious sources*. London : Tavistock Publications Limited.
　（クライン，M. 松本善男（訳）（1975）. 羨望と感謝——無意識の源泉について——　みすず書房）
三木善彦（1976）. 内観療法入門　創元社
森谷寛之（1995）. 子どものアートセラピー　金剛出版

森谷寛之（2009）．心理学界のアンブレラ　遊戯療法学研究，**8**（1），86-92．
森谷寛之（2012）．コラージュ療法実践の手引き――その起源からアセスメントまで――　金剛出版
成瀬悟策（2000）．動作療法　誠信書房
Naumburg, M.（1966）．*Dynamically oriented art therapy : Its principles and practice*. New York : Grune & Stratton.
　（ナウムブルグ，M.　中井久夫（監訳）内藤あかね（訳）（1995）．力動指向的芸術療法　金剛出版）
大原健士郎（編）（1987）．森田療法――理論と実際――　金原出版
佐々木承元（2002）．こころの秘密――フロイトの夢と悲しみ――　新曜社
Storr, A.（1979）．*The art of psychotherapy*. The Taylor & Francis Group.
　（ストー，A.　吉田圭吾（監訳）佐藤淳一（訳）（2015）．心理面接の教科書――フロイト，ユングから学ぶ知恵と技――　創元社）
田畑　治（1984）．来談者中心カウンセリング　内山喜久雄・高野清純・田畑　治　講座サイコセラピー1　カウンセリング（pp.45-132）　日本文化科学社
田畑　治（1989）．来談者中心療法　上里一郎・内山喜久雄他（監修）メンタルヘルス・ハンドブック　同朋舎出版
田畑　治（2005）．来談者中心療法　上里一郎・末松弘行・田畑　治・西村良二・丹羽真一（監修）心の健康大百科　メンタルヘルス事典（pp.691-698）　同朋舎メディアプラン
徳田完二（2009）．収納イメージ法――心におさめる心理療法――　創元社
Watson, J. B.（1930）．*Behaviorism*（Revised ed.）．
　（ワトソン，J. B.　安田一郎（訳）（1980）．行動主義の心理学　河出書房新社）
吉本伊信（1983）．内観への招待　朱鷺書房

第9章

土居健郎（1978）．方法としての面接――臨床家のために――　医学書院
Frances, A.（2013）．*Essentials of psychiatric diagnosis : Responding to challenge of DSM-5*. The Guilford Press.
　（フランセス，A.　大野　裕・中川敦夫・柳沢圭子（訳）（2014）．精神疾患診断のエッセンス――DSM-5の上手な使い方――　金剛出版）
堀　洋道（監修）山本眞理子（編）（2001）．心理測定尺度集 I――人間の内面を探る〈自己・個人内過程〉――　サイエンス社
堀　洋道（監修）吉田富二雄（編）（2001）．心理測定尺度集 II――人間と社会のつながりをとらえる〈対人関係・価値観〉――　サイエンス社
堀　洋道（監修）松井　豊（編）（2001）．心理測定尺度集 III――心の健康をはかる〈適応・臨床〉――　サイエンス社
堀　洋道（監修）櫻井茂男・松井　豊（編）（2007）．心理測定尺度集 IV――子どもの発達を支える〈対人関係・適応〉――　サイエンス社
堀　洋道（監修）吉田富二雄・宮本聡介（編）（2011）．心理測定尺度集 V――個人から社会へ〈自己・対人関係・価値観〉――　サイエンス社
堀　洋道（監修）松井　豊・宮本聡介（編）（2011）．心理測定尺度集 VI――現実社会とかかわる〈集団・組織・適応〉――　サイエンス社
細谷恒夫（1970）．現象学の意義とその展開　世界の名著51　ブレンターノ，フッサール（pp.7-48）　中央公論社
McEvoy, J. P., & Zarate, O.（1996）．*Introducing quantum theory*. Icon Books.
　（マッケボイ，J. P.（文）サラーティ，O.（絵）治部眞里（訳）（2000）．マンガ量子論入

門――だれでもわかる現代物理―― 講談社）

Meier, C. A.（1968）. *Die Empirie des Unbewussten : Mit besonderer Beruecksichtigung des Assoziationsexperimentes von C. G. Jung.* Rascher Verlag.
（マイヤー，C. A. 河合隼雄（監修）河合俊雄・森谷寛之（訳）（1996）．無意識の現れ――ユングの言語連想検査にふれて―― 創元社）

森 則夫・杉山登志郎・岩田泰秀（編著）（2014）．臨床家のためのDSM-5虎の巻 日本評論社

中井久夫（1984）．精神分裂病状態からの寛解過程 中井久夫著作集第1巻（pp. 115-180） 岩崎学術出版社

Newton2008年12月号 虚数特集／別冊Newton2015.10"魔法の数"虚数

高田誠二（1998）．測れるもの 測れないもの 裳華房

若林明雄・東條吉邦（2004）．児童用AQ（日本語版）の作成と標準化について 国立特殊教育総合研究所分室一般研究報告書，**7**，35-48.

第10章

Corey, G., Corey, M. S., & Callanan, P.（2003）. *Issues and ethics in helping profession*（6 th ed.）. Pacific Grove：Brooks/Cole, a division of Thomson Learning.
（コウリー，G.・コウリー，M. S.・キャラナン，P. 村本詔司（監訳）浦谷計子・殿村直子（訳）（2004）．援助専門家のための倫理問題ワークブック 創元社）

Ellenberger, H. F.（1970）. *The discovery of the unconscious : The history and evolution of dynamic psychiatry.* Basic Books.
（エレンベルガー，H. F. 木村 敏・中井久夫（監訳）（1980）．無意識の発見（上・下）――力動精神医学発達史―― 弘文堂）

Freud, S.（1926）. *Die Frage der Laienanalyse : Unterredungen mit einem Unparteiischen.* Leipzig, Vienna and Zurich：Internationaler Psychoanalytischer Verlag.
（フロイト，S. 池田紘一（訳）（1984）．素人による精神分析の問題――ある中立の立場にある人との問答―― フロイト著作集11；159，人文書院）

Freud, S.（1927）. *Nachwort zur "Frage der Laienanalyse".*
（フロイト，S. 池田紘一（訳）（1984）．『素人による精神分析の問題』のためのあとがき フロイト著作集11；228，人文書院）

Gay, P.（1988）. *Freud a life for our time.* New York：W. W. Norton & Company.
（ゲイ，P. 鈴木 晶（訳）（2004）．フロイトⅡ みすず書房）

乾 吉佑（2003）．厚生科学研究班の議論と臨床心理行為について 氏原 寛・田嶌誠一（編）臨床心理行為（pp.48-65） 創元社

伊藤 整・懸田克躬（1966）．対談――フロイトの現代性―― 世界の名著第49巻付録7 p.2

Jones, E.（1961）. *The life and work of Sigmund Freud.* Basic Books Publishing.
（ジョーンズ，E. 竹友安彦・藤井治彦（訳）（1969）．フロイトの生涯 紀伊國屋書店）

河合隼雄（1991）．とりかえばや，男と女 新潮社

きたやまおさむ（1997）．みんなの精神科 講談社

森谷寛之（2008）．シンポジストの発言3――倫理の羅針盤―― 心理臨床学研究，**26**（1），117-122.

森谷寛之・田中雄三（編）（2000）．生徒指導と心の教育――入門編―― 培風館

村本詔司（1998）．心理臨床と倫理 朱鷺書房

大塚義孝（2004）．臨床心理学の歴史と展望 氏原 寛・亀口憲治・成田善宏・東山紘久・山中康裕（編）心理臨床大事典 改訂版（pp.7-15） 培風館

大山　正（2010）．心理学史──現代心理学の生い立ち──　サイエンス社
Storr, A.（1979）. *The art of psychotherapy*. The Taylor & Francis Group.
　（ストー，A.　吉田圭吾（監訳）佐藤淳一（訳）（2015）．心理面接の教科書──フロイト，ユングから学ぶ知恵と技──　創元社）

人名索引

ア 行

アクスライン（Axline, V. M.） 166
アドラー（Adler, A.） 75, 72, 142
アリストテレス（Aristotelēs） 5
アルガン（Argand, J-R.） 199

池見 陽 174

ウィニコット（Winnicott, D. W.） 170
ヴェサリウス（Vesalius, A.） 10
ヴェッセル（Wessel, C.） 199
ウォルピ（Wolpe, J.） 176
内田勇三郎 191
ヴント（Wundt, W.） 11, 13

エビングハウス（Ebbinghaus, H.） 2
エリクソン（Erikson, E. H.） 150, 153
エレンベルガー（Ellenberger, H. F.） 26, 187

オイラー（Euler, L.） 199
大塚義孝 210, 214
大山 正 210

カ 行

ガウス（Gauss, C. F.） 199
ガリレオ（Galileo Galilei） 2, 6, 186, 197

カルダノ（Cardano, G.） 199
カルフ（Kalff, D. M.） 171
ガレノス（Galēnos） 9, 140
河合隼雄 33, 131, 139, 173, 181, 198, 214, 216, 222

キューブラー=ロス（Kübler-Ross, E.） 130

クライン（Klein, M.） 72, 164
クレッチマー（Kretschmer, E.） 141
クレペリン（Kraepelin, E.） 191

ゴールトン（Galton, F.） 188
古澤平作 213

サ 行

サリヴァン（Sullivan, H.） 74

ジェンドリン（Gendlin, E. T.） 174
ジャネ（Janet, P.） 64
シャルコー（Charcot, J. M.） 52
シュナイダー（Schneider, K.） 193
シュルツ（Shultz, J. H.） 180

スキナー（Skinner, B. F.） 175
スピッツァー（Spitzer, R. L.） 194

人名索引

タ 行

ダーウィン (Darwin, C.)　10
鑪　幹八郎　216
田畑　治　173

鶴　光代　217

テイヤール (Teillard, A.)　144
デカルト (Descartes, R.)　94, 114, 199
デュセイ (Dusay, J. M.)　118

戸川行男　214

ナ 行

ナウムブルグ (Naumburg, M.)　168, 170
中井久夫　203
成瀬悟策　180

ニュートン (Newton, I.)　5, 6

ハ 行

バーン (Berne, E.)　118
バーンズ (Burns, R. C.)　168
パウリ (Pauli, W. E.)　9
パブロフ (Pavlov, I. P.)　175

ヒポクラテス (Hippocrates)　141
ピュイゼギュール侯爵アマン=マリー=ジャック・ドゥ・シャストネ　43

フェヒナー (Fechner, G. T.)　9, 11, 22, 186

福来友吉　47, 213
ブレイド (Braid, J.)　36
ブレンターノ (Brentano, F.)　186
ブロイアー (Breuer, J.)　55
フロイト (Freud, A.)　165
フロイト (Freud, S.)　9, 13, 18〜20, 22, 46, 52, 64, 72, 97, 98, 100, 114, 115, 119, 126, 128, 141, 142, 146, 152, 158, 196
ブロイラー (Bleuler, E.)　84, 193

ベーコン (Bacon, F.)　94
ベック (Beck, A. T.)　176
ベルクソン (Bergson, H.)　65

ボーア (Bohr, N.)　205
ホーキング (Hawking, S. W.)　94
ホール (Hall, G. S.)　210
ボス (Boss, M.)　120

マ 行

マイヤー (Mayer, J. R. von)　123, 125
マイヤー (Meier, C. A.)　126, 200
丸井清泰　213

村瀬嘉代子　217

メスメル (Mesmer, F. A.)　36, 38, 40, 46

元良勇次郎　210
森谷寛之　103, 105, 116, 171, 182
森田正馬　179

ヤ　行

ヤスパース（Jaspers, K.）　193

ユング（Jung, C. G.）　9, 77, 39, 47, 66, 72, 96, 124, 142, 145, 148, 161, 164, 198, 205

吉本伊信　172

ラ　行

ライプニッツ（Leibniz, G. W.）　97

ラグランジュ（Lagrange, J.）　43, 122

ラボアジェ（Lavoisier, A. L.）　8, 42, 186

ローウェンフェルト（Lowenfeld, M.）　171

ロジャーズ（Rogers, C. R.）　47, 72, 87, 172, 181

ワ　行

ワトソン（Watson, J. B.）　175

事項索引

ア　行

アニマ　149
アニムス　149

イルマの夢　162
インキュベーション　31

上の私　115
打ち消し　129
内田クレペリン精神検査　191

エクソシズム　27
エゴグラム　119
エス　115
エディプス・コンプレックス　146
エネルギー保存則　122
演繹法　94
エンカウンター　181
エンカウンター・グループ　90
エントロピー増大の法則　123

カ　行

絵画欲求不満検査　126
影　149
家族療法　181
カタルシス法　56
感情転移　166
感情の分離　129

帰納法　94

クライエント中心療法　172
グレート・ファーザー　149
グレート・マザー　149

芸術療法　168
元型　149
言語連想法　188

口愛性格　142
行動療法　175
公認心理師　218
公認心理師法　219
肛門愛性格　142
交流分析　138
心の構造モデル　131
コンプレックス　96
コンプレックス心理学　200

サ　行

サーチライト・モデル　126
催眠　36
催眠術　36
催眠浄化法　56

自我防衛理論　128
磁気睡眠　43
自己　149

事項索引

シャーマン　26
自由連想法　61, 63
呪術　29
昇華　130
自律訓練　180
事例研究　39
進化論　11
心的装置　115

スーパーヴァイザー　203
スカラー　197
スクールカウンセラー　216

性器愛性格　142
精神分析　52
前額法　61
千里眼事件　47

それ　115

タ　行
太母　149
タブー　29
男根愛性格　142

知性化　130
治療的人間関係　134

テスト・バッテリー　192

投影（投映）　130, 170
動物磁気　38
トリックスター　149

ナ　行
内観療法　172
なぐり描き法　169

認知療法　176

ハ　行
判断軸　145
反動形成　129
反復夢　164

否認　129
病理法　39

フォーカシング　174
父性原理　110
ベクトル　103, 197
ペルソナ　149
ベンダー・ゲシュタルト検査　191

母性原理　110

マ　行
マクスウェルの悪魔　125
マンダラ　83

無意識　47, 97
無意識仮説　21

メタサイコロジー　102

森田療法　179

ヤ　行

遊戯療法　165
夢分析　159

抑圧　129

ラ　行

臨床心理学　18

臨床動作法　180

ワ　行

私　115

英　字

DSM-5　195
P-Fスタディ　126

著者略歴

森谷　寛之
（もりたに　ひろゆき）

1970年　京都大学工学部高分子化学科卒業
1972年　京都大学大学院工学研究科修士課程修了
1978年　京都大学大学院教育学研究科博士課程単位取得満期退学
　　　　愛知医科大学助教授，鳴門教育大学教授，京都文教大学教授を経て
現　在　京都文教大学名誉教授　工学修士，教育学博士，臨床心理士

主要編著書・訳書

『夢の解釈と臨床』（共訳）（星和書店，1983）
『チックの心理療法』（金剛出版，1990）
『医療・看護系のための心理学――精神保健入門』（共著）（培風館，1991）
『子どもの夢Ⅱ』（共訳）（人文書院，1992）
『子どものアートセラピー――箱庭・描画・コラージュ』（金剛出版，1995）
『ユング心理学概説1　無意識の現れ』（共訳）（創元社，1996）
『生徒指導と心の教育――入門編/実践編』（共編）（培風館，2000/2001）
『臨床心理学――心の理解と援助のために』（サイエンス社，2005）
『コラージュ療法実践の手引き――その起源からアセスメントまで』（金剛出版，2012）

新心理学ライブラリ＝12
臨床心理学への招待
――無意識の理解から心の健康へ――

2018年12月25日　　ⓒ　　　　　　　　初版発行

著　者　森谷寛之　　　　発行者　森平敏孝
　　　　　　　　　　　　印刷者　馬場信幸
　　　　　　　　　　　　製本者　米良孝司

発行所　株式会社　サイエンス社
〒151-0051　東京都渋谷区千駄ヶ谷1丁目3番25号
営業　☎(03) 5474-8500 (代)　　振替 00170-7-2387
編集　☎(03) 5474-8700 (代)
FAX　☎(03) 5474-8900

印刷　三美印刷　　製本　ブックアート

≪検印省略≫

本書の内容を無断で複写複製することは、著作者および
出版者の権利を侵害することがありますので、その場合
にはあらかじめ小社あて許諾をお求めください。

サイエンス社のホームページのご案内
https://www.saiensu.co.jp
ご意見・ご要望は
jinbun@saiensu.co.jp まで。

ISBN978-4-7819-1434-3

PRINTED IN JAPAN

新心理学ライブラリ

1. **心理学への招待［改訂版］**──こころの科学を知る
   梅本堯夫・大山 正共編著　A5判・336頁・本体2500円

2. **幼児心理学への招待［改訂版］**──子どもの世界づくり
   内田伸子著　A5判・360頁・本体2850円

3. **児童心理学への招待［改訂版］**──学童期の発達と生活
   小嶋秀夫・森下正康共著　A5判・296頁・本体2300円

5. **発達心理学への招待**──人間発達の全体像をさぐる
   矢野喜夫・落合正行共著　A5判・328頁・本体2900円

6. **学習心理学への招待［改訂版］**──学習・記憶のしくみを探る
   篠原彰一著　A5判・256頁・本体2400円

7. **最新 認知心理学への招待［改訂版］**──心の働きとしくみを探る
   御領 謙他共著　A5判・352頁・本体2950円

8. **実験心理学への招待［改訂版］**──実験によりこころを科学する
   大山 正・中島義明共編　A5判・272頁・本体2500円

9. **性格心理学への招待［改訂版］**──自分を知り他者を理解するために
   詫摩・瀧本・鈴木・松井共著　A5判・280頁・本体2100円

11. **教育心理学への招待**──児童・生徒への理解を深めるために
    岩脇三良著　A5判・264頁・本体2300円

12. **臨床心理学への招待**──無意識の理解から心の健康へ
    森谷寛之著　A5判・256頁・本体2300円

13. **心理測定法への招待**──測定からみた心理学入門
    市川伸一編著　A5判・328頁・本体2700円

14. **心理統計法への招待**──統計をやさしく学び身近にするために
    中村知靖・松井 仁・前田忠彦共著　A5判・272頁・本体2300円

15. **心理学史への招待**──現代心理学の背景
    梅本堯夫・大山 正共編著　A5判・352頁・本体2800円

17. **感情心理学への招待**──感情・情緒へのアプローチ
    濱 治世・鈴木直人・濱 保久共著　A5判・296頁・本体2200円

18. **視覚心理学への招待**──見えの世界へのアプローチ
    大山 正著　A5判・264頁・本体2200円

20. **犯罪心理学への招待**──犯罪・非行を通して人間を考える
    安香 宏著　A5判・264頁・本体2300円

21. **障がい児心理学への招待**──発達障がいとコミュニケーションを中心に
    鹿取廣人編著　A5判・152頁・本体1800円

別巻. **意思決定心理学への招待**
    奥田秀宇著　A5判・232頁・本体2200円

＊表示価格はすべて税抜きです。

サイエンス社